¿Qué hace usted cuando...

- su hija llora porque su mejor amiga la traicionó?
- su adolescente se aísla y no quiere hablar?
- un ser querido se enferma gravemente o fallece?
- su ex no se presenta a una actividad con la cual se comprometió?
- su hijo es intimidado por ser «diferente»?
- descubre que su adolescente es sexualmente activo?
- su hija de trece años —y cincuenta y dos kilogramos— piensa que está demasiado gorda y que necesita dieta?
- su hijo expresa ira —por no irle bien con su equipo de fútbol— contra sus paredes y sus muebles?
- aparece un comentario malo sobre su hijo en las redes sociales?
- su hijo afirma que usted estaría mejor sin él?
- su hija mayor dice que la odia y que quiere irse a vivir con su padre?

Estas son solo algunas situaciones que usted puede enfrentar como progenitor. El mundo de sus chicos es muy diferente de aquel en el que usted creció. Más aterrador aun, en muchos aspectos. De modo que, cuando sus hijos están heridos emocionalmente, ¿cuál es la mejor manera de ayudarlos?

Cuando su hijo está herido le guiará a través de los verdaderos problemas de la vida, los miedos y las heridas de su hijo, así como también los mecanismos naturales para enfrentar el estrés y el dolor. Con algunos de mis consejos —probados por el tiempo— que han funcionado para cientos de miles de familias, su hijo y usted no solo podrán superar esas difíciles experiencias por completo, sino que también desarrollarán un vínculo más profundo y una perspectiva saludable que les servirá en el futuro.

Lo garantizo.

Cuando
su hijo
está
herido

Cuando
su hijo
está
herido

Cómo ayudar a su hijo
en los días difíciles

Dr. Kevin Leman

Revell

a division of Baker Publishing Group
Grand Rapids, Michigan

Published by Revell
a division of Baker Publishing Group
PO Box 6287, Grand Rapids, MI 49516-6287
www.revellbooks.com

Impreso en Estados Unidos de América

Originalmente publicado en inglés con el título:
When Your Kid Is Hurting

Library of Congress Cataloging-in-Publication Data
Names: Leman, Kevin, author. | Leman, Kevin. When your kid is hurting.
Title: Cuando su hijo está herido: Cómo ayudar a su hijo en los días difíciles / Dr.
   Kevin Leman.
Other titles: When your kid is hurting. Spanish
Description: Grand Rapids, Michigan : Revell, a division of Baker
   Publishing Group, [2020] | Summary: "Popular parenting expert and New
   York Times bestselling author equips parents with tools to help their
   children cope with the serious challenges and anxieties kids face
   today"— Provided by publisher.
Identifiers: LCCN 2020022908 | ISBN 9780800739386 (paperback)
Subjects: LCSH: Parent and child—Religious aspects—Christianity. |
   Parenting—Religious aspects—Christianity. | Child rearing—Religious
   aspects—Christianity. | Child psychology. | Consolation.
Classification: LCC BV4529 .L4618 2020 | DDC 248.8/45—dc23
LC record available at https://lccn.loc.gov/2020022908

Desarrollo editorial: *Grupo Nivel Uno, Inc.*

Cualquier pregunta o solicitud relativas al precio o disponibilidad de este título de Baker Publishing Group en cualquier país o ciudad de Latino América, debe dirigirse a Whitaker House, 1030 Hunt Valley Circle, New Kensington, PA 15068; InternationalOrders@WhitakerHouse.com

A menos que se indique lo contrario, todos los textos bíblicos han sido tomados de la Nueva Versión Internacional® NVI® © 1999 por Biblica, Inc.® Usada con permiso. Todos los derechos reservados mundialmente.

20   21   22   23   24   25   26   7   6   5   4   3   2   1

Para todos aquellos que han sido heridos por la vida.

Que las palabras de este libro sean utilizadas por los que le aman mucho más de lo que usted sabe y le animen.

CONTENIDO

AGRADECIMIENTOS

Gracias a:

Mi antiguo equipo de Revell.

Mi editora y amiga Ramona Tucker, por comprender mi pasión por ayudar a los chicos heridos y acompañarme en esta jornada.

INTRODUCCIÓN

Mientras el mundo se retuerce

*No es el mundo de su abuela, tampoco es el de
usted. Los tiempos han cambiado mucho.*

S us hijos están creciendo en un mundo muy diferente a aquel
en el que usted creció. Pero usted no necesita decirse eso porque tenga recordatorios de esa verdad todos los días. El mundo de hoy es acelerado, tumultuoso, competitivo y a veces violento. Incluso si usted es un padre joven en sus veintes, mucho ha cambiado desde que se graduó de la escuela secundaria. Solo medite en la primera computadora y el teléfono celular que tuvo. Luego, eche un vistazo a todos los dispositivos tecnológicos que posee ahora y lo que pueden hacer.

La intensidad de ese ritmo afecta profundamente a su hija, aun en los mejores días de ella. Es por eso que los días malos y las experiencias difíciles pueden ser particularmente traumáticas si su hijo no tiene las herramientas para lidiar con esos acontecimientos.

Los chicos de hoy enfrentan diversos problemas a la misma vez. Por mucho que usted intente atenuarlos, se ven obligados a crecer más rápidamente a medida que son atacados por información y sucesos en todos lados. Agrupo esos problemas de la vida real en dos categorías: lo que está afuera o «externo» y lo que está adentro o «interno». A continuación veamos lo que quiero decir.

Vivimos en un mundo violento, con tiroteos en las escuelas y en las calles de la ciudad, violencia racial, terrorismo y ataques cibernéticos. Sus hijos enfrentan ese tipo de problemas actuales «afuera»: los sucesos de los que todos los humanos son conscientes a causa de la sociedad en la que vivimos. Debido al bombardeo de los medios de comunicación, los niños de hoy son más conscientes de esos tipos de acaecimientos que las generaciones anteriores. Con unos pocos clics de un ratón o deslizando el dedo en un teléfono inteligente, pueden conectarse a la gravedad y al terror de esas situaciones, sin la guía de los padres o las herramientas para lidiar con lo que ven y oyen.

¿El resultado? O se traumatizan y se enfocan en la vida con más miedo, o se insensibilizan con el dolor de los demás y no pueden lidiar con los suyos. Ninguna de las opciones anteriores es buena a largo plazo.

Sus hijos también se enfrentan a problemas «internos», dificultades relacionales y personales que los golpean frente a sus ojos psicológica, emocional y físicamente. Eso incluye a los padres separados, que se combinan entre las casas y los que tienen padres o madres ausentes. Usted puede ser la tía o el abuelo con el que viven actualmente. Lidiar con los asuntos judiciales y el sistema legal es una forma de vida que aceptan como normal.

En mi crecimiento, solo conocí a un niño cuyos padres estaban divorciados. Ese chico sentía que sobresalía como el único afligido entre todas las otras familias con dos padres. Pero pasemos rápidamente al mundo de hoy, donde muchos niños tienen apellidos que son diferentes del de sus hermanos o de los padres con los que

14

viven. Muchos padres se han divorciado o nunca se han casado. Los niños pueden criarse en un hogar monoparental o vivir con un tutor.

Los chicos también lidian con la depresión y la muerte de sus seres queridos por cáncer, accidentes y suicidio. Son traicionados por amigos y se enfrentan a la intimidación y al acoso cibernético. Se les dice que son estúpidos, gordos o «del color equivocado». Pueden convertirse en presa de los depredadores sexuales y de las personas que necesitan poder y control.

Sí, podemos y debemos enseñar a nuestros hijos a protegerse por sí mismos. Por ejemplo, podemos enseñarles habilidades básicas de autodefensa y sobre «desconocidos peligrosos». ¿Pero qué hace usted si el peligro real viene de adentro? La mayoría de los abusos físicos, sexuales y verbales ocurren dentro de la familia nuclear o la familia extendida. ¿Y qué pasa si su hija revela inocentemente detalles sobre sí misma, su ubicación y sus hábitos en Internet y es blanco de compañeros vengativos o de un acosador en línea?

¿Cómo responde usted cuando un amigo de su hija se suicida? ¿Su mejor amigo murmura de ella? ¿Termina ella embarazada? ¿Su cónyuge militar muere en acción y su hijo dice que también quiere morir?

¿Cómo reacciona cuando su hijo está devastado porque no formó parte del equipo y no quiere hablar al respecto? ¿Cuando su hija se niega a comer porque alguien la llamó «gorda»?

En tales situaciones y en muchas otras, ¿cómo puede el padre proteger el corazón y la mente de su hijo del daño perdurable que podría afectar su autoestima y sus relaciones en el futuro?

Es fundamental que los padres ayuden a los hijos a encontrar nuevas formas de procesar información y sentimientos de manera saludable. Ese enfoque no tiene que ver simplemente con enfrentarlos; les permite crecer en la forma de entender la vida y sus realidades. Los colocará firmemente en el camino a convertirse en un adulto que pueda retribuir al mundo, en vez de ser uno que arremete contra otros en represalia o que deserta para vivir en un caparazón de miedo.

Cuando su hijo está herido le ayudará a navegar a través de esos problemas de la vida real, los de «allá afuera» y los de «aquí adentro»; le ayudará a entender el mundo, las experiencias y los miedos de su hijo; y sabrá cómo sufre su hijo. Descubrirá cómo atravesar experiencias negativas con una perspectiva saludable y equilibrada que perfeccione sus habilidades y las de su hijo para tratar no solo esos hechos, sino también los que pueden ocurrir en el futuro.

Estos son solo algunos de los temas que exploraremos en este libro:

- ¿Cómo puede saber lo que realmente está pensando su hijo?
- ¿Cómo puede hablar de una manera que él quiera escuchar, aun cuando parezca que le está ignorando?
- ¿Cuál es la mejor manera de reconocer lo que lo aflige? ¿Qué debe y qué no debe usted decir? ¿Hacer y no hacer?
- ¿Cómo puede abordar un hecho, en particular, sin hacerle sentir una víctima?
- ¿Cómo saber si su comportamiento es normal o si se requiere ayuda profesional?
- Si un ser querido está enfermo, ¿cuánto debe decirle a su hijo? ¿Qué pasa si él no puede enfrentarse a eso?
- ¿Cuál es la mejor manera de apoyar a su hijo durante un tiempo difícil?
- ¿Dónde está esa delgada línea entre proteger y sobreproteger a su hijo?
- ¿Cuándo debería, su hijo, involucrarse en una situación con sus compañeros y cuándo debería alejarse de ella?
- ¿Cómo puede usted convertir ese trauma en una lección que lo beneficie en el futuro?

- ¿Cuál es la mejor manera de guiarlo a través de esa experiencia negativa? ¿Y ayudarle a levantarse nuevamente cuando lo han derribado?

Los primeros capítulos le guiarán a través de una descripción general de los problemas externos más grandes y los «internos» que enfrentan los hijos y los padres de hoy. Aprenderá formas prácticas de responder a las preguntas, heridas y preocupaciones de su hijo. El capítulo 3 aborda los miedos básicos que tiene cada niño y los antídotos bajo su control.

En el capítulo 4, hablaremos acerca de por qué los niños sufren de manera diferente y qué significa su comportamiento.

En el capítulo 5 descubrirá cómo se ve su hija para que pueda conectarse a nivel de ella.

El capítulo 6 revela tres tipos característicos de padres y cómo afectan sus enfoques a sus hijos lastimados, para que los pueda identificar y luego adaptar su propio estilo si es necesario.

En el capítulo 7 aprenderá las mejores estrategias para convertir los traumas de su hijo en un plan de juego que lo beneficiará cuando surjan otras situaciones difíciles (y surgirán, ¡así es la vida!).

A ningún padre le gusta ver a su hijo lastimado. Es por eso que he proporcionado una sección importante «Pregúntele al doctor Leman», seré su compañero de sillón. Esa sección incluye las preguntas más importantes que los padres me hacen todo el tiempo y mis respuestas comprobadas. Aun cuando las situaciones específicas descritas no coincidan con las suyas, los principios y sugerencias que doy en referencia al tema deberían serle útiles.

Si no encuentra una respuesta que se relacione con su área de interés, no dude en enviarme su pregunta a Facebook (www.facebook.com/DrKevinLeman), y será un honor ayudarle. Si se cuestiona al respecto, probablemente también lo estén haciendo cientos o miles de otros padres.

El juego de la vida no siempre es fácil de dominar. Si está leyendo este libro, es probable que su hijo esté experimentando un giro sorpresivo que ninguno de ustedes esperaba. *Cuando su hijo está herido* le mostrará cómo atravesar ese suceso negativo de forma que su hijo se convierta en una persona resistente, optimista y competente de la que se enorgullezca de llamar hijo o hija.

1

Situaciones «externas»

*Cómo puede usted responder prácticamente
a los temores que su hijo tiene en cuanto a los
problemas del mundo real.*

Vivimos en un mundo violento. Los trágicos eventos que suceden en nuestro país y en todo el mundo confirman que suceden cosas malas... incluso a las personas buenas. Los tiroteos masivos, la discriminación racial y de género, la violencia criminal, el terrorismo, enfermedades como el virus del Ébola y el corona virus, el abuso, los intentos de suicidio y la intimidación son solo algunas de las tristes realidades en el mundo de hoy.

Cuando, como padres, vemos que ocurren esos acontecimientos aparentemente sin sentido, el instinto de protección nos hace querer asegurar los cerrojos y mantener a nuestros hijos protegidos a nuestro lado las veinticuatro horas del día. Creemos que así estarán a salvo. Sin embargo, eso no es humanamente posible. (Además, para un número creciente de padres, la violencia ocurre dentro de su propio hogar, el cual debería ser una zona segura).

De modo que, ¿cómo lidiamos con esos grandes problemas «externos» sobre los que no tenemos absolutamente ningún control, los cuales son como un disparo al aire?

¿Alguna vez ha visto a un pequeñín temeroso de un monstruo imaginario que está debajo de su cama? ¿Qué suele hacer él? Se tapa los ojos. *Si no puedo verlo*, razona, *entonces no existe y no puede asustarme*. Algunos padres tienen una maestría en negación. Aquellos que usan este enfoque ocultan sus cabezas en la arena para negar que puedan ocurrir acontecimientos violentos en su entorno. Persisten en pensar: *Vivimos en un pueblo pequeño. Nada de eso sucederá aquí. Nuestros niños están a salvo*. Pero luego sucede lo inimaginable, como la tragedia de la escuela primaria Sandy Hook, y los padres y los niños no están equipados para lidiar con eso.

Otros padres juegan a mamá gallina, cobijando a sus polluelos debajo de sus alas y no les permiten cohabitar con otros polluelos. El problema es que esos chicos no pueden permanecer bajo las alas de mamá para siempre. ¿Qué sucede cuando están solos y tienen que vivir en un mundo más grande?

Hay una mejor manera. Comienza con estar informado y atento.

Los grandes problemas de hoy

Existen numerosos problemas «externos» que afectan negativamente a los niños a medida que crecen en la sociedad actual. En esta sección, le daré una visión general de los más grandes problemas que los padres afirman que les quitan el sueño.

La influencia generalizada de los medios y las redes sociales

La televisión, las películas, los dramas de la «vida real» y las redes sociales magnifican la violencia, el sexo, los actos destructivos y la muerte, insensibilizando a los espectadores sobre lo que verdaderamente es la muerte y cómo el dolor y la pérdida —en realidad— afectan a los individuos a corto y largo plazo.

Esta «experiencia hollywoodense» infunde en las mentes jóvenes expectativas poco realistas sobre cómo debería ser la vida: una fiesta las veinticuatro horas del día, los siete días de la semana, con mucha bebida, sexo y la pastilla del día después para resolver cualquier efecto secundario no deseado. Incluso los actos dañinos, viciosos y peligrosos no son graves. Se pueden deshacer haciendo clic en una flecha en reversa en una pantalla. No hay compromiso ni responsabilidad.

¿Por qué otra razón una joven de dieciocho años —como se informa en las noticias— manejaría bajo la influencia de alguna droga mientras transmitía en vivo simultáneamente en Instagram, con su hermana de catorce años y la amiga de esta en el automóvil? Cuando el auto perdió el control, la hermana de catorce años salió expulsada del auto y murió. Las imágenes capturadas por un espectador muestran a la conductora cantando junto con la música tras hacer una panorámica con el teléfono para capturar la imagen del cadáver de su hermana al costado de la carretera. Todo lo que se le ocurrió decir fue: «Esto es lo último que quería que sucediera».[1]

Para muchos chicos, la vida es como ver una película. No es real.

Sí, probablemente estaban sucediendo otros problemas en la vida de esa joven de dieciocho años, pero ¿cómo explica usted que un adolescente grabe sin mostrar emociones una imagen como esa? La insensibilidad de tal acto es asombrosa y horrible.

También lo es el hecho de que un grupo de adolescentes filmó a un hombre discapacitado ahogado y no hizo nada para ayudarlo. Cuando desapareció bajo el agua, uno de los adolescentes simplemente dijo: «Oh, acaba de morir». Los adolescentes, entre catorce y dieciséis años, ni siquiera llamaron a la policía para reportar el ahogamiento.[2]

La verdad es que el bombardeo de los medios y las redes sociales ha servido para distanciar aun más a nuestros hijos de la realidad en vez de hacerlos más conscientes y capaces de lidiar con ella. Para muchos chicos, la vida es como ver una película. *No es real.* Por ejemplo, uno ve que los actores mueren en una película y en la siguiente, vuelven a la vida. Pero la hermana de esa niña no lo hará. Ni tampoco el hombre que se ahogó.

Además, el predominio de la emoción intensa en las redes sociales insensibiliza a los niños ante el dolor. Ellos esperan violencia y muerte en los videojuegos y las películas. Sin eso, no hay suficiente acción. Después de todo, tener éxito se trata de obtener más visitas en YouTube y más «me gusta» en Facebook. La sobreabundancia y la facilidad para acceder a imágenes fuertes inducen a niños superficiales y despreocupados que no entienden el dolor de la vida real o no tienen las herramientas para hacer frente a las dificultades cuando les ocurren cosas malas.

La mayoría de las noticias también yerran a favor del sensacionalismo. Cubren y exageran todo lo malo, lo que lleva a los chicos a creer que ya no hay nada bueno en el mundo. No muchas noticias se centran en los actos inspiradores de los héroes, personas que querrá que emulen sus hijos. La saturación de noticias negativas no puede evitar producir negatividad en las generaciones que las consumen.

Los chicos también son asaltados con imágenes corporales poco reales a través de revistas, películas, Instagram, Facebook y tabloides sobre sus estrellas favoritas. ¿Qué adolescente promedio no se sentiría fabulosa vistiendo lencería de Victoria Secret? Y si lo que se necesita para que una chica lo quiera y desee acostarse con usted es beber el tipo correcto de cerveza o vodka, ¿qué adolescente lo pensaría dos veces antes de pagar por una identificación falsa?

Con el énfasis excesivo en el sexo, los chicos de hoy —más que nunca— están haciendo *sexting* con sus teléfonos (enviándose fotografías o mensajes de texto con contenido sexual). También están viendo muchas imágenes que no son apropiadas para su edad. Por ejemplo, su hija de primer grado —que ama a los gatitos— está buscando en Internet algunas imágenes lindas de ellos. De repente, ve un titular que le hace pensar que está a punto de ver algunas de esas pequeñas criaturas, sus mejores amigas. Ella hace clic en el título y ve… bueno, no exactamente lo que esperaba. Hay una imagen que no sabe cómo interpretar, pero que se imprime en su cerebro para siempre. Si no me cree, pregúntele a cualquier chico que conozca si alguna vez ha visto pornografía. Noventa y nueve de cada cien muchachos dirán que sí. Pregúntele si puede recordar cuándo fue la primera vez que vio eso. Lo más probable es que pueda decírselo exactamente. Una vez que imágenes impactantes como esa golpean nuestro cerebro, se quedan grabadas para siempre.

Es por eso que insto a los padres a ser cuidadosos al darles teléfonos inteligentes a los chicos pequeños y que estén atentos a su acceso a Internet. Los niños de hoy pueden ser más conscientes, pero aún necesitan vivir su infancia.

¿Qué puede usted hacer con este nuevo Goliat? La tecnología y los medios llegaron para quedarse. Usted lucha una batalla muy difícil y sería ridículo que intente ignorarlos. Es humanamente imposible que usted mismo escape de esas imágenes negativas o que pueda apartarlas de sus hijos. Entonces, ¿cómo puede enseñarlos a manejarlas de manera positiva, tomando decisiones inteligentes? ¿Cuánto debe usted controlar lo que influye en sus hijos y cuánto debe simplemente desempeñar el papel de guía mientras ellos exploran diversos aspectos de los medios?

> **Los niños de hoy pueden ser más conscientes, pero aún necesitan vivir su infancia.**

Gran parte de lo que ve su hijo y la forma en que interpreta esa información tiene que ver con lo que experimenta en casa. El tipo de relación que tiene con usted puede marcar la diferencia. ¿Es receptivo, afectuoso y sin prejuicios? Si es así, será mucho más probable que le cuente lo que está viendo.

Tiroteos masivos en aumento

Cada día nuestra nación se torna más amenazante. En 2012, veintiocho personas murieron, veinte de ellas niños de primaria, en la masacre de Sandy Hook Elementary School. En tiroteos masivos en 2013, cinco personas fueron asesinadas en Santa Mónica, California; y otras doce en Washington, D. C. En 2014, tres fueron asesinadas en Fort Hood, Texas, y otros seis en Isla Vista, California. En 2015 hubo cinco tiroteos masivos, con cuarenta personas muertas. En 2016, cincuenta individuos fueron asesinados en un club nocturno. Fue el tiroteo masivo más mortal en la historia de los Estados Unidos. En abril de 2017, un hombre abrió fuego dentro de una escuela primaria en San Bernardino, California, asesinando a tres personas, incluidos un niño de ocho años y él propio asesino.[3]

Las escuelas, las iglesias, los centros comerciales, los clubes, lugares que alguna vez se consideraron seguros, se enfrentan a las ondas de choque después de este tipo de acontecimientos. Los disparos aleatorios pueden ocurrir en cualquier momento y en cualquier lugar, causando daños incalculables. Los niños inocentes que simplemente caminan por una calle pueden quedar atrapados en medio de los disparos.

Sí, su escuela puede instalar dispositivos de protección. Pueden proporcionar sesiones de capacitación en crisis para estudiantes, maestros y empleados administrativos con el departamento de policía o el equipo SWAT [Special Weapons And Tactics] de la localidad. Pero ningún dispositivo o entrenamiento puede detener por completo a una persona airada que desea vengarse de un mundo desprevenido porque no está contenta con la forma en que la vida la trata.

La única solución real para el odio y la ira es un trasplante de corazón para todas las partes. Por desdicha, eso no es probable que suceda pronto. Pero hay algo que puede hacer: modelar a su hijo formas positivas de procesar y manejar la ira.

Ningún padre espera que su hijo sea el que aparezca en las noticias de la noche.

Cuando sucede lo inesperado

A fines de 2014, dieciséis fanáticos de música sudcoreana murieron al caer desde más de dieciocho metros en un concierto de K-pop —al aire libre— debido al colapso de una rejilla de ventilación.[4] Ninguno de esos fanáticos habría imaginado que ese acontecimiento sería su despedida final. Pero, ¿significa eso que debe negarse a permitir que su hijo de quince años acompañe a su amigo y a sus padres a un concierto que espera con ansias en Los Ángeles, solo porque algo podría suceder en ese gran lugar?

La vida no es segura. Suceden accidentes. Un padre de cinco hijos tiene un accidente de regreso a casa desde el trabajo, y su vehículo se estrella contra un camión que se aproxima por la autopista. Una mujer se cae de un carrito de golf y se lastima el cerebro. Un autobús lleno de niños que regresan de una excursión se voltea. Ninguno de esos eventos se espera, pero ocurren.

La forma en que responda a tales sucesos le dice a su hijo todo sobre la perspectiva de su vida y también da forma a su cosmovisión. ¿Ven ellos en usted una aceptación de esas realidades y el impulso de seguir adelante incluso cuando ocurren esas tragedias? ¿O se hunde en el miedo y la especulación, controlado por la negatividad y paralizado por los acontecimientos?

Seguridad personal y violencia sexual

La cultura de la violación actual es, por diseño propio, enemiga de hombres y mujeres. Es por eso que un padre que conozco insistió en que su hija de dieciocho años tomara una clase de defensa personal antes de ir a una universidad urbana. Quería que ella aprendiera tantas técnicas como fuera posible para garantizar su seguridad.

La violencia de género (el abuso sexual, la agresión sexual, la violación en una cita, el asalto sexual) no tiene al sexo como esencia tanto como el poder y la dominación sobre alguien. Nadie «lo pide». El acto es un crimen.

Según la Fundación Joyful Heart, «en los Estados Unidos, una de cada tres mujeres y uno de cada seis hombres son sobrevivientes de violencia sexual».[5] El delito afecta a personas de todas las edades, orientaciones sexuales, religiones, géneros, antecedentes socioeconómicos y niveles de educación. Eso significa que ni su hija ni su hijo son inmunes a convertirse en el objetivo de un criminal así. Por lo tanto, es muy importante que enseñe a sus hijos:

- A caminar con propósito y confianza en los lugares públicos. Los delincuentes sexuales son menos propensos a molestar a los niños de apariencia competente, porque no pueden dominarlos tan fácilmente. En esencia, los delincuentes sexuales son inseguros, por lo que intentan hacerse los poderosos con los demás.

- Movimientos básicos de defensa personal. Eso incluye salir del alcance de alguien que le agarra por detrás. Como le dijo una madre a su hija de doce años: «Si alguna persona te toca de manera inapropiada o te agarra e intenta que vayas con ellos, no te limites». Muerde, golpea y patea donde duela. Eso quiero decir. No te preocupes por la otra persona».

- Tácticas sensatas. Si alguien se le acerca en la calle, corra hacia un edificio que tenga luces encendidas y gente adentro. Gritar «¡Fuego!» atrae más fácilmente la atención de un espectador que gritos como «¡Alto!» o «¡Ayúdeme!».

- Cuándo pelear y cuándo alejarse... o correr. Con las armas tan fácilmente disponibles y la ira en su apogeo en nuestra nación, el precio aumenta. Los niños de hoy ya no se ocupan solo de una nariz ensangrentada después de los puños en el patio de recreo. Los costos son mortales, con pistolas y cuchillos.

Discriminación

Cualquiera que sea «diferente» enfrenta discriminación. Eso podría basarse en la raza, el género, las necesidades especiales, la adopción o cualquier otra cosa que lo identifique como diferente a los demás en un grupo.

Hemos recorrido un largo camino desde 1951, cuando Oliver Brown intentó inscribir a Ruby, su hija afroamericana, en una escuela pública para blancos en Kansas. Fue rechazada simplemente por su color de piel.[6] La segregación en las escuelas puede haber sido eliminada en la década de 1960, pero eso no significa que la tensión racial haya desaparecido. Estamos muy lejos de eso. Acontecimientos como los tiroteos en Ferguson, Dallas y Charleston, y los enfrentamientos entre la policía de Chicago y la comunidad negra, muestran que los prejuicios siguen siendo un tema trágico para Estados Unidos.

Sin embargo, el prejuicio blanco negro no es la única discriminación. En el entorno político actual, aquellos que no hablan inglés como su primer idioma, son de países del Medio Oriente o adoptan tradiciones religiosas específicas de su país de origen pueden ser blanco de crímenes de odio.

Los niños que nacen con necesidades especiales o que precisan asistencia adicional debido a un accidente o lesión reciben un trato diferente al de sus pares «normales». Como dijo Jamie: «¿Por qué la gente tiene que mirarme de esa manera? Solo soy yo». Los chicos adoptados enfrentan detractores que dicen que sus padres no los quieren mucho porque no están «biológicamente conectados». Además, los niños cuya etnia es diferente de la de sus padres adoptivos o que tienen padres de dos etnias distintas a menudo se enfrentan a comentarios prejuiciosos de los compañeros de clase.

Como me dijo Rhia: «No soy negro ni blanco. Nadie sabe cómo tratarme ni qué decirme».

Lo mismo es cierto para la juventud LGBTQ. Sin embargo, a menudo reciben más golpes porque la discriminación no proviene solo de fuentes externas; también procede de sus propias familias. No importa cuál sea su posición sobre el tema, no se puede ignorar.

Cuando el estudiante de medicina Josh Eloge investigó las causas de la falta de vivienda, descubrió que una gran cantidad de la población sin hogar, aproximadamente 320.000 a 400.000 en Estados Unidos, eran jóvenes LGBTQ. En promedio, se quedaron sin hogar por primera vez a los catorce años. ¿Por qué? Porque huyeron o se vieron obligados a irse cuando sus familias los rechazaron por su identidad sexual... incluso cuando muchos no la revelaron hasta que se quedaron sin hogar. Debido a la discriminación que enfrentan, esos jóvenes tienen muchas más probabilidades de verse envueltos en problemas de abuso de sustancias y de salud mental.[7]

Al parecer, nadie está a salvo de los prejuicios. Pruebas como IAT (test de asociación implícita, por sus siglas en inglés), un proyecto de investigación a largo plazo con sede en la Universidad de Harvard, muestra que «muy pocos de nosotros estamos totalmente ajenos a los perjuicios de una forma u otra».[8] Si no lo cree, hágase la prueba usted mismo en *www.implicit.harvard.edu.*

Como padre, usted desea que su hijo sea socialmente práctico, entendiendo que no todos son iguales. Pero, ¿qué hace, por ejemplo, si se encuentra en un área predominantemente caucásica, con movilidad ascendente y sus hijos no están creciendo con mucha gente de diferentes orígenes étnicos? ¿Puede obligarlos a aceptar a personas que son diferentes de ellos? No, no puede. Al contrario, consciente de que los prejuicios son parte de nuestro mundo, traiga el tema con su hijo a la mesa. «Últimamente he estado viendo muchas noticias sobre la tensión entre *[nombre del tema]*. Me pregunto si ves algo de eso en tu escuela o en nuestro vecindario. Si es así, ¿cómo tratas con ello?». Con este enfoque, básicamente puede hablar con su hijo sobre cualquier cosa.

O podría decir: «Ah, parece que los chicos en estos días disfrutan ser bruscos. Tengo curiosidad por saber por qué ocurre esto ya que yo no voy a la escuela todos los días, pero tú sí, ¿has experimentado algo de eso?».

Cada vez que usted le dice a un niño: «Tengo curiosidad por lo que piensas», le muestra mucho respeto. Está diciendo: «Tú eres importante en la vida y en *mi* vida. Lo que piensas es importante para mí. Lo que sientes es importante. ¿Y adivina qué? Es correcto ser diferente. No tenemos que ser todos iguales. Hay un gran valor en la variedad».

> «Es correcto ser diferente. No tenemos que ser todos iguales. Hay un gran valor en la variedad».

Sin embargo, debido a esa variedad, algunas personas serán odiosas, de mente estrecha y claramente irrespetuosas con los demás y sus opiniones. Si tiene un punto de vista diferente, recibirá una etiqueta que no aprecia. Otros opinan que todos deberían hacer lo que consideren correcto y todo vale… siempre y cuando no sea asesinato. Aun otros no quieren juzgar, por lo que no defienden nada ni a nadie.

¿Dónde está la línea divisoria?

Debe dibujar líneas en la arena sobre cómo comportarse dentro de su familia y apegarse a ellas. Si usted no adopta una posición, no destacará. Sin embargo, imponer esas mismas pautas personales a los demás es un juego peligroso y divisivo.

Hace un año hablé con alguien que me describieron como un hombre fuerte en su fe. Su hija había abandonado esa fe cuando se fue de su casa, pero se interesaba lo suficiente por su padre; tanto que se apareció sorpresivamente, por su casa, seis meses después con su prometido. El problema era que el novio estaba tatuado de pies a cabeza y el padre no lo consideró aceptable. Tampoco encontró aceptable el lenguaje del joven.

«Entonces ¿qué hiciste?», le pregunté al padre.

Él frunció el ceño. «Le dije que no era bienvenido en mi casa luciendo así y hablando así».

El resto de su conversación, o la falta de ella, fue lo que yo esperaba.

El joven había usado palabras escogidas para decirle al padre qué hacer consigo mismo y salió de la casa enfadado. ¿Qué hizo la hija? Le dirigió una mirada airada a su padre y siguió a su prometido.

> Si usted no adopta una posición, no destacará. Sin embargo, imponer esas mismas pautas personales a los demás es un juego peligroso y divisivo.

Padre e hija han estado separados desde entonces. Ninguno de los dos da su brazo a torcer. Debido a que ese padre no pudo ajustar sus expectativas y aceptar a alguien que era diferente, perdió a su hija y a su yerno.

Todos tenemos prejuicios. No nos gusta esto o aquello. La mayoría de las veces es porque nos incomoda, por lo que evitamos «ese tipo de persona». Pero si invirtiéramos nuestro tiempo y energía revisando una lista de cosas que no nos gustan de esa persona, nunca tendremos una relación con ella. Igual que ese padre.

Cuando usted críe niños, no tiene idea de a quién llevarán a casa para casarse. Puede creer que lo sabe, pero no es así. Acepte a quien entre por la puerta con los brazos abiertos. Si no lo hace, excluirá a su hija o su hijo, que ha elegido a esa persona. ¿Significa eso que esté de acuerdo con todo lo que haga esa persona? No, pero opte por no mirar solo el exterior. Tome tiempo para conocer el interior.

Mi lema es: «Nunca está de más ser amable». Deje la parte del juicio al Dios todopoderoso, a quien pertenece.

> **Mi lema es: «Nunca está de más ser amable». Deje la parte del juicio al Dios todopoderoso, a quien pertenece.**

Quien sea que su hijo traiga a casa a cualquier edad, ya sea un amigo o un posible cónyuge, es elección de su hijo. Para permanecer incluido en la vida de este, debe aceptar y dar la bienvenida a esa persona, aunque hacerlo le moleste.

Pandilleros

Cuando era niño, recuerdo haber ido a un parque a jugar softbol y haber sido expulsado por una pandilla del vecindario. Me dijeron: «Oye, este es nuestro territorio. Vete de aquí». Eso fue hace años, pero las pandillas todavía están trazando su territorio. Solo que ahora los costos son más altos.

Muchas de las muertes en Chicago —la actual «ciudad asesina», líder en nuestra nación y que supera a las ciudades de Nueva York y Los Ángeles— están relacionadas con pandillas. Son asesinatos por represalias de pandillas rivales o el resultado de una guerra territorial por la venta de drogas.

Si su familia y usted viven en un pueblo pequeño, probablemente no le preocupe que su hijo sea atrapado en medio del fuego cruzado de pandillas. Sin embargo, ¿qué sucede cuando su adolescente se sube al tren en dirección al centro de Chicago y aborda uno equivocado de camino a casa y termina en el territorio de una pandilla? Son cosas que suceden. Cuanto mejor informados estén su hijo y usted, más tranquilo y más seguro estará su hijo en cualquier situación.

Tomemos como ejemplo a Carmen, una joven suburbana de diecinueve años de edad que pasó todos los sábados —durante un año— trabajando sola con niños en Cabrini-Green, una de las secciones más pobres y peligrosas de Chicago. Usted veía a aquella pequeña pelirroja y pensaría que una leve ráfaga de viento podría hacerla volar. Pero ella estaba empoderada con un conocimiento que la hacía grandiosa: sabía que las pandillas existían debido a un profundo deseo de aceptación. Todos quieren ser parte de un grupo. Si no obtienen eso de una manera positiva por parte de la familia, lo buscarán en otra manera.

¿Su secreto para ganarse los corazones de los chicos? Empezó llevando una mochila llena de golosinas y juegos sencillos. Cuando veía a los chicos jugando en la tierra, se sentaba cerca de ellos y sacaba las golosinas y los juegos. La curiosidad de los niños se ganó su estudiada cautela. Pronto se reunían para comer, hablar y reír. El sábado siguiente la rodeaban esos mismos niños… y más.

Poco a poco se ganó el respeto de las madres trenzándoles el cabello a las niñas, lavando ropa, fregando platos, cambiando pañales, cualquier cosa que ellas estuvieran haciendo. Ninguna tarea era menospreciada por ella. Mostraba interés en aprender a cocinar sus platos típicos.

Mientras tanto, los hombres holgazaneaban en los edificios, simplemente observando a aquella chica blanca que no retrocedía ante el hostil entorno de ellos, sino que lo aceptaba tal como era. Poco a poco, comenzaron a interactuar con ella conversando.

Un día, cuatro meses después, ya estaba oscuro cuando ella se preparaba para partir. Cuatro jóvenes se le acercaron. «No es seguro que estés aquí», le dijo uno. Dijeron que algo estaba por suceder con una pandilla rival y que la iban a acompañar personalmente al tren.

Una joven de los suburbios se había ganado hasta el corazón de los pandilleros gracias al poder de la bondad.

Seis años después, Carmen y su esposo continúan su trabajo en otra área de Chicago con dos pandillas diferentes.

Medite por un segundo. Esa joven podría haber pasado su tiempo temiendo a los pandilleros. Sin embargo, se dio cuenta de que todos estamos luchando por lo mismo: ser aceptados por lo que somos y tratados con respeto, cualquiera sea nuestra situación. Esa verdad la empoderó para hacer conexiones que, de otro modo, habrían sido imposibles.

> **Todos estamos luchando por lo mismo: ser aceptados por lo que somos y tratados con respeto, cualquiera sea nuestra situación.**

¿Cómo responde a aquellos que difieren de usted en cuanto a antecedentes, condición social, etnia, etc.? ¿Los acepta por lo que son? ¿Los trata con respeto y una actitud cortés? ¿O se retrae porque son diferentes a usted y eso los hace amenazantes?

Su hijo le está observando. El modo en que usted responde, en todas las situaciones, le convierte en un modelo de cómo responderán ellos en el futuro. Enseñe a sus hijos la forma de estar seguros en entornos inciertos. Enséñeles que no todos tienen buenas intenciones en el corazón, por lo que deben tener cuidado. Sin embargo, sea concienzudo al clasificar a las personas más que considerarlas individualmente. Todos quieren pertenecer a algún lado.

La generación «indiferente»

Usted ve en el noticiero que hay un tiroteo masivo en Orlando, Florida. El perpetrador disparó a cinco personas y luego se suicidó. ¿Cómo respondemos la mayoría de nosotros? Hacemos un gesto de negación con la cabeza y decimos: «Vaya, qué sociedad más loca». Un minuto después, agregamos: «Pásame las papas». [Como si estuviéramos viendo una película].

Hemos sido bombardeados con tanta violencia en las noticias que la mayoría de nosotros estamos insensibilizados. Eso es particularmente cierto para la mayoría de los chicos de hoy, que han crecido saturados de historias en los medios sobre tiroteos escolares, violencia de pandillas, violaciones, terrorismo y guerra en lugares donde nunca han estado. Con acceso instantáneo a través de Internet a cualquier cosa que ocurra en el mundo, han leído sobre tantos de esos trágicos sucesos que se paralizan.

Es por eso que es probable que presten una atención superficial a un ataque terrorista en Israel. Eso está demasiado lejos de su esfera cotidiana. Sin embargo, en una fracción de segundo podrían decirle a usted el título del último éxito o qué travesuras está tramando su artista favorito. Saben qué cantantes se han caído en el escenario o a quienes atraparon conduciendo ebrios en el último mes. Y obtienen títulos profesionales en Snapchat, Instagram y Facebook.

Sin embargo, muy pocos tienen idea de los hechos históricos elementales acerca de su propio país. Por ejemplo, un presentador de un programa televisivo nocturno salió a las calles de la ciudad de Nueva York para plantearles las siguientes y simples preguntas a los chicos:

- ¿Quién es el vicepresidente de Estados Unidos?
- ¿Cuándo se convirtió Estados Unidos en un país?
- ¿Quién fue nuestro primer presidente?

- ¿Quién luchó en la Guerra Civil?
- ¿De qué se trataba la Guerra de Independencia?

La mayoría de los chicos no tenían idea.

Los padres se preocupan constantemente por los problemas más generales: la seguridad de sus hijos y el modo en que el conocimiento de lo que está sucediendo en el mundo los afectará emocionalmente. Lo sé porque los padres me preguntan sobre esos temas mientras viajo por el país. Les preocupa que los intentos terroristas y los tiroteos escolares infundan miedo en sus hijos y dañen su alma.

La realidad es que los niños de hoy están demasiado ocupados tratando de mantenerse con vida en la propia esfera competitiva de sus compañeros para pensar en algo fuera de ella. Sí, saben lo que está sucediendo, son adictos a Internet, después de todo; pero la mayoría de las veces no tienen miedo ni son lastimados por esos problemas, a menos que estos se vuelvan personales (ver capítulo 2).

Niños sensibles, las excepciones

En algunos casos, con niños particularmente sensibles, el conocimiento de los sucesos violentos —ajenos al mundo de ellos— puede generar incertidumbre y temor.

Una niña de siete años de edad quedó traumatizada al ver un programa especial de *National Geographic* sobre las crías de pájaros en África muertos por un enjambre de abejas que invadieron su nido. Su padre, un apasionado por la naturaleza, no había pensado que dejar que su hija viera el programa especial con él tuviera algún efecto… hasta que ella despertó con una pesadilla. Fue su primer roce con la muerte, la violencia y la realidad de que —en el planeta tierra— suceden cosas malas.

Los padres de niños que son excepcionalmente sensibles a la información visual deben ser cautelosos no solo con lo que sus hijos ven en la televisión o en las películas, sino también en cuanto a darles un teléfono inteligente a edad muy temprana. Entrégueles un teléfono celular con el que puedan llamarle, pero —si es posible— limite su acceso a Internet. Si un especial de *National Geographic* la traumatiza, mucho más daño le hará lo que pueda conseguir en Internet con un clic o dos.

Usted no puede aislar a su hijo de todos los peligros y terrores del mundo, ni debería hacerlo. Cubrir a su hija en una burbuja solo le hará más daño cuando los problemas la afecten personalmente, si no ha aprendido a lidiar con la realidad de que suceden cosas malas y que la vida no siempre es justa.

Los niños maduran físicamente a diferentes edades. También maduran psicológicamente a diversas edades. ¿Cuántas de las duras realidades de la vida puede tratar su hijo? Solo usted puede contestar esa cuestión.

> **¿Cuántas de las duras realidades de la vida puede tratar su hijo? Solo usted puede contestar esa cuestión.**

Todo se reduce a las siguientes preguntas: ¿Cuán bien conoce a su hijo? ¿Cómo responderá su hijo? Algunos chicos se ven muy afectados por los estímulos externos. Su hijo de ocho años de edad ve imágenes de un tiroteo y se asusta un poco. «Papá, ¿y si eso sucediera en mi escuela? ¿Qué debería hacer? ¿Moriría?».

Ahora, los roles paternales que usted debe desempeñar son los de equilibrador y consolador. «Eso fue algo terrible. También lo vi en la televisión esta mañana. A veces suceden cosas malas como esa. Pero esa clase de situaciones no han sucedido en nuestra área. Esa escuela está a tres mil kilómetros de distancia. Nos llevaría cuatro días conducir desde la mañana hasta la noche para llegar allí. Tendríamos que quedarnos en un hotel tres noches y desayunar en otro lugar durante cuatro días solo para llegar a esa escuela».

36

Por lo general, en ese momento, un niño pequeño se distraerá. Usted respondió su pregunta inmediata: «¿Y si eso sucediera en mi escuela?». Su miedo e incertidumbre se serenan debido a la tranquilidad de usted.

Los niños más pequeños necesitan que usted minimice las noticias y les asegure que están a salvo. En ese papel, usted es la seguridad para su hijo.

Si la pregunta y el miedo provienen de su hijo de quince años, podría decirle: «Eso fue terrible, ¿no? No puedo imaginar lo devastado que estaría si eso te sucediera. Me siento muy mal por las familias de los niños que murieron. Deben estar sufriendo terriblemente. Pero también me entristezco por la familia del chico que disparó. Debe haber estado muy furioso con el mundo para hacer eso. ¿Qué crees que podría hacer que un niño se enoje tanto que quiera lastimar a otros?».

Usted es la seguridad para su hijo.

Los chicos mayores también necesitan su tranquilidad, pero no que minimice las noticias. Necesitan un contexto en el cual lidiar con ellas.

No tiene que perseguir todos los males conocidos por la humanidad. Al contrario, debe responder las preguntas que haga su hijo. Cuando esté satisfecho con la respuesta y tenga suficiente información, dejará de preguntar. Así es como sabrá cuánto decir y no decir.

Así que considere las señales de su hijo. Si su hija menciona un tema por segunda o tercera vez, debe prestar atención a esas señales de humo. Debajo de estas hay una alta probabilidad de incendio. Algo está sucediendo en su vida que ella se pregunta o experimenta. Está probando las aguas al ver cómo reaccionará usted ante el tema inicial.

Por ejemplo, su hija le pregunta acerca de las armas de fuego y usted se queda perplejo. *¿Por qué me pregunta por las armas? ¿Cuándo le interesaron las armas?*

Acosarla preguntándole sobre el tema no favorecerá su conversación. Al contrario, intente con algo como: «Cuéntame más sobre eso».

Cuando ella vea que no le asusta la pregunta pero que está dispuesto a reunir más información, descubrirá que ella escuchó a dos chicos en la escuela que estaban hablando de vengarse de un maestro. Ella se preocupó un poco porque le agrada ese maestro. La mayoría de los chicos no les van a contar fácilmente a sus padres lo que está sucediendo en sus vidas. Sus pensamientos se filtran. Cuando solíamos preparar café en cafeteras con filtro, lo primero que escuchaba uno era un pequeño goteo. Luego, cuando escuchabas el siguiente, sabía que el café se estaba filtrando o colando. Dentro de un breve lapso de tiempo, habría una serie de goteos. Pronto el aroma del café recién hecho llenaría el ambiente. El mismo proceso ocurre con los niños y sus pensamientos. Usted tiene que esperar pacientemente y escuchar los goteos. Si hay muchos de ellos, se está gestando una situación.

Los niños son naturalmente egoístas. Para aumentar la empatía con aquellos que son menos afortunados y convertirse en un miembro contribuyente de la sociedad global de hoy, necesitan estar al tanto de los acontecimientos en su propia área, país y en todo el mundo.

Ningún chico puede estar realmente agradecido por lo que tiene hasta que se da cuenta de que los demás viven de manera muy diferente. El regalo más maravilloso que puede dar a su hijo es hacer crecer su corazón: modelar y establecer el agradecimiento como algo cotidiano en su hogar.

Formas prácticas de responder a los asuntos «externos»

Hay una película fascinante llamada *Sully*, acerca del piloto estadounidense Chesley Sullenberger, que se convirtió en héroe tras hacer acuatizar su avión averiado en el río Hudson con el fin de salvar a los que iban a bordo. Incluso bajo extrema presión, se mantuvo concentrado y llevó a la aeronave a descansar de manera segura.

Cuando su hijo está herido, ese es el tipo de función que usted debe desempeñar. Aunque esté bajo una presión extrema —debido a las circunstancias— y sienta el dolor de su hijo, debe mantenerse concentrado para ayudar a que el avión de su familia descanse de manera segura.

¿Cómo puede responder, en forma práctica, a esos problemas mundiales más grandes sobre los que tiene poco o ningún control?

Dele a su hijo el regalo de una infancia prolongada

En la carrera por proteger a sus hijos contra los males de la sociedad, algunos padres los sobrecargan con demasiada información. Un ejemplo son los desconocidos peligrosos. Muchos padres enfatizan demasiado este peligro, *creando* —en realidad— un temor en sus hijos que, de otra manera, no tendrían.

Usted, ciertamente, desea que su hijo aprenda a ser cuidadoso porque no todos son amables, pero su método de instrucción no debe crear un miedo que arruine la inocencia de él. Si es así, usted termina con su infancia demasiado pronto, todo por voluntad de usted mismo.

En el caso de un desconocido peligroso, usted no necesita decirle a una niña de cinco años algo como: «Hay algunas personas muy malas que podrían lastimarte, por lo que debes tener cuidado. Si alguien se te acerca, entonces...».

En vez de eso, haga las cosas sencillas, especialmente con los niños más pequeños. Dígale: «Mamá o papá siempre te recogerán después de la escuela. Si alguien te dice que lo enviamos a buscarte, no vayas con esa persona. Corre en dirección a un maestro en el patio de recreo. Cuéntale lo que pasó».

Al decir algo así, le presenta la posibilidad de que algo como eso ocurra, de modo que no se sorprenda. Aun más, la está preparando dándole los pasos a seguir si ocurriera un suceso como ese:

Primer paso: No le creas a esa persona ni te subas a su auto.

Segundo paso: Ve y cuéntale a un maestro lo que pasó.

Esos pasos mantienen la sencillez del plan de acción, por lo que es más probable que su hijo lo recuerde y no se deje engañar por un desconocido.

Sin embargo, con las familias fracturadas de hoy, esto se hace un poco más complicado. Algunas parejas divorciadas usan a sus hijos como peones contra el otro. Lamentablemente, muchos niños que son denunciados como secuestrados en realidad son arrebatados por miembros de la familia, afirma el Centro Nacional para Niños Desaparecidos y Explotados, que «recibe informes de niños desaparecidos, incluidos pequeños que han sido secuestrados, retenidos u ocultos por un padre u otro miembro de la familia».[9] Si esta es una situación en la que podría encontrarse, conocer los próximos pasos anticipadamente sería muy útil para usted.

También puede hablar con el maestro y la administración de la escuela del niño sobre cualquier inquietud que pueda tener y proporcionarle documentación para respaldar sus declaraciones. Tenga en cuenta que esto debe hacerse con los adultos en la escuela para que sean conscientes de cualquier peligro, pero no con su hijo presente.

Si su hijo necesita saber que no debe irse con papá y este intenta recogerlo en la escuela, puede tratar el asunto con un simple comentario como el siguiente: «¿Recuerdas que papá a veces se enoja mucho y tira las cosas? Él necesita tiempo para trabajar en eso. Así que, si viene a recogerte a la escuela, no te subas a su auto. Regresa al edificio y cuéntale eso a un adulto de la oficina. Ellos me llamarán».

Su hijo no tiene que conocer todos los detalles de su acuerdo de manutención infantil. Solo necesita lo básico para mantenerlo a salvo. A medida que crezca, aprenderá más sobre el carácter de su padre o de su falta. Decir cosas negativas sobre papá no será útil para ninguno de ustedes. Debido a que ha sido parte de la vida de su hijo, aunque en forma negativa, su hijo sentirá la ausencia de él en su hogar.

> **Como siempre les dije a mis hijos: Esa vocecita que escuchas dentro está ahí por una razón.**

En casos de separación o divorcio, usted debe tener mucho cuidado en cuanto a mantener intacta la ingenuidad de la infancia y garantizar la seguridad de su hijo a la luz de las sombrías realidades de su batalla diaria con su ex o del que pronto lo será.

Al enfrentar los males generales de la sociedad, puede contagiar a su hijo y enseñarle la sagacidad básica de la calle sin introducirle miedo. Como siempre les dije a mis hijos: «Esa vocecita que escuchas dentro está ahí por una razón. Aparece para advertirte que está sucediendo algo a lo que debes prestar atención. No debes caminar en esa dirección o debes evitar ese conflicto potencial. Presta atención a esa vocecita».

Responda solo las preguntas que le hagan

Si un niño le pregunta qué hora es, respondería a su pregunta, ¿verdad? No desarrollará una posición editorial ni expondrá —durante media hora— cómo se fabrican los relojes, dónde se fabrican y todos los tipos de instalaciones donde se venden, ¿verdad que no? Simplemente le dirá qué hora es. Eso es todo lo que su hijo preguntó. Solo quiere saber si es hora de ponerse los zapatos para estar listo con el fin de llegar a su partido de fútbol a tiempo.

41

Cuando los niños hacen preguntas sobre cosas malas que les suceden a otros en el mundo, responda la pregunta y nada más. La respuesta que dé debe ser apropiada para su edad y tener la menor información adicional posible. Si su hijo quiere saber más, le preguntará. Si esa respuesta no lo satisface, preguntará más. Es mejor errar al brindar poca información que dar demasiada. Los niños son naturalmente curiosos. Preguntarán hasta que estén satisfechos. Así que no dé mayor información que la que ellos necesitan.

> **Es mejor errar al brindar poca información que dar demasiada. Los niños son naturalmente curiosos. Preguntarán hasta que estén satisfechos.**

La mayoría de los padres piensan que el tema del sexo, por ejemplo, debe tener un trato único. Usted debe «abordar el tema» ya que, en algún momento en la escuela secundaria, tendrán una incómoda noche de conferencia, y todo estará hecho.

Bueno, no tanto. El tema debe presentarse poco a poco puesto que los niños tienen preguntas. Ver algunos caballos jugueteando en un establo local, el anuncio de un nuevo bebé en la familia de alguien o la conciencia de que los niños y las niñas cubren diferentes partes del cuerpo con sus trajes de baño puede dar inicio a discusiones interesantes.

Insisto, responda solo las preguntas que haga su hijo, no más; use el lenguaje apropiado para su edad. Cuando usted haga eso, se estará configurando como la fuente de información confiable. Hágalo cuando tengan cinco años y le sorprenderá lo cómodos que se sentirán preguntándole cuando tengan doce, trece, quince o incluso diecisiete años.

Nadie conoce a su hijo tan bien como usted. Usted puede deducir, por su expresión, si se ha conectado con él. Si respondió su pregunta con franqueza y le proporcionó la información que deseaba, estará satisfecho. Él se irá o cambiará a otro tema.

Cinco tareas para los padres

- Decir la verdad con amor. A las personas buenas les suceden cosas malas. Son cosas de la vida.
- Reconozca que la vida no siempre es justa o equitativa.
- Equilibre su instinto protector preparando a su hijo para que sepa cómo vivir.
- No promueva la mentalidad de víctima. Eso deforma la perspectiva del niño.
- Enfoque todas las lecciones de la vida como una experiencia de aprendizaje.

Entonces usted sabrá que ha terminado con esa crisis menor... y estará listo para enfrentar el próximo desafío.

Porque, definitivamente, lo habrá. Eso es un hecho en la crianza de los hijos.

Proporcione equilibrio

Permítame asegurarle, sin rodeos, un hecho inmutable. Justo cuando haya superado una tormenta en la crianza de los hijos, habrá otra a la vuelta de la esquina. A veces actuará como un controlador de tránsito aéreo en su torre. Otros días estará como en medio de una corrida de toros. Todos los padres se preguntan algunos días: *Santo cielo, ¿y ahora qué sigue?*

Sin embargo, la manera en que responda a cada situación es lo más importante para la estabilidad y seguridad de su hijo. ¿Por qué? Porque usted es la persona más importante en la vida de su hijo. Es su mejor modelo a seguir en cuanto a cómo vivir.

Es hora de leer su propio barómetro. ¿Por qué se siente ansioso con respecto a sus hijos?

La violencia nos rodea. En los últimos treinta días, mientras escribía este libro, solo hubo tres incidentes en Inglaterra. Usted desea que sus hijos tengan un enfoque equilibrado de la vida, aun conscientes de los grandes peligros, pero no incapacitados o temerosos de ellos, entonces, ¿cómo responde a los problemas «externos»? Sea franco. «Yo también vi ese informe. Hay personas que *son* malas y quieren lastimar a otros, como el tipo que viste en las noticias. Pero la mayoría son personas buenas, gente servicial. Como tu maestra, la señora Jones; la abuela y el abuelo. ¿Y recuerdas cuando se nos pinchó la llanta el verano pasado y mamá no sabía qué hacer? Un señor vino en una camioneta y le cambió la llanta».

Su hijo dice: «Ah sí, lo recuerdo. Estábamos solos en un camino. Hacía mucho calor y el señor era realmente agradable».

En esa conversación, usted le dijo a su hijo que no todas las personas son buenas y serviciales, pero la mayoría lo son. Por un lado, ha visto el informe de noticias sobre la persona mala. Por otro lado, le ha proporcionado el equilibrio al recordarle al hombre amable que le ayudó cuando estaba varado.

Pídale a su hijo su opinión sobre los problemas y cómo los resolvería

Uno de los mejores medios para las conversaciones es la mesa. Muchas familias no comen juntas porque todas andan en direcciones separadas. Agarran la comida sobre la marcha. Pero algunas de las conversaciones más estimulantes de la familia Leman ocurrieron mientras comíamos juntos.

Cuando sucede un gran acontecimiento como un atentado terrorista, es el padre inteligente quien le dice a su hija de quince años: «Oh, parece una locura lo que está sucediendo en el *Reino Unido.* Estoy seguro de que también lo viste. Otro bombardeo. Y esta vez… *[brinde algunos detalles para mostrar que prestó atención].* Todavía estoy luchando con lo que siento al respecto. ¿Por qué alguien haría eso? Francamente, no tengo ninguna respuesta. Me encantaría saber lo que piensas. A veces las cosas que suceden así parecen muy lejanas, como una película irreal. Otras veces me tiemblan las piernas con solo pensar si eso pasara en nuestra ciudad».

Cada vez que le dice a un niño: «Me encantaría saber lo que piensas» o «Siento curiosidad por lo que piensas», lo está tratando con igualdad. Lo está invitando a una conversación y creando una relación en la que su hijo pueda hablar con usted sobre cualquier tema, incluso aquellos que no son fáciles de discutir.

Así es como usted propicia una conversación con su adolescente. Problemas difíciles y eventos horribles suceden a nuestro derredor todos los días. Pero lograr que su hijo hable sobre ellos, bueno, eso es otro asunto.

Si desea que su hijo siga hablando con usted, promueva un tema y vea si se engancha. Si es así, inicie la conversación. Si no, déjelo ir. Tendrá otra oportunidad pronto.

A menudo, la mejor manera de hacer que su hijo mayor hable es que se calle y escuche.

Cree un ambiente de seguridad

El mundo de su hijo es realmente bastante pequeño. Es su casa o su departamento, sus padres, hermanos, abuela, abuelo y el perro de la familia. Él tiene su preescolar, su jardín de infantes o su escuela primaria. No llega lejos, tal vez a la tienda de comestibles o al parque para jugar. Él necesita saber y sentirse seguro en ese pequeño mundo. Usted, padre, es el único que puede crear ese ambiente de seguridad. De modo que, cuando su pequeñín se cae, ¿qué hace usted? Lo besa en la parte del cuerpo que se aporreó y, al instante, todo está bien. Usted se convierte en el padre que puede resolver cualquier cosa.

A medida que su hijo crece, más personas entran en su mundo. Se hace más grande. Surgen más preguntas y se presentan más problemas. Pero el hogar sigue siendo un entorno seguro. El hogar es el lugar con amor incondicional y una rutina predecible.

En la escuela secundaria, los estudiantes se dan cuenta de más cosas «externas». Habrá momentos en que esos problemas globales más grandes se crucen con su hija y la lastimen. Entonces preguntará: «¿Por qué me pasó esto a mí?». Ella experimentará frustración, miedo e ira. No tendrá la perspectiva de un adulto con más experiencia que sabe que las cosas malas sí les pasan a las personas buenas.

Pero mantenga la calma. Debe saber dos cosas muy importantes:

1. Nadie es inmune al poder de los grandes problemas. Alguna vez van a golpear. Es mejor que sucedan en su mundo cuando usted está presente para acompañarla.

2. No son los problemas en sí mismos, sino las *respuestas* de su hija a ellos lo que ayudará a dar forma a su personalidad y a dirigir sus próximos movimientos.

Usted no es incapaz. No tiene que ser una niñera, viendo pasar la vida. Puede optar por subir al escenario y ser el padre que debe ser por el bien de su hija. Eso significa que tomará decisiones difíciles. Dirá que no cuando lo necesite. Alentará a su hija. Será su defensor.

Como dice mi hija Hannah, directora de comunicaciones de Children's HopeChest, una organización mundial de cuidado de huérfanos: «Creemos que la vida no siempre es en blanco y negro, y que en el gris y el desorden de la vida es donde ocurre la transformación y la vida se vive verdaderamente».[10]

Todo niño anhela un héroe. El mejor héroe de todos es usted, porque no tiene miedo a ese desorden. Debido a que ama a su hijo de manera incondicional, simplemente, se enrolla las mangas y se involucra.

Usted no puede controlar lo que está «afuera», pero sí lo que sucede dentro de su hogar. Así que, conviértase en el campeón que ella necesita.

2

Cuando el dolor llega a casa

*Los problemas no se vuelven realmente personales
hasta que los sentimos en persona.*

N unca olvidaré a mi esposa en trabajo de parto para dar a
luz a nuestro primogénito. Mientras luchaba con el dolor,
hice todo lo posible por consolarla. «Está bien mi amor. Todo
estará bien», seguí asegurándole.

Al fin, mi amable y dulce esposa, que ni siquiera puede matar
una mosca, me miró. «Bueno», gruñó, «ahí arriba todo puede
estar bien, pero aquí *no*».

Fue entonces cuando realmente me di cuenta de que un bebé
es más grande que el canal de parto.

En ese tiempo yo usaba un anillo de graduación de la Universidad de Arizona del que estaba muy orgulloso, puesto que no
pensé que podría ingresar a la escuela y mucho menos graduarme.
Incluso después de que nació nuestro bebé, podía ver la hendidura
que me quedó marcada en el dedo meñique, por la fuerza con que
Sande me había apretado la mano.

Ese día fue un buen recordatorio de que los problemas no se vuelven personales hasta que lo *son*.

En este capítulo, le daré una descripción general de tres categorías básicas de heridas que afectan a su hogar —la familia, uno mismo y los compañeros— y veremos algunos principios sobre cómo puede comprender mejor y ayudar a su hijo. Para obtener más detalles sobre estos temas, le será útil la sección «Pregúntele al doctor Leman».

Familia

Es cierto que aquellos que usted más quiere y con los que más cuenta también pueden ser los que le hagan más daño. Eso se debe a que la relación que tiene con ellos es mucho más cercana y profunda. Esto es particularmente cierto en el ámbito de la familia. El divorcio, las batallas por la custodia y la crianza de hijos cuyos padres están ausentes causan divisiones significativas en las familias, lo que genera inseguridad, enojo y dolor. Las preguntas sobre la adopción («¿Por qué me regalaron mis padres biológicos?»), la pérdida («¿Por qué mi hermana tuvo que morir?») y el abuso («¿Fue culpa mía lo que sucedió?») producen las heridas más profundas en el corazón de los niños.

Comprender lo que su hijo realmente piensa y siente en cuanto a esos hechos y otros lo ayudará a actuar de manera proactiva y en el mejor interés del chico mientras navegan juntos a través de la situación.

El divorcio

Una de las principales razones por las que los niños sufren hoy en día es la desintegración de las familias por el divorcio. Ellos tienen preguntas reales que deben responderse:

«¿Por qué me ha ocurrido esto a mí? ¿Por qué fue *mi* familia la que tuvo que desmoronarse?».

«Si mis padres no se aman, ¿ya no me amarán?».

«Si mi papá deja a mi mamá, ¿no lo veré más? Entonces, ¿qué pasará si mamá también me deja?».

«¿Es mi culpa? ¿Hice que se separaran? ¿Me odian?».
«¿Qué pasa si mi madre no tiene suficiente dinero para mantener nuestra casa? ¿Tendremos que mudarnos a otro lugar? ¿Tendré que cambiar de escuela? ¿Qué pasa con mi hermano menor?».
«¿Papá y mamá nos separarán a nosotros, sus hijos? No me gusta mi hermana, pero aun así quiero vivir con ella».

Muchos hijos de divorciados se preocupan por sus padres una vez que están solos. Se imaginan que sus padres volverán a estar juntos y que todo será maravilloso. Un sueño imposible, por lo general, bastante lejos de la realidad. Hay una razón por la cual su cónyuge y usted se están divorciando.

Cuando tengo un salón lleno de chicos provenientes de hogares divorciados o en proceso de divorcio, siempre les hago la misma pregunta: «Si las cosas pudieran ser diferentes, ¿querrías que tu mamá y tu papá volvieran a estar juntos?».

Algunos de ellos me han dicho que les alegra que sus padres se hayan separado, puesto que peleaban todo el tiempo. Vivir separados les alivió gran parte de la constante tensión. Pero la mayoría de ellos dicen que sí, que quisieran que sus padres volvieran a unirse. ¿Por qué querrían eso, especialmente si ustedes dos peleaban todo el tiempo? Porque lo ordinario, lo predecible, lo rutinario es lo que da seguridad a los chicos. Para resumir, prefieren que sigan juntos en la misma casa y peleando como perros y gatos que viviendo en dos casas separadas. Si usted vive separado, sus hijos están divididos entre los dos. *¿A dónde voy para Navidad y Semana Santa? ¿A casa de mamá o de papá? ¿Qué pasa si alguno se ofende porque elijo ir a la casa del otro?*

Algunos niños crearán sus propias historias, sus fantasías acerca del padre que se fue, lo que lo convertiría en un mejor ser humano al que usted nunca le daría crédito. Otros niños se enfocan en la soledad del padre con el que viven y traman esquemas de emparejamiento, apuntando a un vecino o entrenador como un nuevo cónyuge potencial para sus padres.

Si quiere entender cómo se sienten los niños que se enfrentan al divorcio, imagínese un hueso de la suerte (de un pavo) reseco y desechado después de la cena de Acción de Gracias. Tienen a mamá tirando de un extremo, a papá halando del otro y ellos sintiendo el dolor de ser estirados en ambas direcciones. Sus padres están peleando y hay rumores de divorcio. Cuando los dos lados del hueso de la suerte se vuelven demasiado frágiles, se rompen. Entonces la vida se hace surrealista para los chicos, que están indefensos ante los cambios. Uno de los padres se muda de la casa o los niños se mudan con uno de ellos.

¿Qué hace la mayoría de los padres? Entran en lo que yo llamo el frenesí «no es tu culpa». «No es tu culpa. Esto es entre nosotros», les dicen a sus hijos. «No tiene nada que ver contigo».

¿Nada que ver con los chicos? Tiene *todo* que ver con ellos. Eso les desgarra su vida.

> Si quiere entender cómo se sienten los niños que se enfrentan al divorcio, imagínese un hueso de la suerte (de un pavo) reseco y desechado después de la cena de Acción de Gracias. Tienen a mamá tirando de un extremo y a papá halando del otro.

Los padres que se están divorciando están bajo todo tipo de estrés: emocional, financiero y físico. Como me dijo una mujer hace poco: «Estaba completamente sorprendida. Eso es lo que más duele. Nunca lo vi venir». Sintió que el adulterio de su esposo la había abofeteado y que iba en caída libre por la pendiente de la autoestima. Su esposo ya se había mudado a un apartamento con su novia. Ella fue la que quedó para explicarles a sus hijos lo que le había pasado a su papá.

Pero ¿cómo se le explica exactamente el divorcio a un niño? La pérdida de confianza y la traición pueden llevar a cuestionamientos sobre qué es realmente el amor, lo que puede afectar de manera profunda las futuras relaciones de un niño.

No hay tal cosa como el divorcio fácil. Para nadie lo es. Sin embargo, si usted entra a una tienda de tarjetas, apuesto a que podría encontrar al menos una que diga: «Felicidades por su divorcio». A pesar de que el divorcio predomina, es un golpe para cualquier chico.

No se deje engañar por sus hijos si aparentan que no les afecta su divorcio. Les afecta. Y a ustedes también.

Algunos de ustedes están enloqueciendo. «Oye, espera un minuto», dice usted. «Estoy muy contento por haberme divorciado. Me alejé de uno de los mayores perdedores de todos los tiempos».

Hay una razón por la que usted está aliviada. Pero eso no significa que su hijo lo esté.

Cómo responden los niños

Cada niño en su familia lidiará con el dolor del divorcio de una manera distinta. Estos son algunos de los mecanismos de defensa comunes que los niños usan para protegerse.

Niño # 1: se encogerá de hombros y dirá: «Oye, no es el fin del mundo. No me molesta. Es mejor esto a que ellos estén peleando». Sin embargo, lo que quiere decir es lo contrario. Su mundo se está desmoronando. La única forma en que puede lidiar con toda esa agitación es actuar como si no le importara. Pero le importa y le afecta profundamente. Este niño se distancia de usted. Está trabajando duro para evitar cualquier conflicto porque teme que se desmorone aun más. No quiere agitar la situación y desea que todos se lleven lo mejor posible. *Si me quedo quieto, tal vez todo esto termine,* piensa.

Sin embargo, le aseguro que ese niño por las noches está despierto pensando en el divorcio, lo cual le afecta muchísimo. Probablemente llore en silencio para dormir.

Niña # 2: esta se vuelve adulta cuando ve la fragilidad de sus padres (particularmente la de mamá). Así que trata de calmar las aguas agitadas. Al igual que todos los padres quieren un niño feliz, cada niño quiere un padre feliz. En ambos casos, es una expectativa irreal. No siempre somos felices en la vida. Sin embargo, esta niña se esfuerza para dar el mismo tiempo a cada padre. Por ejemplo, a pesar de que se siente más cómoda viviendo con mamá, hace todo lo posible para pasar tiempo con papá porque no quiere que se sienta excluido.

Es aún más difícil y complicado para los niños vivir en este nuevo mundo donde su mamá o su papá tienen una nueva amistad. Siempre lo han visto a ustedes —mamá y papá—, como pareja, pero ahora está viviendo *esto* con su papá. Imagínese cuál es su primera respuesta cuando se encuentran con *esto*. No es grato ni cómodo para nadie.

> **Al igual que todos los padres quieren un niño feliz, cada niño quiere un padre feliz.**

La mayoría de estos niños se sienten obligados a parcializarse por mamá o por papá. Luego hay una guerra de palabras y más interrupciones en la familia. Muy pocos niños pueden enfrentar el divorcio de sus padres diciendo pragmáticamente: «Oye, el divorcio es un signo de nuestro tiempo. Soy como muchos otros chicos. Así que bien podría aguantar esto y superarlo».

Niño # 3: esta niña se esconderá. Se callará y ocultará sus sentimientos. Pero déjeme asegurarle que la tormenta la lleva por dentro y puede ser increíblemente peligrosa. Es probable que esté metiendo la cabeza en la arena emocionalmente y se aísle para poder hacerse preguntas aterradoras como: «¿Qué me va a pasar? ¿Y si mamá también se va?». Algún día su apasionada naturaleza interna emergerá y sorprenderá a todos con su intensidad.

Niño # 4: este niño se enoja al lidiar con su dolor interno. Ataca a todos a su alrededor: hermana, hermano, padres, el mundo. A propósito, puede hacer cosas como destruir un juguete de un hermano, dejar la bicicleta bajo la lluvia o arruinar la valiosa tarjeta coleccionable de béisbol de su papá para llamar la atención. ¿Qué dice este niño arisco y antagónico cuando discute con respecto a todo? «Me siento herido por la vida. Por lo tanto, tengo derecho a atacar a otros y hacerlos miserables».

Niña # 5: esta se convierte en la reina del drama, reacciona de forma exagerada a todo:

«¿Cómo es que las cosas no son como eran antes?».

«¿Por qué tenemos que hacer esto? Es estúpido».

«¿No podemos hacerlo como solíamos anteriormente?».

Su atención se centra tanto en su propio estado emocionalmente desordenado que no muestra mucha comprensión de la nueva situación financiera ni de ninguna nueva restricción. Su comportamiento es indiferente porque así se siente. Pero tras ese comportamiento indiferente hay mucho dolor.

Las batallas por la custodia

La pregunta esencial en el centro de las batallas por la custodia es: «¿Quién va a ganar aquí?». Los desacuerdos irreconciliables de los padres fueron, en primer lugar, los que causaron el divorcio. En medio de las partes beligerantes están los niños. La verdad es que, a menudo, es por venganza que alguien insiste en la custodia.

> La pregunta esencial en el centro de las batallas por la custodia es: «¿Quién va a ganar aquí?».

Joy estaba en esa situación, su futuro exesposo trataba de vengarse de ella solicitando la custodia absoluta de los niños. Ella se sorprendió cuando le aconsejé: «Míralo a los ojos y dile: "Está bien, puedes tener a los niños"».

Pero ella se retractó y eso lo hizo retroceder. El esposo era ejecutivo de una empresa. ¿Qué iba a hacer con tres niños menores de siete años en casa? ¿Llevarlos a la casa de su madre a tres estados de distancia?

Por tanto, si su ex quiere de manera poco realista quedarse con los niños, no pelee. Dígale que si «los quiere, los tome». Se ahorrará un montón de honorarios legales y terminará con sus niños en casa. Aunque los tenga inicialmente, es probable que al final de un par de semanas, cuando haya agotado su tiempo de vacaciones y no pueda encontrar a nadie para cuidarlos, él decida que usted es la mejor guardiana.

Las mejores formas de ayudar a sus hijos

Cuando se lastima por el giro de los acontecimientos en su vida, ¿qué puede hacer por sus hijos?

1. Sea el adulto. No mezcle sus asuntos personales y sus disputas al conversar con ellos. No los use como su caja de resonancia para todas las cosas que odia de su ex. Si comienza a humillar a su ex frente a sus hijos, lo que les está pidiendo es que lo defiendan desesperadamente. Es mucho mejor hacer la paz con su excónyuge, aunque no se la merezca; hágalo por el bien de sus hijos. Entrar en una lucha por el poder no ayudará a ninguno de ustedes. Los que pagan las consecuencias son los hijos.

2. No agobie a sus hijos con preguntas. Específicamente, no pregunte qué hacen cuando están con su ex. Usted no tiene licencia para explorar su privacidad, así que no la invada. En vez de ello, pregúnteles a sus hijos en cuanto a sus pensamientos y sus sentimientos. «Sé que esto es difícil para todos. Quiero saber cómo te va. ¿Estás bien?». Diríjase a ellos y sus actividades en lugar de enfocarse en las dificultades de su divorcio.

3. Haga la menor cantidad de cambios posibles durante este tiempo turbulento. La naturaleza misma del divorcio crea todo tipo de cambios: mudarse de apartamento, vender la casa, mudarse a un distrito escolar diferente. Pero, en lo posible, mantenga las cosas tan simples y cercanas a lo que su hijo está acostumbrado.

4. No haga que su hijo rebote como una pelota de goma. Con la mayoría de los divorcios, los padres quieren dividir al niño por la mitad y hacerlo cincuenta por ciento y cincuenta por ciento. Estoy firmemente en contra de ese enfoque debido al precio que tienen que pagar los chicos, que ya están bastante estresados. Siempre les digo a las parejas que se divorcian: «Si están tan interesados en tener que pasar el mismo tiempo con su hijo, entonces sean ustedes (cualquiera de los dos) los que se muden de un lugar a otro y dejen que el niño se quede en su casa».

   Ahora, sé que eso suena improbable e incluso un poco loco —especialmente cuando no puede ponerse de acuerdo en nada, por lo que se divorció—, pero considere esto. Sus hijos son pequeños. Muchos de ellos todavía creen que un hombre con un traje rojo —que conduce un trineo con renos— baja por la chimenea cada Navidad. Aun los niños mayores son más inocentes y crédulos de lo que usted piensa.

   Ustedes son los adultos. Sus hijos son chicos. Cada uno de ustedes debe actuar de acuerdo a sus respectivos roles.

5. Percátese de que sus hijos necesitan tiempo con sus amigos. Esos amigos son su salvavidas para encontrar la cordura y la normalidad cuando su mundo, tal como lo conocen, se está

> **Ustedes son los adultos. Sus hijos son chicos. Cada uno de ustedes debe actuar de acuerdo a sus respectivos roles.**

destruyendo. Si su divorcio incluye mudarse de su vecindario, haga todo lo posible para mantener a su hijo conectado con sus viejos amigos. Tal vez ahora viva en un apartamento de dos habitaciones en lugar de una casa de dos pisos. Todavía puede llenar ese apartamento con chicos, comprar pizza y dejar que se diviertan. No les importará si el entorno no es tan elegante como solía serlo. Lo único que les interesa es que haya comida y aceptación.

6. Permita que sus hijos sean un poco desiguales en lo emocional. El divorcio acaba de lanzar una bomba psicológica en la vida de su hijo, por lo que estará comprensiblemente molesto. Si él forma parte del grupo afectado, ya debe estar bastante destruido. Eso significa que necesita su gracia cuando sienta que no es el hijo ideal. Sin embargo, y esta es la parte realmente difícil como padre, usted no puede dejar que la culpa lo embargue. Si lo hace, usted excusará los comportamientos que nunca debería aceptar, como la falta de respeto y el lenguaje soez.

Dar a su hijo un margen de maniobra para expresarse no implica que usted admita lo inaceptable, lo que incluye cualquier desaprobación. Ahora usted es el jefe de su familia y su hijo tiene que respetarlo. Acepte que habrá situaciones explosivas. Pero esas nunca serán una excusa para atropellarle y aceptar faltas de respeto. Puede que no aborde el problema al calor del momento por cualquier razón pero, al día siguiente, cuando las cosas estén más tranquilas, es necesario enfrentarlo.

«Quiero que hablemos de lo que sucedió ayer y decirte que lo que expresaste realmente me dolió. Sé que esta situación te afecta. A mí también. Pero no soy tu pera de boxeo. Soy tu madre. Sí, esto es difícil para los dos. Lo *superaremos*, pero quiero hacerlo de manera saludable. Haré mi parte lo mejor que pueda, y necesito que hagas la tuya lo mejor que puedas también. ¿Podemos concordar en esto?».

7. Debe tener un plan estratégico. En estos tiempos difíciles, las tradiciones se han lanzado al aire. Tal vez el sábado por la mañana siempre era la hora de papá e hija o el viernes por la noche era noche de chicas. En ausencia de esas relaciones, haga un plan de actividades que pueda publicar en el refrigerador. Puede ser semanal, mensual o a largo plazo. Programe actividades y plazos.

Lo importante es que el horario muestre un movimiento hacia adelante. Su familia no está atrapada por este acontecimiento. Alguien está a cargo, todavía liderando el rebaño. Usted es ese líder importante. Necesita ser solidario, comprensivo, positivo y tomar medidas.

Si hace estas cosas, proporcionará un entorno estable para sus hijos.

Seis características de un hogar saludable

- Las heridas se reconocen y se tratan, no se ignoran.
- Todos los miembros son responsables, se respetan y contribuyen a la familia.
- La verdad se expresa con amor y no se minimiza.
- Valores como la audacia, la perseverancia, la responsabilidad, la autodisciplina, la amabilidad, la compasión, las creencias compartidas, la honestidad, la lealtad y una fuerte ética de trabajo constituyen un fundamento inquebrantable.
- Los problemas se abordan de manera proactiva y amable con soluciones creativas que se ajusten a la situación.
- El amor incondicional y el apoyo imperan.

Padres ausentes

Los padres ausentes pueden faltar por cualquier motivo. Es probable que usted nunca se casó con el padre de su hijo o él ha mostrado poco interés en su hijo desde el divorcio. O ese hombre todavía vive en la casa de usted, pero está emocionalmente ausente. Puede que todavía traiga a casa un poco de comida, pero en realidad no está ahí con usted y los niños. A menudo siente que solo son sus hijos y usted contra el mundo.

El o la ex

De pronto se encontró que es una madre soltera en una situación que no propició ni escogió. Se mudó de Seattle —Washington— a Little Rock —Arkansas— porque ahí es donde viven su mamá, su papá y su hermana mayor. Necesitaba apoyo emocional y ayuda financiera para criar a sus dos hijos después de que su esposo se divorció de usted.

Un mes después de mudarse a Arkansas, su hijo de nueve años dice:

—Extraño a papá.

Deje a la fantasía lo que no puede ser en la realidad.

Verbalizar lo que realmente piensa acerca de ese hombre no ayudará a ninguno de los involucrados. Por eso, deje a la fantasía lo que no puede ser en la realidad.

—Seguro que sí —le dice—. Estoy segura de que él también te extraña.

—Quiero ir a verlo mañana —alega.

Usted sabe que eso no es posible. Un boleto de avión a Seattle no está en el presupuesto. Por eso le dice:

—¿No sería genial subirse a un avión y hacerlo?

Sueñe un poco con su hijo. Luego tráigalo suavemente a la realidad.

—Desearía que eso fuera posible, pero no tenemos dinero para comprar un boleto de avión ahora. Y, de todos modos, tienes un juego este fin de semana.

Es un acto de fino equilibrio —una forma inteligente, de hecho— lograr esto positivamente. Pero sé que puede hacerlo, porque así de intensamente se preocupa por su hijo.

El que deserta

Cuando viajo por el país, las mujeres me hablan de este escenario común.

«Se sumerge en el trabajo y rara vez está a la disposición de los niños y de mí. Cuando hablo con él al respecto, se enoja y dice: "Bueno, ¿para quién crees que estoy haciendo todo esto? Para ti y los niños". ¿Cómo puedo lograr que nos preste atención? No puedo soportar ver el dolor en los ojos de mi hija cuando su papá no aparece. Cuando lo hace, tarde, ella se le monta encima. Como solo la ve cuando es feliz, no sabe lo molesta que estaba. Soy yo la que tiene que lidiar con las consecuencias emocionales. Simplemente no entiende lo importante que es que aparezca a tiempo. A veces me enojo mucho».

Por supuesto que sí mamá Velcro, porque básicamente usted hace todo en una casa de dos padres. Eso no fue lo que soñó cuando aceptó esta relación. Su pareja ha abdicado de su papel de padre. Es probable que él vea eso como «trabajo de mujeres», o esté pensando en su carrera profesional y suponga: *He hecho el trabajo familiar. Ellos lo están haciendo bien.*

Agregue a eso el hecho de que muchas de ustedes también trabajan fuera de casa y también hacen malabarismos con su propia carrera. Durante su preciada media hora de almuerzo, puede comer una barra de granola mientras establece la visita de su hijo al dentista, programa la cita de su mascota para un recorte de uñas e investiga el resto del proyecto de trabajo que vence en una hora. Entonces recibe un mensaje de texto de su esposo, pidiéndole que recoja una bandeja de queso y galletas en su camino a casa, ya que la necesita para una actividad de trabajo al día siguiente.

No es de extrañar que se sienta un poco cansada e irritable cuando vea a ese hombre suyo al atardecer. ¿Y qué hace él? Pone los pies en alto después de la cena y se despeja el cerebro mientras mira la montaña de platos que —de alguna manera— se acumularon solos.

De hecho, todo se le pega como el velcro. Y si usted es como la mayoría de las mujeres, no puede dejar esos proyectos para después. Así que sigue lavando esos platos hasta la una de la madrugada.

Por eso, cada vez que hablo con los padres, les digo sin rodeos: «Si usted está presente al inicio de la relación, también debe estarlo para el resto de ella».

> «Si usted está presente al inicio de la relación, también debe estarlo para el resto de ella».

El hombre inteligente es el que aprende a comprar en el supermercado, cocinar y dejar su ocupado trabajo de contador una hora antes para estar en el juego de las ligas menores de su hijo. Ninguna mujer puede estar sin un pícher de relevo como padre.

Eso también aplica a los hombres. Algunos padres que se quedan en casa se encuentran en esta misma situación con sus indetenibles esposas.

Si su cónyuge ha abdicado de su papel, es hora de una discusión.

«No creo que quieras hacerlo, pero realmente estás lastimando a tu hijo. Cada vez que sale al campo, lo veo mirando a la parte alta de las gradas para ver si estás ahí. Se decepciona mucho cuando no te ve. Me has pedido que grabe sus juegos muchas veces y, como un robot, lo hago. Pero ya no más. Ya no lo estoy haciendo. Tienes que venir y ver el juego. Si quieres grabarlo tú, sería genial».

Usted tiene que ponerse firme. Es mi teoría de dos por cuatro. A veces, la mujer tiene que tomar un madero (de dos pulgadas por cuatro) y golpear a su esposo por un lado de la cabeza. Con algunos hombres, es la única forma en que responderán si hay una crisis. Por tanto, si tiene que comenzar la crisis con cierto comportamiento dramático (su hija adolescente puede mostrarle cómo debe hacerse), entonces hágalo.

Los años que sus chicos estarán con ustedes en casa pasarán volando. Usted no quiere que su marido se pierda eso.

El otro factor es que, si está dando, dando y dando más y no recupera nada ni obtiene ningún apoyo para los niños, se morirá —emocionalmente— de hambre. No necesita un psiquiatra que le diga hacia dónde se dirige su matrimonio.

Así que no deje que oscurezca antes de tener esa conversación. Es demasiado importante para dejarla pasar. Sí, su hombre puede estar preocupado por la reducción de personal de su empresa. Puede estar actuando de esa manera porque teme que, si no continúa dando el ciento cincuenta por ciento en el trabajo, es probable que se encuentre en la lista de despidos. Sin embargo, si no presta atención a su familia, no tendrá a nadie cuando vuelva a casa.

La pregunta más importante es: ¿Qué es más importante: sus hijos o sus cosas?

Espero que diga que sus hijos. La recompensa de sus sonrisas no tiene precio.

La adopción

No hay forma de describir apropiadamente la alegría que sentí cuando vi a mi hija Hannah con sus gemelos recién adoptados. Fue pura felicidad. Esos dos bebés son la niña de los ojos de su abuelo, junto con mis otros dos nietos. En mi opinión, todos los niños son hijos de Dios, no hay diferencia. Sin embargo, a medida que los niños adoptados crecen, tendrán preguntas importantes. Dependiendo de la edad y la personalidad de su hijo, algunos tendrán grandes dificultades al buscar las respuestas. Cada adopción comienza con una pérdida. Al adoptar un chico en otro país, usted rara vez tiene información sobre los padres biológicos. Cuando adopta en su nación, por lo general puede encontrar algunos detalles sobre los padres biológicos y obtener un historial médico básico. Sin embargo, cada niño adoptado tiene una historia exclusiva. Unos fueron adoptados como bebés, otros como niños pequeños y, aun otros, lo fueron en su edad escolar. Especialmente en la adolescencia, cuando descubren que se ven distintos y actúan de manera diferente a sus familias adoptivas, preguntarán:

«¿Por qué mi madre y mi padre biológicos me abandonaron? ¿Por qué no se quedaron conmigo?».

«Si los encontrara, ¿me llevarían de regreso con ellos?».

«Si ellos me regalaron, ¿me dejarán, mamá y papá, si no soy bueno?».

«¿No me amaban?».

«¿No valí yo nada?».

«¿Me quieren mamá y papá tanto como a sus hijos "reales" (biológicos)?».

Estas son solo algunas de las preguntas más importantes que enfrentan los niños adoptados. Faltan piezas de su vida, por lo que sentirán ese vacío a pesar de cuánto los ame usted y los acepte. ¿Qué puede hacer usted?

1. Hable sobre la adopción. Los niños adoptados no siempre tienen historias de su nacimiento (aunque en algunos casos especiales, es posible que usted haya estado en la habitación donde se practicó un parto doméstico), así que cuente cómo

se sintió cuando se enteró de su existencia. Use detalles. Describa la alegría, el anhelo y cómo esperó con anticipación a que se unieran a su familia.

2. Celebre el día en que el niño llegó a su familia. Cuente la historia de ese evento una y otra vez. Una familia que conozco que adoptó en otro país lo llama «Día Gotcha» [o día de bienvenida al hogar] y lo celebra con un acontecimiento especial y un regalo del país de origen de sus hijos cada año. Para esa niña, el Día Gotcha es más importante que su propio cumpleaños ya que abundan las imágenes del día en que se unió a su familia, aunque no tenga imágenes de su nacimiento.

3. Si su hijo es de una etnia diferente, explore su ascendencia con él. Ayúdelo a aprender el idioma para que le resulte más fácil identificarse con esa cultura una vez adulto. Él caminará todos los días por ese delgado límite entre dos etnias, se dé cuenta o no. Comprender ambas culturas lo ayudará mucho tanto ahora como en el futuro.

4. Tenga en cuenta que debido a que hay muy poca historia con su hija adoptiva, ella puede enfrentar problemas que sus otros hijos no tienen. Los hijos adoptados a menudo luchan con el miedo al abandono, la traición y a quedarse solos. Pueden tener baja autoestima, pensando que algo anda mal con ellos porque sus padres biológicos «los abandonaron». También pueden temer al cambio de entorno. Estos no son solo problemas imaginados, sino reales; basados en sus experiencias de fondo.

Muchos padres adoptivos piensan inicialmente: *Bueno, si la amo lo suficiente, esos problemas desaparecerán.* Por mucho que usted ame, esos sentimientos y recuerdos internos no dejarán de existir. Pero si los comprende y le explica a su hija por qué a veces se siente así, ha allanado el camino hacia la salud psicológica emocional.

> **Los hijos adoptados a menudo luchan con el miedo al abandono, la traición y a quedarse solos.**

Cuando esos sentimientos afloran en los dificultosos años de la adolescencia, ella puede pensar: *Ah, estoy realmente asustada en este momento. No esperaba que papá hiciera ese viaje tan largo. Pero sé por qué tengo miedo. Temo que no vuelva, como lo hicieron mis padres biológicos. Que me dejaron. Pero papá no me va a dejar. Volverá cuando haya terminado con los asuntos de su negocio.*

Puesto que usted la ha ayudado a identificar por qué a veces siente miedo, a menudo puede razonar consigo misma y racionalizar el pánico que siente. Usted le ha dado las herramientas para que avance hacia una vida adulta saludable.

5. Constitúyase en el equilibrador. Incluso los niños adoptados que están bien adaptados siguen sintiendo el aguijón del rechazo. Para que ellos llegaran a su familia, alguien tuvo que «regalarlos» (este término no agrada ni a los padres adoptivos ni a las agencias de adopción). Son un regalo maravilloso para usted, pero ser abandonados por sus padres biológicos es parte del paquete. Cuando su hijo adoptivo se sienta inseguro, enfatice que fue el regalo más maravilloso que haya recibido. Pero también reconozca su dolor.

«Sé que siempre te preguntarás acerca de sus padres biológicos. ¿Dónde están? ¿Qué les pasó? ¿Por qué decidieron darte en adopción? ¿Por qué no te querían? Puedes hablarme sobre esas preguntas en cualquier momento. Haré lo que pueda para ayudarte a encontrar las respuestas, cuando estés listo podemos hacerlo».

Muchos padres de niños adoptados no quieren abordar esas preguntas con franqueza por temor a que sus hijos se sientan más lastimados, o que hablar sobre esas preguntas solo sirva como un recordatorio de que el niño es «diferente». Pero déjeme asegurarle que, de todos modos, su hijo está pensando en ellas. Es mucho mejor sacarlas a la luz.

Los secretos compartidos son menos gravosos y unen más.

La pérdida por enfermedad o muerte

No puedo contar la cantidad de médicos que conozco o he leído acerca de personas que eligieron su vocación porque un padre o hermano murió de determinada enfermedad. Ver a un ser querido sufrir y morir ejerce un profundo impacto psicológico en un niño. También puede provocar temores de que otros miembros de la familia se enfermen y mueran.

Justin vio cómo perdió —su pequeña hermana— el cabello y luego la capacidad de caminar a causa del cáncer. Varios años después, su cuerpo estaba tan cansado para luchar que falleció. Avancemos un año, cuando su madre contrajo gripe y tuvo que permanecer en cama por unos días. Justin exclamó: «Mami, ¿también vas a morir?».

La verdad es que la gente se enferma. Puede intentar llevar un estilo de vida saludable (hacer ejercicio, comer bien), pero la enfermedad llega. Todos nacen y todos mueren.

¿Es eso triste? Sí, pero morir es parte del ciclo de vida, al igual que cuando las hojas se marchitan y caen de los árboles cada otoño. Esa es la respuesta franca.

¿Cómo puede ayudar en tiempos de pérdida?

1. Sostenga conversaciones reales y sinceras. En lugar de decirle a un niño: «Dios se llevó a tu hermana. Él sabía que sería más feliz y no sufriría si estaba en el cielo», es mucho mejor

decir: «También extraño a tu hermana. No entiendo por qué tuvo que dejarnos, especialmente tan pronto. Desearía haberla tenido más tiempo con nosotros. ¿Recuerdas cuando... *[cuéntele algún recuerdo que tenga de ella]*?». Tal respuesta mantiene abiertas las puertas de comunicación.

Preguntar por qué es un cuestionamiento sincero y nunca debe evadirse. A veces no hay respuestas, y no puede obtenerlas, por mucho que lo intente. Enojarse porque la vida es injusta también es franco. Usted no puede controlar todo lo que les sucede a sus seres queridos, pero puede ser sincero en cuanto a no tener todas las respuestas.

> **Preguntar por qué es un cuestionamiento sincero y nunca debe evadirse.**

Concédale espacio a su hijo para que sea él mismo y siga la misma regla usted mismo. Entonces ambos podrán superar esta tragedia y emerger más fuertes juntos.

2. No tenga miedo nunca a las lágrimas.

Son saludables y sanadoras. Su hijo se sentirá tranquilo al saber que lo cuida. No podemos controlar todo lo que nos sucede a nosotros y a quienes amamos. El llanto es una válvula de liberación necesaria.

3. Hable acerca de sus miedos.

Becca estaba hablando por teléfono con su mejor amiga, riéndose porque halló su primer cabello gris. Un instante después, escuchó un vaso romperse cuando cayó al suelo detrás de ella. Su hija, hija única, había dejado caer su vaso de jugo de naranja. Mandy corrió hacia su madre y abrazó sus piernas, negándose a dejarla ir. «¿Vas a morir como la abuela? ¡Por favor, dime que no lo harás, mami!».

Becca estaba aturdida. Su hija de cinco años de edad pensó, de alguna manera, que como la abuela —que había fallecido recientemente—, tenía el pelo gris, entonces tener el pelo canoso significaba que ella iba a morir.

Algunas de las conexiones que hacen los niños son inquietantes y desconcertantes. Sin embargo, piensan en eso. ¿No es mejor que sepan que pueden hablar sobre sus miedos, reales e imaginarios, con usted, la persona en quien más confían?

4. Sea proactivo. Cuando algo malo le suceda a alguien que usted ama y usted se entere, sea proactivo. Comunique a la persona sus pensamientos, sentimientos y su amor. Llévele flores. Los niños pueden hacer una tarjeta e ir con usted a visitar a la persona enferma.

   Explíqueles que no todos los que padecen una enfermedad van a morir. «El tío Phil está pasando por un momento difícil», puede decirle a su hijo. «Lo que más necesita es saber que la gente lo cuida, piensa en él y ora por él. Él necesita nuestro amor. ¿Qué crees tú que podríamos hacer para mostrárselo?».

   Involucre a su hijo en la búsqueda de una solución. Un niño tomó sus autos, los ató de un lado a otro y los colocó en la habitación del hospital de su hermano mayor. ¿Por qué? Porque los dos muchachos siempre habían jugado juntos con los automóviles. Chris quería que su hermano Chase supiera que aun cuando estaba en la escuela y no podía estar en el hospital, pensaba en él.

   Los niños son maravillosamente creativos. Permítales ser parte de la solución.

5. Mantenga vivo al ser querido en su memoria. Hable con franqueza sobre las experiencias que tuvo con la persona que falleció. Pueden reír, llorar y vivir el proceso juntos. El hecho de que esa persona ya no esté en esta tierra no significa que su influencia y sus lecciones de vida tengan que detenerse.

El abuso

No hay nada peor que ser abusado por alguien en quien usted confía o que ocurra en un lugar que considere seguro y donde pase la mayor parte de su tiempo. Es la más horrible de todas las traiciones a un niño y tiene un impacto duradero en su visión del mundo y sus relaciones. En el fragmentado mundo de hoy, con relaciones familiares complicadas, el abuso está en aumento. El abuso puede ser verbal, físico, emocional o sexual. El abuso no es un error, algo que ocurre una sola vez porque alguien se enojó o tuvo una descarga de testosterona extra corriendo por sus venas que hizo que actuara de esa manera. No, el abuso es un delito.

El abuso sexual es el gran problema que tiene en frente y del que nadie quiere hablar. Por ejemplo, una de cada cuatro mujeres es agredida sexualmente en los recintos universitarios.[1] Lamentablemente, existe una mayor probabilidad de que ocurra abuso sexual en el hogar de un niño que en cualquier otro lugar. También puede provenir de miembros de la familia extendida o de personas de confianza con las que su hijo tiene mucha interacción: su entrenador de natación, su entrenador de las ligas menores, de una niñera, de un vecino.

En cuanto al abuso sexual, las personas asumen erróneamente que todo lo relativo a eso tiene que ver con el sexo. Pero de lo que más se trata es de ejercer poder sobre alguien más débil. Ni los niños ni las niñas son inmunes. Aunque hay más hombres abusadores (padres, padrastros, tíos, hermanos, primos), las mujeres también pueden serlo. Sin embargo, es menos probable que se informe a las mujeres debido al factor de vergüenza cultural que los niños sienten al ser dominados por las mujeres. Además, no asuma que el abuso sexual es de hombre a mujer o de mujer a hombre. Puede ser de mujer a mujer o de hombre a hombre.

Los chicos que están siendo abusados a menudo mantendrán esa situación en secreto, debido a la vergüenza que sienten por creer que es su culpa, por la baja autoestima resultante o por el miedo. Los perpetradores a menudo sostienen dos cartas sobre la cabeza de un niño: «Si no haces lo que yo digo, te mataré» o «Si no haces lo que yo digo, le haré esto a tu hermana». Como resultado, la criatura alberga su miedo dentro y recibe los golpes en silencio a menos que alguien intervenga para ayudarla».

Usted, padre, debe ser su protector, aunque eso signifique ir en contra de su cónyuge, su visitante, su hermano o incluso uno de sus otros hijos. Jen, una madre trabajadora, quedó devastada cuando descubrió que su hijo mayor estaba abusando sexualmente de su hija de siete años después de que la traía de la escuela a la casa.

Lo inesperado puede suceder... justo en su propia casa. Si ve algún indicio de abuso, vaya al fondo del asunto de inmediato.

Oprah Winfrey era clara, como su reporte de calificaciones, cuando era niña. Era amable, generosa con los demás y, aparentemente, complaciente. Sin embargo, vivió el abuso infantil en carne propia. Fue violada brutalmente a los nueve años de edad, luego enfrentó «episodios constantes de abuso sexual entre las edades de diez y catorce años, así como una serie de maltratos físicos», informó en una entrevista con David Letterman casi cinco décadas después de que ocurrieron los hechos.[2]

Era claro que esos acontecimientos tuvieron una poderosa influencia en su vida. Sin embargo, Oprah tomó la decisión de convertir esa horrible experiencia en un camino de vida para inspirar a otros.

«Cualquier persona que haya sido abusada verbal o físicamente pasará gran parte de su vida construyendo su autoestima», dijo. «Todos están buscando esa validación. Sé lo que se siente no ser querido... Sin embargo, puedes usarlo como un trampolín para generar una gran empatía por las personas».[3]

Si su hijo está siendo maltratado de alguna manera, o si incluso sospecha que algo podría estar sucediendo, siga los siguientes pasos:

1. Todo lo demás en su vida tiene que detenerse. Debe investigar de inmediato.

2. Pregúntele a su hijo con mucho tacto y cariño acerca de cualquier experiencia. Más importante aún, créale a su hijo.

3. Separe al niño y al abusador inmediatamente. No los deje solos juntos por ningún motivo.

4. Si el abuso ocurrió en su propia casa, vaya con su hijo a un lugar seguro.

5. Denuncie el abuso a la policía. Haga que lo ayuden con los próximos pasos legalmente. Persiga al abusador con todos los recursos de la ley. Aun cuando sea miembro de la familia, se lo debe a su hijo… y cualquier otro niño con quien el abusador pueda entrar en contacto. Debido al abuso, sus relaciones familiares ya están severamente fracturadas. No puede hacer nada peor de lo que ya es tomando medidas. Su hijo, que ha sido violado, necesita sentir su amor y su apoyo. Él necesita que usted sea una roca inamovible en lo que se refiera a trazar la línea sobre lo correcto y lo incorrecto legalmente.

6. Participe en un grupo de recuperación de personas abusadas. (También hay grupos para la recuperación de personas violadas). Además, recomiendo asesoría personalizada. Los chicos que sufren abuso pueden necesitar asesoramiento adicional a medida que maduran y hacen preguntas más profundas sobre su experiencia infantil.

Todo niño que ha sido abusado siente una vergüenza secreta. *Debe ser mi culpa,* piensa ella, *o él no me trataría de esa manera.*

La duda, la humillación y la culpa abundan. Su hijo o hija necesita saber:

- Que no hizo nada para merecer esto. No es su culpa.
- Que se cometió un crimen contra ella o él, y ese criminal tendrá que pagar por el mal que hizo.
- Que usted lo ama, le cree y lo apoya. Que hará todo lo posible para ayudar.
- Que está seguro en su casa con usted. Que nadie la agarrará.
- Que cree que es fuerte y que lo superará.

En cualquier asunto familiar, usted es el barómetro emocional para su hijo. Las heridas de la vida vendrán, pero no tienen que aplastar a su hijo ni a usted.

Su hijo captará las señales de usted. Cuando algo le duela, modelará sus respuestas según la forma en que usted responde. Si usted no reacciona de forma inadecuada ante el divorcio, las batallas por la custodia, las preguntas de los niños adoptados y frente a la pérdida, sus hijos tampoco lo harán. Así que tome las dificultades familiares con calma, como parte de la vida en el planeta tierra. Muestre compasión, amor y preocupación a sus hijos. Camine junto a ellos mientras se dan cuenta de que todos morimos en algún momento. Permítales procesar y llorar sin juzgar.

Y recuerde, si el abuso está ocurriendo en su hogar, debe detenerse ahora. Su hijo necesita y merece que su hogar sea un lugar seguro.

¿Será difícil su camino de ahora en adelante? Sí. Pero pueden superar esto juntos.

Yo

Los niños sufren cambios tremendos a medida que crecen: en sus cuerpos, sus hormonas, sus relaciones, las situaciones de la vida, etc. No es de extrañar que a veces sientan una gran carga de estrés emocional.

Si usted creció siete centímetros en un verano, o si le llegó el período por primera vez y escuchó que el tipo que le atrae realmente le gusta a otra persona, estará bajo mucho estrés.

Si tuvo su primer sueño húmedo, de repente se dio cuenta de esas maravillosas criaturas llamadas mujeres, y su voz se quebró cuando hablaba con la chica más popular de la escuela, se estresará.

Ahora agregue a esa mezcla disputas entre hermanos y tener que escuchar a sus padres pelear por el dinero. Además de intentar mantener su ventaja competitiva con sus compañeros. Eso sería una carga de estrés, ¿no lo cree?

Tal estrés, si no se controla, puede acumularse y provocar depresión, trastornos alimentarios, laceraciones e intentos de suicidio, por nombrar algunas de las principales preocupaciones de los padres.

Uno de los errores más grandes que cometen los padres es asumir que todo está «bien» en la vida de sus hijos, pero pueden estar «fingiendo». Es probable que parezca que su hijo está lidiando bien con su vida. Pero debido a que cada chico anhela la comprensión, el apoyo y el amor incondicional de sus padres, está haciendo todo lo posible para ocultar sus fallas. Ella o él lo harán especialmente si tiende a criticar las cosas que hace o señala cómo puede hacer algo mejor.

Debido a que los inconvenientes «personales» son internos, ¿qué síntomas debe buscar para saber si su hijo está en problemas?

La depresión

Los padres me preguntan todo el tiempo: «Mi hija parece estar realmente deprimida». ¿Cómo sé si esto es solo una fase o si está realmente deprimida y necesita ayuda?».

Nunca recomendaré de inmediato que corra a su psiquiatra del vecindario si cree que su hijo está deprimido. Eso se debe a que algunos niños se estresan con facilidad. Cuando las cosas no salen a la perfección, se desmoronan. Lloran porque se molestan. O se encierran en su habitación por una tarde o un día. Parte de su comportamiento tiene un propósito: que usted sepa que la vida no les está funcionando y que sienta lástima por ellos. Quieren que usted sienta el dolor de ellos.

Si sobrepasa sus cartas con esos chicos, le harán trabajar como padre. Ellos saben cómo hacer que usted colabore. Digamos que su hija tuvo un día terrible porque fue traicionada por su grupo de amigos. Cuando entra por la puerta llega llorando y se niega a salir a cenar. Ni siquiera comerá el postre especial que le preparó porque sabía que se sentía deprimida.

¿Qué hace usted? Pasa el rato afuera de su puerta con la bandeja de comida en la mano. «Si comes un poco, te sentirás mejor», llama tentativamente.

«¡Vete! ¡No quiero ninguna cena!», grita ella en un tono apagado a través de la puerta cerrada.

Eso se debe a que, en ese momento, ella no *quiere* sentirse mejor. Ella quiere sentir lo que siente, que está enojada, traicionada y triste. Hasta que haya terminado de apreciar esos sentimientos, no querrá nada de lo que usted ponga en esa bandeja de comida. Eso incluye el postre que sirvió para hacerla sentir mejor.

Los padres se esfuerzan demasiado por agitar la varita mágica. Cuando un niño se siente desanimado, lo mejor que puede hacer es reconocer lo que ve. «Puedo decir que te sientes realmente deprimido en este momento. Si alguna vez quieres compartir conmigo lo que está pasando, te escucharé. Y si no estás listo, también está bien. Necesitas tiempo para procesar lo que te ha pasado». Luego dé la vuelta y aléjese. Deje que su hijo le busque cuando esté listo.

Ahora bien, ese es un comportamiento respetuoso.

Todo ser humano tiene malos momentos, malos días, incluso malos meses en los que se desanimarán. Pero no se apresure a etiquetarlos de depresión.

La depresión clínica casi siempre es acompañada de cambios severos en el estado de ánimo, la personalidad, el comportamiento, la vestimenta y las calificaciones. Es un patrón, no un evento de una o dos veces. Si su hija usualmente inquieta está callada, se aísla noche tras noche en su habitación, no atiende las llamadas y mensajes de texto de sus amigas, se olvida de bañarse, ya no parece preocuparse por su gato y comienza a bajar sus calificaciones escolares, esas son señales de que necesita ayuda. Ella ha dejado de preocuparse por la vida y por sí misma debido a algún golpe que ha experimentado. Esa niña necesita asistencia profesional lo más rápido posible.

> La depresión clínica casi siempre es acompañada de cambios severos en el estado de ánimo, la personalidad, el comportamiento, la vestimenta y las calificaciones. Es un patrón, no un evento de una o dos veces.

Sin embargo, siempre comenzaría con una visita a su médico de familia. Debido a todos los cambios hormonales que ocurren en el cuerpo durante crecimiento de su hija, su médico puede realizar pruebas para ver si su nivel emocional bajo es el resultado de eso.

Si es así, se puede rectificar fácilmente. Otras veces, ese médico puede remitirla a un psicólogo o psiquiatra profesional.

Un psicólogo es alguien como yo, que puede hablar con su hija sobre los problemas que suceden en su vida y que la hacen sentir deprimida. Un psiquiatra es un médico que puede evaluar qué tipos de medicamentos podrían ayudarla a recuperar su bienestar emocional y mental.

Algunos padres apresuran de inmediato a sus hijos a recibir asesoramiento si creen que el niño está desanimado. Sin embargo, en la mayoría de los casos, no es el niño quien debe ir, es el padre. El padre es el que necesita el consejo sobre cómo hacer las cosas de manera diferente en sus respuestas a su hijo.

La mayoría de los niños que sufren depresión me dicen que sus padres no los escuchan, no los entienden y no los toman en serio. Sus padres hacen demasiado por ellos o muy poco. Debido a que no existe una relación cómoda y establecida entre padres e hijos, el niño debe lidiar con las dificultades por sí mismo.

Muchos padres hacen citas con consejeros basados en su propia culpa. Los comentarios típicos que escucho son:

«No tenía idea de que se sintiera así hasta…».

«Yo debería haber sabido».

«Desearía que me hablara, pero…».

«Si no hubiera ido en ese viaje de negocios, lo habría hecho…».

La consejería, sin embargo, no es la cura; aunque todos los padres piensan que sí. Deberían haber ahorrado su tiempo y su dinero, porque no logran nada con su hijo. Sí, si un niño está clínicamente deprimido, necesita la ayuda que la medicina puede brindar para volver a la normalidad. Pero la medicina sola no arreglará la situación. Los asuntos específicos de daño interno deben resolverse.

¿Por qué su hijo se siente desanimado? ¿Qué problemas está enfrentando, con los que no puede lidiar bien? ¿Qué le está causando tanto estrés que se está apagando emocionalmente?

Hasta que identifiquen esos problemas y tomen medidas para aprender cómo pueden manejarlos mejor —los padres y los niños—, ningún medicamento en el mundo será efectivo.

Los trastornos alimenticios

La *anorexia nerviosa*, también conocida simplemente como *anorexia*, es un trastorno psicológico que se caracteriza por un deseo obsesivo de perder peso al negarse a comer. La *bulimia nerviosa*, también conocida simplemente como *bulimia*, es un trastorno psicológico en el que se consume una gran cantidad de alimentos en un período corto, con sentimientos de culpa y vergüenza.

La persona con anorexia tiene una imagen corporal distorsionada. Se mira en el espejo y ve a una persona gorda, aunque solo pese cincuenta kilos. La persona que tiene bulimia se ve atrapada en el ciclo de atracones (por ejemplo, comer una bandeja entera de pasteles), y luego puede seguir depurándose (con vómitos autoinducidos), usando laxantes o diuréticos, ayunando o haciendo ejercicio excesivamente en un esfuerzo por evitar el aumento de peso. Tales comportamientos llevan al ya tumultuoso adolescente a una montaña rusa de altibajos físicos y emocionales.

Aunque la mayoría de los que sufren de anorexia y bulimia son mujeres, los hombres no son inmunes. «Los hombres representan aproximadamente del cinco al quince por ciento de los pacientes con anorexia o bulimia y se estima que el treinta y cinco por ciento de ellos presentan trastornos alimenticios», dice *NIH Medline Plus*. «Algunos chicos con ese trastorno quieren perder peso, mientras que otros quieren aumentar de peso o aumentar su corpulencia. Los chicos que piensan que son demasiado pequeños tienen un mayor riesgo de usar esteroides u otras drogas peligrosas para aumentar la masa muscular».[4]

Con la anorexia, su hija puede ver una zanahoria, una hoja de lechuga y una manzana como una comida gourmet. Incluso puede distribuirlos durante todo el día y contar las calorías religiosamente. Cuando era decano de estudiantes en la Universidad de Arizona, una estudiante mencionó el tema de la comida en mi oficina. Me mostró, orgullosa, la comida que iba a ingerir ese día: era una pequeña cantidad envuelta en papel de aluminio. El plato de «huevo y jamón» consistía en una minúscula cucharada de huevo del tamaño de un guisante y trocitos de jamón secos de un tamaño que ni siquiera podía reconocerlos. Ese era el «banquete» de aquella joven mujer.

Con la bulimia, no es raro que una joven de dieciséis años se detenga en Dunkin' Donuts después de la escuela, se pare en un estacionamiento y se coma una docena de donas. Luego va al sanitario de la estación de servicio en el camino a casa para meterse los dedos en la garganta y vomitar con el fin de purgar todo lo que se comió. Con el tiempo, tal comportamiento afectará sus dientes, su sistema digestivo, su cuerpo en general y su mente.

Con los comedores compulsivos, un chico puede ganar quince kilos y perder veinte para luego ganar diez kilos. Estos importantes cambios pueden causar desequilibrios hormonales que lo afecten en el futuro.

El trastorno alimentario no tiene que ver con comer tanto como podría pensarse. Es por eso que instar a un chico a «comer más» o «solo comer uno en lugar de una sartén entera» no funciona. Para tales niños, existe una gran brecha entre el yo ideal (lo que quieren ser) y el yo real (lo que son). Esa brecha crea todo tipo de disonancia emocional internamente.

> **El perfeccionismo es el desencadenante psicológico número uno en los chicos que desarrollan trastornos alimenticios.**

El perfeccionismo es el desencadenante psicológico número uno en los chicos que desarrollan trastornos alimenticios. Cada niño tiene una visión miope de sí mismo, lo cual no es lo suficientemente bueno. El comportamiento que resulta es autodestructivo y autocastigador. Los trastornos alimenticios no son una enfermedad sencilla que puede curarse fácilmente. No puede tratarlo solo. Si esto está sucediendo con su hijo, necesita intervención profesional urgente.

Las laceraciones

«No entiendo», me dijo la madre angustiada. «¿Por qué se haría daño a propósito?».

Su hijo se estaba lacerando y, sin saberlo, descubrió su secreto cuando este se negó a usar otra cosa que no fueran mangas largas en un caluroso día de verano.

Cortarse o lacerarse es un trastorno de autolesión, en el que una persona se hiere deliberadamente la superficie de su cuerpo para hacer frente al dolor emocional, la ira y la frustración. Aquellos que se lastiman de tal manera padecen de falta de control personal. La única forma de recuperar parte de ese control es infligirse dolor físico a sí mismos. Pueden controlar cuánto cortan, cuándo hacerlo, cuánto cortar. Este método de liberación del dolor puede volverse psicológicamente adictivo, como un adepto a las drogas. Los chicos que se lesionan lo hacen en sus muñecas, antebrazos, incluso en sus estómagos, lugares que es menos probable que se vean.

El perfeccionismo es el tema esencial de los que se cortan. Al igual que con aquellos que tienen trastornos alimenticios, existe una gran brecha entre lo ideal y lo real.

Aunque lesionarse es un comportamiento autodestructivo, también es la venganza secreta de su hijo contra quienes lo controlan.

¿Es usted un cazador de defectos?
Haga esta prueba.

- Puedo ver una pelusa en la alfombra al otro lado de la habitación.
- Siempre puedo pensar en una mejor manera para que alguien haga un proyecto.
- Soy perfeccionista en mi trabajo.
- Me gusta hacer las cosas yo mismo, porque entonces se harán bien.
- Me gusta ser el encargado y tomar decisiones.
- Tiendo a ver fallas en las personas antes de identificar lo bueno de ellas.
- Soy más duro conmigo mismo que con otras personas.

Si respondió que sí a cualquiera de las preguntas anteriores, usted es un cazador de defectos. Aunque sea más duro consigo mismo, también espera que sus hijos lo sean. Pero, ¿qué les dicen su perfeccionismo y su ojo crítico a sus hijos? ¿Cómo se traduce esto a ellos? He aquí lo que piensan:

> «Nunca seré lo suficientemente bueno, lo suficientemente perfecto como para hacer feliz a mi padre».
> «Nada de lo que hago es suficientemente bueno. Entonces, ¿para qué molestarse?».

Su mirada crítica producirá una de dos cosas: o un niño rebelde que piense: *«Te voy a dar qué hacer y te mostraré de lo que soy capaz»*, o un niño acomplejado que piense: *«Ya que nada de lo que hago parece estar bien, entonces no haré nada en absoluto. Es más fácil dejar que mis padres tomen las decisiones».*

> Es hora de retroceder, señora o señor cazador de defectos. Aun cuando aprendió sus patrones de sus propios padres (la mayoría de los cazadores de defectos lo hacen), no significa que tenga que hacer y decir lo que les hicieron a sus propios hijos.
>
> Ahora que ha identificado lo que está haciendo, es posible cambiar. Un perro viejo puede aprender nuevos trucos. Solo tiene que trabajar un poco más fuerte para que se deshaga de los viejos hábitos.
>
> Puede hacerlo. Creo en usted.

Si él o ella se están cortando, usted debe plantearse algunas preguntas difíciles:

«¿Cuánto control ejerzo en la vida de mi hijo?».

«¿Espero que sea perfecto?».

«¿Le permito que tome sus propias decisiones? ¿O siempre decido qué es lo mejor para él y sigo esa ruta?».

Las respuestas sinceras a estas preguntas a menudo son dolorosas para cualquier padre. Pero a menos que identifique sus propias inclinaciones y defectos, no podrá ayudar a su hijo. Cuando su venganza ha alcanzado la etapa autodestructiva en el corte, ambos necesitarán ayuda profesional. Ninguno de los dos puede abordar el cambio de conducta y el cambio en el pensamiento que debe suceder para tomar el camino de regreso al bienestar mental, físico y psicológico.

El suicidio

El suicidio no solo les sucede a los que parecen los más desalmados de la sociedad. Las personas pueden lucir bien en apariencia, como Richard Cory en el poema de Edwin Arlington Robinson,[5] pero se quitan la vida.

El común denominador de los padres que atraviesan por esta situación es: «Nunca vimos venir eso».

Cuando los padres pierden a un hijo por suicidio, no hay nada que yo pueda decir para sanar el dolor insondable y la culpa con la que viven. Solo puedo decirles con humildad: «Lo siento. Me duele por ti», y darles un abrazo.

El acto de quitarse la vida es un movimiento desesperado de última opción. A veces, un chico dejará una nota, pero ninguna nota podría explicarle adecuadamente a un padre en duelo *por qué* hizo ese último acto.

Perder a un hijo en un accidente automovilístico o por cáncer es bastante difícil. El dolor es intenso. Pero perderlo por suicidio es un flechazo al corazón del cual los padres rara vez se recuperan. Eso se debe a que la acción fue autodirigida y llena de odio a sí mismo.

Si cortarse es una venganza secreta, entonces el suicidio es la venganza definitiva. Es una ira interna. ¿Qué dice el chico en este acto final? «No podía expresar cómo me sentía porque no me lo permitieron. No pude resolver estos problemas con los que luché o no pude enfrentarme a ese enemigo. Nadie me ayudó. Entonces esos problemas me ahogaron y perdí la pelea. Me duele mucho y me siento tan impropio para lidiar con la vida que he decidido irme. He terminado».

> **El suicidio es la venganza definitiva. Es una ira interna.**

Si su hijo muere a causa de una enfermedad o un accidente, la gente se reúne a su alrededor y llora con usted. Cuando su hijo se suicida, las personas no saben qué decir, por lo que evaden el asunto. Desde el día del entierro, hablan con usted sobre cualquier cosa excepto acerca de esa muerte. Fingen que su hijo no existió. No hacen lo que usted realmente quiere, que es escuchar un recuerdo maravilloso acerca de un momento en que su hijo tocó el corazón de ellos.

Cualquier chico que decide terminar con su vida ha dado varios pasos psicológicos para llegar a eso. Primero, ha tratado de llamar su atención de manera positiva. Si eso fallaba, intentaba con comportamientos negativos para provocar que usted le prestara atención. Si eso fallaba, dependiendo de su personalidad, se aislaba de usted o aumentaba sus esfuerzos a través de un comportamiento inaceptable. En su etapa final, decidió que simplemente ya no le importa. Poner fin a su vida es mucho más fácil que vivir.

Si el chico está buscando venganza, puede decidir no solo suicidarse sino también acabar con otros. Ese es el tipo de comportamiento que se ve en los tiroteos en las escuelas, cuando un chico mata a los maestros, a otros niños y luego se apunta a sí mismo.

Si su hijo muestra indicios de este tipo de desánimo, debe obtener ayuda profesional de inmediato. También debe educarlo para que sea habilidoso en las siguientes etapas, particularmente cuando llega a la adolescencia. Tal educación podría salvarle la vida y ayudar a sus amigos.

Etapa 1: buscar atención.

Etapa 2: desarrollar poder.

Etapa 3: buscar venganza.

Etapa 4: perder la esperanza; decidir que no vale la pena vivir.[6]

Usted, padre, está en una posición única para ayudar a su hijo. Comience por conocer estas etapas y el comportamiento de su hijo, incluida la necesidad de su atención. Y sus hijos no son los únicos que necesitan atención. Todos necesitamos saber que a alguien le interesa lo que somos y qué hacemos. ¿Sabía que el setenta por ciento de las personas en la fuerza laboral de hoy siente que a nadie le importa en su trabajo?[7]

Es por eso que su relación con su hijo es tan importante. Usted se preocupa por él y por lo que hace. Pero él no siempre lo sabe. Cada día vacila entre dos opciones, ayudarlo a encontrar soluciones a sus problemas o no resolver los problemas por él.

Su hijo puede estar lidiando con problemas difíciles en este momento. El mejor antídoto para cualquier dificultad personal es una buena relación con usted, su padre. Eso significa que siempre estará dispuesto a escuchar sin reaccionar o juzgar. Usted le permite a su hijo conducir su propio auto de vida. No es el conductor del asiento trasero que constantemente indica de manera fastidiosa lo que debe hacer o por dónde dirigirse. Al contrario, se sienta en el puesto del pasajero. Usted es el compañero de viaje que señala los puntos de interés en el camino, le da algunos consejos sobre qué buscar, sugiere que frene de vez en cuando y lo anima a detenerse y descansar cuando lo requiera. Sobre todo, está firmemente atrincherado en ese auto, a lo largo del trayecto.

Los compañeros

La familia es sumamente importante para su hijo. Pero a medida que crece, las relaciones con los compañeros también se vuelven significativas. Todo chico quiere pertenecer a algo. Necesita un grupo para identificarse. El problema es que el grupo que encuentra está lleno de individuos que también buscan pertenecer a algo. Eso hace que el grupo de compañeros sea una ola de inseguridad.

La traición

Hay un momento en la vida de cada chico en el que piensa que nunca se recuperará. El mundo realmente ha terminado. Ahí es cuando sus compañeros se vuelven contra él. Estos pueden ser particularmente perversos en los años de la etapa hormonal, cuando los mejores amigos no tienen lealtad, excepto para convertirse en cabecillas del grupo. La traición es parte del curso. Abundan los golpes y las indirectas baratas. Eso es un hecho para estos años.

A cada chico le llega el momento en que lo molestan, lo insultan o lo calumnian. La pregunta del millón es: ¿mostrará su molestia o la disimulará?

Hay una causa y efecto directo en los grupos de compañeros que su hijo necesita saber. Si revela algo para mostrar su vulnerabilidad, los compañeros lo perseguirán como las abejas a las flores… con sus enormes aguijones.

> Si revela algo para mostrar su vulnerabilidad, los compañeros lo perseguirán como las abejas a las flores… con sus enormes aguijones.

No todos son víctimas

La gente de hoy se apresura a subirse al tren de la victimización. Un niño llama a otro niño «feo», y los padres del niño herido se precipitan como ángeles vengadores y llaman a eso intimidación o abuso. Sin embargo, ese comportamiento es lo que hacen los niños carnales. Es cruel, sí, pero es típico.

Cuando los padres se apresuran a acusar, les transmiten la mentalidad de víctima a sus hijos. «Ah, pobre. Mami se encargará de eso por ti. No tienes que hacer nada».

Esa clase de reacción, sin embargo, no es útil. Los compañeros siempre serán rudos. A su hijo lo molestarán. Eso se debe a que los niños son inseguros y luchan por toda la atención que puedan obtener.

No importa si es de una etnia diferente, si es demasiado bajito o si tiene una purulencia en la frente ese día. Los niños lo elegirán por cualquier motivo para sentirse mejor:

«Eres feo».
«Tu aliento es horrible».
«Eres gordo».
«A nadie le gustas».

Este tipo de comentarios se pregona en la típica escuela primaria todos los días. Y empeoran a medida que los chicos crecen. Como los insultos son tan comunes, sería un milagro si uno, dos o más no afectaran a su hijo alguna vez.

Así que trate directamente con sus hijos. Dígales que algunos chicos los molestarán, de modo que no sean sorprendidos. Eso no se siente bien, pero estarán preparados para enfrentar un mundo cruel. Haga un juego de roles y ayúdelos a crear respuestas, con anticipación, que puedan eliminar tales comentarios de raíz.

Después de todo, se necesitan dos para luchar o practicar cualquier juego. Si saben de antemano que eso puede ocurrir, es más fácil separar lo que es real («Está bien, quizás sea bajito») de lo que es mentira («Porque soy bajo, soy feo»). Eso elimina el aguijón de la mentira y hace que sea más fácil para sus hijos resolver el problema por sí mismos, sin que usted intervenga.

Hay otro aspecto de la victimización. Todos queremos creer que nuestros hijos son ángeles, perfectos y que nunca harían nada malo. Pero a veces, lo que se les entrega es el resultado de lo que se les dio primero a la otra persona. Nuestra naturaleza como padres es hacer la vista gorda y minimizar los puntos negativos o el mal comportamiento de nuestros hijos. Sin embargo, no podemos ayudar a nuestros hijos en el futuro si no nos enfrentamos a la diferencia entre lo que es ideal y lo que es real.

Ideal es esa imagen que tiene en la cabeza del niño que quiere. *Real* es el niño que usted tiene, con todas sus peculiaridades y desorden. Usted no es perfecto. Tampoco su hija. Ignorar las realidades y mimar a su hija no la ayudará, ni resolverá la situación. Si algo necesita cambiar en su comportamiento debido a esa situación, diga la verdad con amor, luego aliéntela si decide buscar ese cambio. «Sé que puedes hacer eso. Creo en ti. Te prepararás y seguirás adelante».

Usted no puede hacer el cambio por ella. Esa tiene que ser su decisión.

La vida a veces duele, aunque no siempre gana. Pero cuantos más problemas resuelva ella por sí misma, más capaz y competente será.

Seré franco. Cada chico es capaz de trabajar con usted. Conocen sus botones ardientes y cuándo y cómo presionarlos. Algunos chicos son controladores y mandones. Las cosas tienen que ser a la manera de ellos, con sus reglas. Son temperamentales y terribles perdedores. Otros evitan cualquier estrés, lo que hace que usted tenga que entrar al escenario. Ambas conductas son poderosas y decididas, con la intención de obtener la ventaja que el niño quiere, controlarle. Usted se halla incapaz de decir que no e intervenir en la situación para rescatarlo.

Realmente es difícil ver ese terrible obstáculo en las propias narices de usted. Aun cuando lo haga, es tentador evadir el asunto. Pero si aúpa el comportamiento de su hijo, no lo está ayudando.

Siempre soy uno de los que cometen errores al creer en sus hijos y apoyarlos. Pero asegúrese de que conduzcan la situación, no a usted. Sí, tener controlar las circunstancias es más fácil. Animar a los chicos a tomar decisiones valiosas y dar sus propios pasos es el camino menos tomado. Pero es en ese que se forja el carácter, la determinación y las buenas habilidades para tomar decisiones. Manejar pequeñas decisiones es un buen entrenamiento para tomar las más importantes de la vida.

¿Es usted facilitador? Haga esta prueba.

- La gente me dice que tengo un corazón amable.
- Soy persuadido fácilmente.
- Me canso fácilmente por las cantidades de demandas.
- Tengo mucha compasión por los demás.
- Tiendo a creer todo lo que dice la gente.
- Intento hacer felices a todos. Entonces soy feliz.
- Quiero complacer a los demás.
- Casi siempre hago lo que la gente me pide.

Si alguna combinación de estos factores sucede con usted, usted es un facilitador. También es muy probable que sea mujer, ya que su naturaleza relacional puede deslizarse fácilmente en esta dirección. Usted sale de su camino, a menudo a su propio costo, para facilitarle el de su hija. Hace cosas por ella que ella podría y debería hacer por sí misma. Pero tomar las riendas y conducir su carro de caballos está entorpeciendo su desarrollo. Es hora de dejar de ser su mejor reparador.

Consciente de que la traición al fin llegará al camino de su hijo, enséñele que lo debe mantener en privado. No es malo ser franco con él. «¿Le gustaría que su mejor amiga supiera esa información, por si algún día decidiera que ya no quiere ser su amiga del alma? Si no, no se lo diga».

Además, juegue un pequeño rol y analícese bien, en cierta medida. Pregúntele a su hijo: «Si un amigo te dijera esto, ¿qué le dirías?». Esas discusiones hacen que los viajes largos en automóvil sean más rápidos, amenicen las conversaciones de la cena y forjen un vínculo más estrecho entre ustedes. Entonces, ¿por qué no plantear situaciones potenciales? Desafíe el pensamiento de su hijo. Sáquele soluciones. Cuando usted actúa como el entrenador de su hijo en esta manera, lo está guiando. No le está diciendo qué hacer.

Cuando los chicos descubren qué hacer por sí mismos, sin la microgestión de mamá y papá, solidifican su propio sistema de valores a la vez que desarrollan confianza y competencia.

El acoso

La intimidación está rampante en el mundo de hoy. Cualquiera que sea «diferente» puede ser intimidado y aislado de sus compañeros en la escuela o en su vecindario. Sin embargo, hay una diferencia entre los chicos que simplemente son desagradables porque son niños y el comportamiento intimidatorio. La intimidación no es un hecho aislado. Es un conjunto de actos repetidos durante un período de tiempo. Hay desigualdad en un lado (cinco chicos contra uno, un niño mayor versus uno más joven, un niño más grande contra uno más pequeño, un niño contra una niña). Las estadísticas indican que los niños que son acosados son mucho más propensos a intentar —o a llevar a cabo— suicidio.

Si su hijo es acosado

Si su hijo está siendo acosado, ¿cuándo interviene y ayuda y cuándo deja que él pelee sus propias batallas?

Primero, identifíquese con los sentimientos de su hijo y valídelos. «Entiendo cómo te sientes cuando te acosan. Lo que sucedió no es correcto. Estoy aquí para ayudarte. Hablemos de un plan».

Luego, desarrolle su plan, con respaldo para adultos disponible. Cuando las burlas comiencen de nuevo, el niño le dirá firmemente al perpetrador: «No hagas eso. No me agrada».

Si las burlas vuelven a ocurrir, el niño dirá: «Te pedí que no hicieras eso. No me gusta. Si sucede de nuevo, involucraré a un maestro u otro adulto».

> **Desarrolle la fuerza de su hijo para resolver situaciones similares en el futuro, en lugar de destruir su competencia y su confianza.**

Las burlas ocurren por tercera vez. Entonces el niño va directamente al adulto en el salón para ayudarlo a lidiar con la situación.

¿Qué le están diciendo esas acciones al perpetrador? Que el niño «más débil» no es tan débil como parece. Que no va a tolerar que lo molesten. Que cumplirá lo que dice.

Sin embargo, si existe la posibilidad de infligir daño físico, un adulto debe intervenir de inmediato. Los niños no deben manejar la situación ellos solos.

En el mundo de hoy, es extremadamente importante que los chicos sepan cuándo luchar, cuándo defenderse, cuándo retroceder y cuándo correr. Anteriormente dos niños podían encontrarse en el callejón después de la escuela y, tras lanzar algunos golpes que resultaban en ojos amoratados, resolvían su problema. Sin embargo, en el mundo actual con cuchillos y pistolas, los costos son mucho mayores. Es mejor equivocarse involucrando a un adulto a tiempo.

También me gustaría sugerirle que prepare a su hijo con las respuestas rápidas que pueden dar a los acosadores verbales, las cuales los desviarán del curso o desactivarán la situación. Supongamos que tiene un hijo de trece o catorce años, un adolescente precoz. Un bravucón se la pasa burlándose de él por su acné. ¿Qué podría decir su hijo para detener el ataque verbal?

«Podrías tener razón. Nunca pensé de ello en esa manera».

«Bueno, puedo tener una cara que solo una madre podría amar, pero sé que mi madre me ama».

«Si mi cara parece una pizza, ¿cuál prefieres, *pepperoni* o salchicha?».

Es sorprendente lo que pueden hacer las respuestas preparadas. El acosador no obtiene el resultado deseado (miedo o vergüenza), por lo que retrocede e intenta atacar a otra persona que cree que es más débil que él y que puede dominar.

Si su hijo ha sido intimidado, necesita:

- Consuelo inmediato. No hay nada peor que ser intimidado y sentirse solo. Un abrazo dice un montón de palabras.

- Un defensor. Eso significa que usted va a la escuela con su hijo y le dice al director: «Quiero que escuche lo que le pasó a mi hijo». Luego se voltea hacia su hijo y le dice: «Está bien, estás listo». En otras palabras, usted llama la atención del director diciendo: «Oiga, esto es importante», pero luego le pasa las riendas a su hijo.

  Eso casi nunca sucede. Los padres se enojan, ofenden a la escuela, amenazan con demandarla y hablan con todos en el planeta. En vez de eso, haga de ese un momento aleccionador para su hijo. Desarrolle la fuerza del chico para resolver situaciones similares en el futuro, en lugar de destruir su competencia y su confianza.

- Saber que la vida sigue adelante. Dígale a su hijo: «Haría cualquier cosa por cambiar lo que sucedió». «Eso fue desagradable, pero en la vida suceden esas cosas. Sin embargo, me impresionó cómo lidiaste con eso. Te amo y estoy orgulloso de ti. Eres un chico valioso. Vamos a superar esto juntos. Creo en ti y sé que serás capaz de superarlo».

Cuando usted expresa palabras como esas, le está diciendo a su hijo que puede salir adelante de esa situación. No está atrapado. Usted cree en él y él tiene su apoyo. Él va a superar esto y a estar bien.

Si su hijo es el acosador

Se requiere una conversación contundente si su hijo es el acosador. «¿Por qué elegiste lastimar a ese otro chico? ¿Es porque no te sientes bien contigo mismo, y para sentirte mejor, que tienes que golpear a alguien que es más débil que tú?».

A veces el padre tiene que ser el verdadero revelador de la verdad para ayudar a su hijo herido a aprender cómo relacionarse de manera saludable con los demás. Los acosadores tienen baja autoestima y son terriblemente inseguros. Solo al molestar a otros sienten que pueden establecer su dominio, lo que garantiza que mantengan su papel principal en la cadena jerárquica.

Despreciar a los demás es un efecto inmediato. Reciben atención social, incluso si es a expensas de otra persona. Los acosadores también lastiman a los niños. Son tontos, inmaduros e inseguros. Ellos, como todos los chicos, necesitan aprender que no son y no necesitan ser el centro del universo. Las otras personas cuentan. Las otras personas tienen sentimientos. No hay nada peor que ser molestado en un grupo y que nadie lo defienda a uno.

Si su hijo es un acosador, debe contarle su decepción directamente. Dolerá, pero es un dolor que sana. Ningún chico quiere que sus padres se enojen con él.

Debe haber consecuencias para el comportamiento intimidatorio. Su hijo necesita mirar al otro niño —cara a cara— con los dos padres presentes y disculparse por su comportamiento. Luego necesita hacer algo por ese chico o su familia. Podría ser limpiar su acera durante un mes. O, si la intimidación fue lo suficientemente intensa, podría haber una consecuencia legal.

Despreciar a los demás es un efecto inmediato.

No libere a su hijo de las consecuencias de sus acciones. Es mucho mejor que las sienta ahora, como menor, que exhibir el mismo comportamiento cuando tenga dieciocho años y sea considerado adulto. La única forma de guiarlo en la dirección del cambio de comportamiento es si es responsable de lo que ha hecho o dicho.

Usted puede ser duro. Debería serlo en una situación como esa. Es lo justo.

El acoso cibernético

El acoso cibernético y el hostigamiento en línea están en aumento. Esto significa que ningún chico está a salvo mientras tenga un dispositivo electrónico a mano. Siempre que tengan una dirección de correo electrónico y un teléfono para enviar mensajes de texto y acceder a Internet, pueden ser el objetivo de las personas que tienen la intención de perjudicarlos. Eso significa que usted debe ser inteligente para garantizar la seguridad de su hijo tanto como sea posible.

Enséñele las reglas de seguridad en línea y qué información dar y no dar. Discuta de manera objetiva con ellos la seriedad de tener una cuenta en las redes sociales (algunos niños están listos, otros no).

Además, con las redes sociales, hay muy pocos filtros. Usted puede decir lo que quiera sobre cualquiera con pocas o ninguna repercusión. Las reputaciones se hacen y se destruyen con solo presionar una tecla. La naturaleza impersonal de Internet hace que sea fácil decir cosas desagradables, insociables e indecentes sobre los demás. Ello ha elevado la audacia y el descaro de los espectadores y comentaristas a un máximo histórico. Dicen y hacen cosas que nunca se atreverían a hacer cara a cara.

El problema es que cualquier cosa declarada se captura, en alguna forma, para siempre. Enseñe a su hijo a pensar antes de publicar. Una buena regla general es: «¿Me gustaría que mi abuela vea esto?». Si no, es mejor no publicarlo.

Algunas cosas nunca deben decirse… nunca.

Los noviazgos y las rupturas

Su hija tiene quince años de edad y, de repente, usted escucha el nombre «Ryan». Lo oye pronunciar una y otra vez, varios días seguidos. Tengo noticias para usted. Él es el bombón más nuevo en el corazón de su hija, pero ella aún no se lo ha dicho a usted. Necesita un buen radar y habilidades de escucha para captar algunas de estas cosas.

Unos días más tarde, ella llora desconsolada en las escaleras porque salieron durante un par de días y, entonces, él rompió con ella.

Las relaciones entre adolescentes son volátiles e impredecibles. Aparecen como relámpagos y terminan de la misma manera. Debido a la presión de los compañeros y el impulso resultante por la situación, muchos adolescentes hoy sienten que tienen que tener una pareja para importar y sobrevivir en el grupo de compañeros. Este pensamiento grupal puede ser devastador para aquellos que no tienen una pareja o que son abandonados por esa persona.

Las rupturas parecen ser el fin del mundo cuando suceden. Hace poco, mi esposa y yo fuimos a cenar a uno de nuestros restaurantes favoritos. Sande le preguntó a nuestro servidor, a quien conocemos bien: «¿Cómo van las cosas?».

El mesero suspiró. «Bueno, no ha sido un hogar feliz esta semana. La novia de mi hijo de diecisiete años lo dejó y su viejo auto finalmente dejó de funcionar. Es un golpe doble del que no estoy seguro que vayamos a recuperarnos».

Le aseguramos que incluso algunos grandes campeones de peso pesado han sido golpeados contra la lona, pero se han recuperado y han ganado la pelea.

Su hija sobrevivirá incluso a esta ruptura, solo que todavía no lo sabe. Permita que ella llore por el fin de la relación, pero ayúdela a ver su singularidad como persona, aparte del grupo.

Es más fácil decirlo que hacerlo, lo sé. Pero expresar compasión y preocupación real y decir: «Creo en ti. Sé que esto es difícil, pero estoy seguro de que puedes manejarlo. Si necesitas ayuda, estaré aquí», es exactamente lo que necesita.

Lo que ella no necesita es que usted le diga: «Dios mío, ¿cómo pudo hacerte eso? Solo haz lo que te digo y todo estará bien».

Con los noviazgos y las rupturas, debe recordar lo siguiente: *Esta no es mi relación. Es la relación de mi hija.* Mantenga la pelota a su lado de la red. Si es su relación, es ella quien tiene que rendir cuentas y ser responsable de lo que le suceda, bueno o malo.

¿Cómo puede usted ayudar? Brinde abrazos, sus mejores habilidades para escuchar y ofrezca sus comidas favoritas. Sobre todo, cuéntele historias. Al principio, es probable que ella ponga los ojos en blanco respecto a oír su historia, de cuando su antigua mejor amiga la dejó pensando porque comenzó a salir con el chico que a usted

> Contar sus historias puede lograr lo que la predicación nunca puede hacer.

le gustaba. Pero créame, ella lo pensará cuando vea a su antigua mejor amiga que la abandonó... con su ex novio.

Contar sus historias puede lograr lo que la predicación nunca puede hacer. No importa su valor de entretenimiento. La risa es realmente medicina curativa.

El embarazo

Las cosas como el embarazo suceden. Después del impacto inicial de que pronto será abuela a la tierna edad de treinta y seis años, ¿qué sigue?

No es útil decir cosas como: «No puedo creer que hayas hecho esto», «¿Por qué no te controlaste?» o «¿Qué te pasa? ¿Por qué no usaste un condón?».

Palabras de condenación solo tendrán como resultado una hija que no sabe a dónde ir ni a quién recurrir, o un hijo que bloquea cualquiera de sus consejos. Entonces, ¿Qué hace usted?

Debe tener una conversación larga y fuerte consigo mismo antes de poder ayudar a su hijo o su hija. Se hará dos preguntas, en el orden que sigue:

1. ¿Qué es lo mejor para este niño nonato?

2. ¿Qué es lo mejor para mi hija o hijo?

Creo que el orden en el que haga esas preguntas es fundamentalmente importante si va a terminar haciendo lo correcto.

La forma más saludable de proceder es conseguir que el novio y la novia estén en la misma sala con sus mamás y sus papás, con el fin de tener una relación sincera. Discutan las opciones. Eso significa poner los pros y los contras en una hoja de papel para que todos estén claros, nada más que hacer.

Pero aquí está el punto más importante. Esta debe ser la decisión del (o la) joven que va a ser papá (o mamá). Ambos pueden ser menores de edad, pero son los que crearon ese bebé. Usted no puede ser quien decida. Sin embargo, eso no suele ser lo que sucede. La mayoría de las veces es la futura madre quien toma la decisión, a menudo con la presión de uno o ambos de padres.

Eso ayuda a retroceder y mirar la imagen completa aquí. He visto cómo se desarrolla eso en las muchas familias que he aconsejado a lo largo de los años. Generalmente hay cuatro opciones y solo una de ellas es buena.

Opción 1: la joven pareja se ve obligada a casarse.

Opción 2: el bebé es abortado.

Opción 3: la chica decide quedarse con el bebé.

Opción 4: el bebé es adoptado por una familia que espera ansiosamente tal regalo.

Echemos un vistazo a esas opciones individualmente.

Opción 1. Seamos realistas, el padre del bebé a menudo huye de las noticias iniciales del embarazo. Si se queda con la madre durante el embarazo, después de que «el gran evento» haya terminado, la pareja generalmente se separa.

Si siguen el camino de casarse, tienen un rumbo difícil. Uno o ambos aún pueden estar en la escuela secundaria. Un trabajo después de la escuela no puede pagar el alquiler, ni uno de bajos ingresos sin un diploma universitario. La presión financiera y el manejo de una relación madura demasiado temprano son tensiones que no contribuyen a una relación duradera. ¿Y dónde vivirá la pareja? ¿Con los padres de él? ¿Con los padres de ella? Ninguna situación es ideal.

¿Puede esta joven pareja lograrlo? Seguro. Pero las posibilidades son mínimas. ¿Qué hay del bebé entonces?

Opción 2. Es interesante ver que Estados Unidos proteja los huevos del águila calva y el búho moteado, sin embargo, parece que no tenemos problemas para abortar anualmente millones de bebés humanos. Declararé mi opinión de todo corazón. Creo que la vida comienza en la concepción y necesita ser protegida.

Aunque usted no lo crea, eche un vistazo a todos los traumas psicológicos que sufren las mujeres como resultado de los abortos, incluso años después: culpa, sensación de suciedad, tristeza, ataques de ansiedad, depresión, dolor, pensamientos suicidas. El camino que muchas mujeres enfrentan después del aborto es: «No hables. No sientas. Guarda el secreto», dice la autora Trudy M. Johnson.[8] Miles de mujeres han sufrido un aborto en una decisión imprevista cuando presionaron el botón de pánico, y lo lamentaron un millón de veces. ¿Realmente quiere eso en el futuro de su hija o la novia de su hijo?

Opción 3. Algunas chicas, especialmente si son pequeñas, piensan que los bebés son muñecas con las que van a jugar. Es un breve viaje a la tierra de la fantasía. Pero cuando ese bebé la mantiene despierta por la noche, le impide terminar la escuela secundaria o se enferma, las madres adolescentes que todavía estudian tienen pocos recursos. Sin mencionar que la mayoría de los adolescentes descubren que necesitan tener una vida y quieren andar con sus amigos y divertirse como otros de su edad.

Es probable que termine haciendo lo de mamá por un tiempo y luego le pase la responsabilidad de la paternidad… ¿adivina a quién? A sus padres, que terminan siendo padres y abuelos del niño. Pero si ustedes son los padres, ¿se inscribieron para tener un bebé sorpresa a los treinta y seis años, después de que ya casi han terminado de criar a otros tres? ¿Cómo se sentirá cuando su hija tenga un nuevo novio y se vaya a la universidad, y usted cuide al hijo de ella de tres años?

Opción 4. Esta es la opción más clara desde todas las perspectivas. Sin embargo, hay varias formas de hacerlo.

Muchas familias que eligen esta opción (dar a luz al bebé y otorgarle a una pareja que espera el regalo de su vida) envían a la adolescente embarazada a otro estado para «estudiar», de forma que pueda tener al bebé allí y luego regresar a casa como si nada hubiera pasado. Es el «secreto» del que nadie habla.

No obstante déjeme advertirle. Este camino puede lucir bien, porque entonces ni los padres ni sus hijos tienen que sentir vergüenza pública. Sin embargo, este es exactamente el momento en que ambas familias deberían reunirse en torno a la joven pareja, apoyándolas.

El chico que dejó embarazada a su niña tiene que estar junto a ella. Necesita estar financieramente involucrado en el cuidado de los gastos médicos. Debería pasar tiempo con ella y hacer cosas por ella. Puede que solo tenga dieciséis años y tenga que hacer malabarismos con todas esas cosas y sus actividades deportivas, pero pronto será padre. Una dosis de responsabilidad ahora les ahorrará a él y a usted un montón de problemas más adelante. También sería bueno si tuviera una conversación de hombre a hombre con sus padres, quienes pueden instruirlo sobre cómo evitar que los bebés sean concebidos en el futuro.

La madre embarazada necesita el apoyo de su familia ahora más que nunca, ya que su cuerpo cambia y sus emociones fluctúan. Claro, hay hogares en otros lugares, o un tío y una tía amorosos que pueden ayudarla, pero nadie puede reemplazarlos a ustedes, mamá y papá. Ella necesita estar en su casa.

Sí, será incómodo para todos. Si continúa yendo a la misma escuela secundaria, tendrá que soportar los chismes y todos verán crecer su barriga. Por otra parte, con el rumor de las redes sociales de hoy, todos sabrán sobre su situación de igual forma. En años pasados, si estaba embarazada, le colgaban una P —de perdedora— escarlata alrededor del cuello y era expulsada de la escuela. Sin embargo, hoy las adolescentes embarazadas se encuentran en casi todos los sistemas escolares públicos de Estados Unidos. De hecho, hay programas especiales que están diseñados solo para ellas.

Hay muchas organizaciones maravillosas que ayudan en el proceso de adopción. Me parcializo mucho con una de ellas. Se llama Kindred y está dirigida por mi cuarta hija, Hannah Eloge, que vive en el área de Chicago. Ella ayuda a los padres que desean adoptar con el fin de hacer lo correcto para sus familias. Pero hay literalmente cientos de organizaciones en todo el país con personas ansiosas por ayudar en un proceso de adopción amoroso. Miles y miles de hogares y corazones abiertos esperan a esos bebés. Lo que se necesita de su parte es una pareja joven dispuesta a trabajar juntos para ser lo suficientemente valientes como para llevar a ese bebé a término y ponerlo en adopción, y los padres dispuestos a apoyar a esa pareja en su decisión.

Así que tenga esa conversación con ambas familias lo antes posible. Establézcalo, pero luego acepte que los padres inicialmente harán un voto de silencio. Los chicos deben ser los que hablen. ¿Pueden los padres agregar sus ideas a la conversación? Claro, pero sin negatividad. Esos adolescentes necesitan su ayuda y su apoyo, pero es decisión de ellos, no suya.

Por qué sus hijos *lo* necesitan a usted y a nadie más

Todos los temas de este capítulo: familia, yo, compañeros, comparten un asunto en común. Su hijo los necesita a ustedes, padres, y a nadie más.

Su relación cambiará con los años a medida que su hijo crezca. Se ensanchará particularmente a medida que su hija o su hijo lleguen a los años de la etapa hormonal. Simplemente trabaje con esos cambios, mantenga su sentido del humor y no se rinda. Mis libros *Planet Middle School* y *Tengan un nuevo adolescente para el viernes* también proporcionan ayuda específica para esos años.

¿Qué le permitirá a su hijo mantenerse fuerte en su núcleo, conservar sus valores y ayudarlo a superar cualquier daño en su vida? Usted y su apoyo.

Como padre, usted es el fundamento de la catedral de su hijo. Sobre esas bases, usted es quien coloca los ladrillos. Pueden ser ladrillos de amor, determinación, fuerza, trabajo duro, diferenciar lo correcto de lo incorrecto y servir a los demás. Las huellas de su hijo, el tema de su vida, emerge junto con la estructura única de su catedral. Todo chico quiere valer en alguna parte. ¿Cuál será el tema de su vida?

- «Solo valgo cuando controlo a otros y obtengo lo que quiero de ellos».
- «Solo valgo cuando agrado a los demás y hago lo que dicen».
- «Solo valgo cuando sirvo a los demás».
- «Solo valgo cuando otros me sirven, cuando me salgo con la mía».

Si le preguntara a sus hijos, ¿qué dirían en respuesta a la declaración: «Solo valgo cuándo…»? Explorar las posibilidades del tema de la vida es una forma saludable de ver su mentalidad.

¿Cómo puede ayudar mejor a su hija con estos grandes problemas internos? Puede ponerse en la perspectiva de ella para observar cómo ve el mundo: su familia, ella misma, sus compañeros. Puede vacunarla contra los problemas lo mejor posible. Pero no puede resguardarla de los golpes fuertes de la vida.

Lo más importante es que su relación con usted, su progenitor, resista el paso del tiempo y todo lo que se le presente. Que se sienta aceptada y parte de su familia.

Es algo gracioso. Los hermanos pelearán como locos, se pondrán nombres unos a otros y empujarán a sus padres hasta arrinconarlos lo suficiente como para que salgan corriendo a comprar un libro de Kevin Leman. Pero cuando alguien ajeno a la familia ataca a uno de los niños verbal, física o emocionalmente, ¿qué sucede? El hermano que, en esa misma mañana, acaba de decirle un nombre irreconocible a su hermano pequeño, ahora lo está defendiendo vigorosamente.

Las familias son simbióticas. Se alimentan mutuamente y se apoyan mutuamente. Son tan fuertes como la relación más débil de la familia. No puede ponerle un precio a alguien que le ama tal como es, y eso es lo que deberían ser las familias.

Por lo tanto, dele a su hijo vitamina E: estímulo. «Puedes hacer esto y superarlo».

Corran juntos en dirección a ese miedo. No permita que eso domine la vida de su hijo.

Dispóngase a oír, no a hablar desenfrenadamente.

Y, sobre todo, concéntrese en mejorar su relación en todas las maneras posibles. Si sus hijos están seguros con usted, realmente pueden superar cualquier cosa.

3

Los tres miedos básicos y sus antídotos

Comprenda esto y podrá manejar bien cualquier situación difícil.

Todo ser humano tiene un trío de miedos innatos, los cuales están interconectados. El trío es tan poderoso psicológicamente que impulsa gran parte de la forma en que adultos y niños responden a situaciones de la vida.

Los bateadores pesados

Cuando comprenda los tres miedos, así como los antídotos que tiene a su alcance, podrá navegar en cualquier situación difícil con su hijo.

Miedo # 1: el rechazo

Todo niño quiere ser aceptado por sus compañeros. Es un deseo tan grande que puede dominar cualquier otra cosa. Lo que digo es que algo tan superficial como eso no está en la misma categoría del amor verdadero. Escucho a los chicos hablar todo el tiempo acerca de cuántos «me gusta» tienen en Facebook. Pero esos me gusta no se fundamentan en nada significativo. Se basan en la emoción momentánea y el movimiento de un dedo. Son superficiales y poco profundos. Las emociones hacen ebullición, se esfuman y se alejan con el viento. Hacen a su hijo temporalmente feliz y efímeramente infeliz.

> «Me gusta» es una experiencia temporal basada en quién es el más alto en la cadena jerárquica del día.

Lo mismo es cierto con la aceptación en el grupo de amigos. «Me gusta» es una experiencia temporal basada en quién es el más alto en la cadena jerárquica del día. Y el rechazo es normal para el trayecto en un entorno en el que todos los niños compiten por la posición.

Sin embargo, algunos padres sacan a su hija de la escuela porque su mejor amiga encontró otro grupo al cual unirse y ella no está contenta. Esa es una clásica reacción exagerada al rechazo. ¿Qué le está enseñando con esa acción a su hija? «Cuando las cosas se tornen difíciles, mamá y papá las arreglarán. No tengo que ajustar ni hacer nada diferente. Mi felicidad es lo más importante».

Esas tres declaraciones implican problemas innatos que devastarán a su hija. Primero, usted no estará ahí para solucionar los problemas de ella cuando tenga treinta años. Tendrá que aprender a lidiar con ellos sin una mamá y un papá en su entorno.

En segundo lugar, si no aprende a adaptarse ni a hacer nada diferente, se convertirá en un frágil objeto de porcelana, fácilmente quebradizo. En vez de eso, debería ser como un envase Tupperware, lo suficientemente flexible como para tratar con cualquier cosa, incluso una caída al suelo.

Tercero, nadie puede ser feliz siempre. De hecho, no es bueno para usted. Como digo en mi libro *Tengan un nuevo hijo para el viernes*: «Un niño infeliz es un niño sano».[1]

Todos los niños están orientados a la autogratificación y los padres deben asegurarse de que sus hijos siempre estén felices. Los padres tienen aun más miedo que el hijo de que caiga por las fisuras y termine siendo un marginado social. Harán casi cualquier cosa para asegurarse de que eso no suceda. Cuando alguien rechaza a su hijo y brotan las lágrimas, mire lo que sucede con la mayoría de las mamás osas. Digamos que no quiere toparse con ellos en el bosque.

> **¿Es feliz siempre? Entonces, ¿por qué debería serlo su hijo?**

Pero ¿es feliz siempre? Entonces, ¿por qué debería serlo su hijo? Establecer una experiencia fantasiosa en la que su hijo siempre es aceptado y feliz realmente lo paraliza en lo emocional. No pueden lidiar con no ser elegidos como primer violinista o primera cuerda del equipo. Se desmoronarán cuando su propuesta de trabajo sea rechazada. Cuando un compañero rechace su invitación, su mundo terminará definitivamente.

Aprender a lidiar con el rechazo es parte del mundo de hoy. Cuanto antes aprenda su hijo a superarlo, mejor.

En cuanto a usted, no puede luchar contra la cultura. Hoy, lo gobierna todo. Un me gusta en Facebook y la aceptación en el grupo de amigos seguirá siendo importante en la mente de su adolescente. Intentar decirle lo contrario no tiene sentido en este momento. Pero no tiene que dejarse cubrir por la presión de esos goliats. Al contrario, puede sacar un David; puede derrotar sutilmente a esos goliats con algunos de sus propios trucos.

Miedo # 2: la incertidumbre

Vivimos en un mundo incierto, donde casi cualquier cosa puede suceder y con frecuencia sucede. Sin embargo, las cosas que lo mantienen despierto por la noche son diferentes de las que mantienen despierto a su hijo. Las preocupaciones de usted se centran en su trabajo, en cómo llegan a fin de mes y los problemas relacionados con su cónyuge e hijos. Cualquier cosa que lastime a los que ama le lastima a usted. Se preocupa por la seguridad de su hijo en un mundo violento, que solo se interesa por sí mismo.

Su hijo también se preocupa. Sin embargo, la mayoría de sus preocupaciones se relacionan con su grupo de compañeros. Incluso si su familia no tiene dinero en efectivo, es probable que no esté pensando qué hacer para la próxima comida o cómo economizar en la compra de un refrigerador. Se pregunta cómo obviar a otro tipo que lo está atacando en la escuela por razones que no puede entender.

Si hay problemas o crisis en el hogar, puede tener otro nivel de preocupación, no solo cómo protegerse a sí mismo, sino también cómo proteger a sus hermanos y al padre que está siendo agredido.

Los chicos se ven mucho más afectados por las situaciones que se relacionan directamente con ellos que por problemas mundiales más grandes. Saben lo que está sucediendo en otros lugares debido al fácil acceso a Internet, pero la realidad de su propia existencia anula sus preocupaciones por el mundo exterior. Todo lo demás parece flotar libremente a menos que les afecte directo a ellos.

No es muy diferente a lo que nos ocurre a los adultos, ¿eh?

Además, los niños que se han enfrentado al abandono en sus primeros años —los adoptados, los que están en el sistema de cuidado de crianza (gubernamental), aquellos de familias divorciadas o con un padre ausente, o los que han experimentado la muerte de un padre o hermano— pueden sentir que la vida es mucho más incierta. Después de todo, lo que pensaban que inicialmente era estable (padres biológicos, una vida hogareña, el matrimonio de sus padres, que su ser querido estuviera vivo) les fue arrebatado. Eso crea el temor de que nada es seguro. En cualquier momento, incluso lo que tienen ahora —personas y cosas— podrían perderlo.

Miedo # 3: el temor a sí mismo

Todo niño que se dirige a su escuela por la mañana tiene miedo. Puede pensar: *Espero no ser el que molesten hoy, el escogido, del que se burlen y del que se rían.*

Como puede ver, los niños son muy cambiantes; aquello a lo que apuntan cambia con el simple soplo del viento.

Por ejemplo, escoja un grupo de chicas de secundaria. Individualmente, podrían pasar como seres humanos normales. Incluso usted podría pensar que se ven tiernas e inocentes. Sin embargo, reúnalas en un grupo y sucederá algo impactante. Se tornarán electrizantes, involucradas en un solo chismoseo vengativo y se convertirán en una fuerza temible. Infundirán miedo a cualquier chica que se convierta en su objetivo. Ese es el poder del grupo.

Su conducta es más temible por la influencia de las redes sociales que permiten a los chicos hacer cualquier tipo de comentarios amparados en el anonimato. Cualquier filtro de civilidad a menudo se descarta porque no hay consecuencia. Usted puede decir lo que quiera sobre cualquier persona en cualquier momento. Es mucho más fácil difundir un rumor en Internet que sentarse cara a cara con alguien y llamarla por su nombre. (Sin embargo, esto está cambiando un poco, con algunas estrellas de Hollywood y de música popular coreana (K-pop) que deciden perseguir legalmente a sus adversarios que llevan las cosas demasiado lejos).

Debido a que los chicos quieren ser aceptados como parte de un grupo, el miedo los gobierna a diario. Todo niño, incluso si actualmente es «popular», siempre es consciente de que —en cualquier momento— podría transformarse en uno con una diana pintada en la espalda.

107

Si su hijo es único, puede lidiar con el miedo aun más. Eso se debe a que él es el único en su familia que está experimentando los éxitos del grupo. No ha podido ver a un hermano mayor que lo desafíe y sobreviva para contarlo. Además, siente profundamente la posibilidad de que algún día estará solo si algo le sucede a usted. No tiene hermanos con quienes contar, que lo apoyen. Eso hace que su mundo sea realmente aterrador.

El rechazo, la incertidumbre y el miedo en sí mismo son parte de la composición psicológica de su hijo, todos los días, en nuestro complicado mundo. Él sale por la puerta con ese trío colgando pesadamente sobre sí. La mayor parte del tiempo, en el peor de los casos, esos temores solo existen en la imaginación de él. Otras veces esos miedos se convierten en realidades. Pero el hecho de que existan aumenta su estrés diario. ¿Qué puede hacer usted para aliviar la carga que siente su hijo a este respecto?

Tres antídotos que puede proporcionarles a sus hijos

Usted no siempre tiene control sobre lo que le pueda suceder a su hijo una vez que está fuera del nido. Es humanamente imposible estar con él protegiéndolo las veinticuatro horas del día, los siete días de la semana. Esto es aun más cierto a medida que crece y realiza más actividades por su cuenta, y su círculo de contactos potenciales se amplía.

Aun así, incluso entonces, hay antídotos que usted puede proporcionarle fácilmente para el trío de miedos, si los conoce.

Antídoto # 1: el amor incondicional y la aceptación

El antídoto contra el rechazo es el amor incondicional y la aceptación. Su hijo puede enfrentar cierto rechazo en el grupo de compañeros, pero puede resistirlo todo sin que le afecte demasiado en su espíritu porque tiene una base firme de aceptación en el hogar. Él sabe que usted lo ama, con verrugas y todo.

Lo que sucede en el corazón de su hijo es mucho más importante que lo que ocurre en su mundo exterior. En mi libro *The Way of the Wise*, hablo de los primeros seis versículos de Proverbios 3. En esos versículos, el rey Salomón, la persona más sabia que jamás haya existido, usa la palabra *corazón* tres veces. Así de importante es el corazón para determinar la motivación y los próximos pasos. Cuando hablo con los ejecutivos que trabajan fuerte para realinear las prioridades y las direcciones de las empresas, les digo de dónde proviene la visión. Pueden pensar que proviene de su intelecto, pero en realidad proviene del corazón.

Es posible que sucedan cosas difíciles en el mundo de su hija, pero eso no tendrá mayores consecuencias si ella está segura de su amor y su aceptación por lo que realmente es. Ella puede asimilar el rechazo con serenidad, dándose cuenta de que no a todos les gustará (tal vez debido a sus propios problemas), pero eso no cambia lo que ella es en esencia. Se la puede considerar no muy agradable por pasar tiempo con el niño que tiene una discapacidad física o que se le considera diferente. Pero eso no es algo malo. Eso muestra su corazón, el que resistirá la prueba del tiempo en un mundo superficial.

Unas pocas palabras alentadoras, por parte de usted, harán que ese rechazo sea solo una sombra que con el tiempo no tenga ningún sentido. «Sé que te molestan por ser amigo de Jeremy. Pero creo que es maravilloso que veas el corazón de Jeremy cuando otras personas solo vea su apariencia. Eso me muestra cuán genuino es tu corazón. Cada vez que los veo a los dos juntos, sonrío y pienso: *«Vaya, qué suerte tengo de tener una hija como tú»*.

El rechazo no tendrá tanta importancia si usted señala que la genuina preocupación de ella por los demás se destaca entre la multitud, haciéndola única y especial. ¿Por qué? Porque es diametralmente opuesto a lo que hacen muchos chicos, que es pensar solo en sí mismos.

Cada vez que diga algo así para alentar de manera objetiva a su hija, es como dar píldoras de amor a un conejito bebé. No solo la está alimentando con lo que necesita para crecer, sino que también la está inundando con una atención positiva y saludable para combatir la negatividad del rechazo.

> **Unas pocas palabras alentadoras, por parte de usted, harán que ese rechazo sea solo una sombra que con el tiempo no tenga ningún sentido.**

Sus palabras también se basan en cosas reales que ella hace para esforzarse un poco más por los demás. Usted no trata de engañarla diciéndole: «Vaya, eres una chica genial». Al contrario, se está enfocando en los actos de su naturaleza reflexiva y cariñosa hacia los demás. Usted no está creando su autoestima; está resaltando sutilmente lo que ella está haciendo y alentándola verbalmente.

Con tales actos, es posible que su hija no obtenga una A de sus compañeros, al menos no en esta etapa de su vida, porque está demasiado ocupada concentrándose en sí misma, pero obtendrá la A en la vida. Y ese es un grado de la boleta de calificaciones que viajará con ella al futuro y allanará el camino al éxito relacional.

Antídoto # 2: la estabilidad en el hogar

Otro antídoto contra la incertidumbre es la estabilidad en el hogar. Eso significa que usted cree y defiende ciertos valores que ha establecido. Pase lo que pase, esas cosas no cambiarán. Cuando su hijo entra por su puerta, sabe qué esperar. Es posible que haya tenido el peor día de todos, pero cuando regrese entrará en un ambiente tranquilo donde puede resolver sus pensamientos y los sucesos que lo agarraron desprevenido. Él sabe que usted está ahí y que no se va.

Es por eso que, padre, no importa lo que esté sucediendo en su propia vida (presiones laborales, tensiones relacionales), su hijo necesita que se pare firme y que no se mueva con el viento. La sensación de inestabilidad que los niños sienten de otra manera crea todo tipo de agitación emocional y física que puede durar años e impactar las relaciones futuras. También es por eso que les digo a las mujeres que nunca toleren las relaciones abusivas. Incluso si carece de coraje para defenderse, debe huir de ese entorno en aras de construir un hogar estable para sus hijos.

> **Usted sigue siendo la constante en el universo cambiante y agitado de su hijo.**

Pueden pasar cosas difíciles en su mundo y en el de su hijo, pero usted nunca se irá. Usted sigue siendo la constante en el universo cambiante y agitado de su hijo. No cambie nunca su personalidad ni sus acciones. Usted decide qué valores básicos defenderá y de los que no se apartará, y les enseñará esos valores mediante el modelaje y la comunicación con sus hijos. Esas cosas establecen una base sólida como una roca que puede combatir cualquier incertidumbre que enfrente su hijo.

Antídoto # 3: estímulo real y una garantía de que su hijo no estará solo

El antídoto contra el miedo es un estímulo real y una garantía de que su hijo no estará solo en tiempos difíciles. «Suceden cosas malas. No voy a negar esa realidad. Pero estamos juntos en esto y lo superaremos. Eso es lo que te puedo garantizar».

Muchos padres piensan que proteger a sus hijos de acontecimientos difíciles los protegerá. De hecho, logrará lo contrario. Aumenta el miedo cuando esos eventos suceden porque los niños no tienen un marco para lidiar con las cosas malas.

Toni es madre de un hijo único, Brandon, que se aferró excesivamente a ella. El desencadenante de ello fue la muerte del padre de un amigo. Después de experimentar episodios de este comportamiento, Toni se dio cuenta de que su hijo no sabía cómo tratar con el miedo a que algo pudiera pasarle a sus propios padres. Con algunos consejos míos, sostuvo la siguiente conversación con él.

«¿Tienes miedo de que algo nos pueda pasar a papá o a mí, como lo que le sucedió al padre de Troy?».

Brandon asintió con la cabeza. Ella había dado en el clavo. Una vez que el miedo emergiera, ella podría abordarlo.

«Lo que le sucedió al padre de Troy fue inesperado y realmente triste. Los accidentes suceden ocasionalmente y la gente muere. Sé que Troy amaba a su papá, tal como tú nos amas a tu papá y a mí. Troy lo extrañará, lo sé. Pensemos en algo que podamos hacer por él cuando se sienta triste».

Esa es la clave de los miedos: sacarlos a la luz y darles un nombre para que usted pueda hablar sobre ellos. El monstruo debajo de la cama, por ejemplo, es mucho más aterrador para los niños cuando no saben de qué se trata. Sacar a la luz los temores es como encender una linterna y enfocar al monstruo desconocido. Cuando se identifica, ya no da tanto miedo.

Tenga en cuenta que Toni también fue objetiva y franca. Ella no dijo: «No te preocupes. Eso nunca nos va a pasar». Pero, ¿y si les hubiera pasado? Brandon se sentiría traicionado por las palabras de su propia madre.

La verdad es que los accidentes suceden. Son inesperados, por eso se llaman accidentes. Sin embargo, en vez de detenerse en ese aspecto de la muerte, Toni cambió de rumbo al sugerir que hicieran algo para ayudar a su amigo. Eso, en efecto, cambió el enfoque de Brandon de su propio miedo a una solución práctica. Ella sabía que él no se sentiría tan temeroso e indefenso si podía hacer algo para ayudar a su amigo.

Con los niños mayores, puede ir un paso más allá en este tipo de conversación. Podría agregar: «Como sabes, puesto que las personas mueren, es muy importante aprovechar al máximo cada día que puedas. Sé amable con la gente. Diles que los amas y los aprecias. Trátalos bien. Es por eso que el tiempo en familia es tan importante y especial para mí, y por eso trabajo fuerte para planificar actividades que podamos hacer juntos, aun cuando todos estemos ocupados».

El miedo interior puede ser insidioso. Una vez que lo identificamos, puede ser puesto en perspectiva y vencido.

Ahora que conoce los tres miedos básicos y cómo puede abordarlos de manera proactiva con su hijo herido, podemos ver que no dan tanto miedo, ¿verdad?

4

¿Por qué tiene el dolor un propósito?

Qué significa el comportamiento de su hijo y por qué responde de manera diferente a usted.

Cada vez que usted experimenta nuevos sentimientos, pueden ser extraordinariamente intensos. Eso ocurre, sobre todo, con los niños que no tienen tanta experiencia como los adultos ni el marco para lidiar con el dolor y el sufrimiento. Por lo tanto, el dolor que sienten puede ser aún más intenso y difícil al principio. También se sienten confundidos, puesto que nada de eso les ha sucedido antes. La buena noticia es que, especialmente con los niños más pequeños, a menudo sufrirán por un período de tiempo más corto.

Con los niños, la duración y la profundidad de su dolor pueden variar mucho, dependiendo de su edad, su personalidad y el tipo de experiencia. El dolor no ocurre solo cuando la gente muere. Puede suceder como resultado de cualquier situación traumática, incluido el abuso, la violación, un intento de suicidio, el acoso escolar y el divorcio de los padres. También sucede cuando su hija de siete años es separada de sus amigas como resultado de una mudanza causada por su trabajo.

> Con el tiempo, el sufrimiento se disipará. La vida seguirá. Pero, en medio del dolor, a nadie le gusta que le digan eso.

Con el tiempo, el sufrimiento se disipará. La vida seguirá. Pero, en medio del dolor, a nadie le gusta que le digan eso.

Nunca use la expresión «lo superarás». No hay «tal cosa»; está hablando de personas y de una situación. La pena es personal. No le gustaría que alguien le dijera eso a usted, entonces, ¿por qué decírselo a su hijo? En esa respuesta, usted y su hijo son similares. Sin embargo, no puede esperar nunca que un niño se aflija de la misma manera, durante el mismo período de tiempo ni con la misma intensidad que usted.

Por qué llora de manera diferente

Usted y su hijo son dos personas distintas, en dos etapas muy diferentes de la vida. Abordan la vida con sus propias y exclusivas perspectivas.

Digamos que Rover, el perro de la familia, muere. Este can ha estado en su familia por doce años, y su pérdida lo golpea fuertemente, a pesar de que usted está en sus treinta y cuatro años y consciente de que su mascota estaba cerca del final de su vida. Usted no puede imaginarse con otro perro, porque ninguno puede reemplazar a ese pastor alemán. Ha pasado muchas crisis con usted. Necesita tiempo para llorar.

Sin embargo, su hijo de siete años no puede imaginar la vida sin un perro. El hogar no es el mismo sin un cuerpo peludo a quien abrazar cuando entra por la puerta o que lo sigue calle abajo cuando juega béisbol con los chicos del vecindario. Su hijo llora cuando Rover no regresa con usted desde la oficina del veterinario. Ha perdido a su mejor amigo.

Luego, un día después, su hijo la sorprende al anunciar en el desayuno que quiere ir a buscar un nuevo perro. «¿Podemos hacerlo hoy, mamá?», le pregunta.

Usted queda asombrada. *¿Cómo pudo superar su pena tan rápido? Pensé que amaba a ese perro.*

Algunos niños superan su dolor muy rápido y siguen adelante. Han aceptado la realidad de lo sucedido, dentro de su marco de referencia. Algunos quieren hablar sobre lo que ocurrió para procesarlo. Lo atacan con preguntas y detalles, casi hasta volverlo loco. Sin embargo, otros lo que quieren es apartarse, necesitan tiempo a solas.

Es lo mismo con los adultos, solo que estos se aferran al dolor y al sufrimiento por mucho más tiempo. Su proceso es más complicado, puesto que lidian con más aspectos de la experiencia. No solo piensan en cómo los afecta la vivencia en lo personal, sino también en cómo aflige a los demás.

Los chicos tienden a enfocarse en lo que está en el momento frente a ellos. Por lo general, cuanto más pequeño sea el niño, más rápido y más fácil lidiará con el dolor y la pena. Los niños más pequeños se pondrán tristes después del hecho solo si se les recuerda el dolor. Los mayorcitos pueden albergar el dolor en el fondo, pero es menos probable que hablen al respecto.

La clave es conocer a su hijo lo suficientemente bien como para comprender lo que necesita para lidiar con su dolor y con el sufrimiento de una manera saludable que se adapte de forma única a él. Pero, en general, a diferencia del adulto, el dolor del chico es de corta duración y se centra más en un aspecto del suceso que en el cuadro completo.

La naturaleza intencional del dolor

Hay algo que quizás no sepa sobre su hijo lastimado. Sí, él está de duelo. Lo que le sucedió no fue agradable ni justo. Pero el pertinente comportamiento *a posteriori* que usted está viendo (el retraimiento, los hombros caídos, las lágrimas, los comentarios autocríticos) es una respuesta útil.

El *comportamiento intencional* es un término psicológico del modelo *adleriano* de psicología individual, simplemente significa que cualquier persona se involucra en un comportamiento social para cumplir un propósito que sea congruente con su propia imagen. Eso incluye a su hijo. Él está exhibiendo esos comportamientos frente a usted porque hacerlo vale la pena.

Siete realidades que su hijo debe enfrentar... por su propio bien.

- Las cosas malas les suceden hasta a las personas buenas.
- La vida no siempre es justa.
- Usted tiene que aprovechar al máximo lo que tenga a la disposición.
- Usted no es la única persona en el planeta.
- Enfrentarse a las dificultades unidos es mejor que tratar de hacerlo solo. Dos son más fuertes que uno. Podemos enfrentar cualquier cosa juntos.
- No llegamos a B antes de que A se complete. Vamos a terminar lo que empezamos.
- Su actitud marca la distinción en cuanto a si gana o pierde en la vida.

El llamado de atención

El primer objetivo instintivo de cada ser humano es llamar la atención. Todos salimos del útero con la intención de atraer la mayor atención posible.

Si no me cree, piense en un bebé recién nacido. ¿Qué es lo primero que hace ese pequeño? Llorar. Pero es más inteligente de lo que usted cree. Pronto se da cuenta: *Ah, esto del llanto funciona, llama la atención de esas personas grandes y obtengo lo que quiero.* Es lo suficientemente inteligente como para aprender a activar las lágrimas a voluntad.

¿Siente una punzada de hambre? Llora y mamá se apresura a alimentarlo.

¿Siente el pañal un poco empapado e incómodo? Llora y mamá o papá vienen corriendo a cambiárselo.

¿No le gusta estar solo en esa cuna y quiere algo de consuelo? Llora y mamá se apresura a acurrucarlo en su cálido y cómodo cuerpo. Eso es mucho mejor que esa cuna fría y dura de todos los días.

A medida que su hijo va creciendo se torna incluso más inteligente, en ese tiempo ha probado diferentes comportamientos para ver cuál es el que más le da resultado. Ahora puede lograr que pelee en su nombre, pase tiempo con él en sus propios términos y haga algo por él, aunque no quiera hacerlo. En otras palabras, él está trabajando y usted ha sido cautivado por eso.

Debido a que cada niño anhela atención, trabajará fuerte para conseguirla. El lema de su vida se convierte en «solo cuento cuando me hago sentir y me hago el centro de atención».

Si no logra que se concentre en él y lo felicite por hacer cosas positivas —como ayudar a la abuela de al lado a subir las escaleras con su comida— intentará cosas negativas. Él hará que le preste atención. Decidirá usar el poder que ha obtenido al observar sus respuestas para trabajar aun más.

Así es cuando el niño que busca atención se convierte en un chico impulsado por el poder.

El niño impulsado por el poder

El lema de este niño es «Yo valgo cuando los demás hacen lo que digo, cuando controlo la situación».

Algunos de estos chicos son fáciles de identificar. Cuando la vida es injusta para ellos:

- golpean las paredes o a las personas
- presentan episodios de llanto agudos que no se pueden obviar
- desquitan su frustración con sus hermanos
- casi siempre culpan a los demás

Otros niños son más difíciles de identificar, pero son igual de poderosos. Por ejemplo:

- Se aíslan y se esconden en su habitación (saben que eso hace que usted se preocupe por su estado emocional).
- Debido a sus potenciales explosiones emocionales usted tiene que actuar con ella con sumo cuidado.
- Enmudecen porque saben que le molesta ignorar lo que les está pasando.
- Tiene que disculpar su comportamiento grosero con la abuela. «No te preocupes por ella. Está pasando por un tiempo difícil precisamente ahora».

La conducta impulsada por el sentimiento de poder puede presentarse de muchas formas, pero todo tiene el mismo propósito: obligarlo a responder de tal manera que se doblegue a los deseos de su hijo. Básicamente, al controlarlo con su comportamiento, su hijo dice: «Mamá, papá, yo soy el que manda aquí. Voy a tomar las decisiones. Van a hacer lo que yo quiera que hagan, cuando quiera que lo hagan».

¿De dónde aprendió su hijo tal comportamiento?

Piense por un segundo. Cuando alguien le hace algo desagradable a usted, ¿qué piensa instintivamente? *Ah, esa persona debe haber tenido un mal día para haber actuado de esa manera. Esta vez «se lo pasaré por alto». Parece que lo necesita.* Si esa es su respuesta inmediata, está a la altura de la Madre Teresa y el ángel Gabriel. Desearía que hubiera más personas como usted en el planeta.

La respuesta de la mayoría de nosotros, es una tipo ataque nuclear y entra en acción inmediatamente. Pensamos: *Oye, no puedes hacerme esto. Soy...* [tu jefe, tu padre, el jefe de la asociación de padres y representantes escolares o alguna otra persona más importante en la cadena jerárquica]. *¿Quién eres tú para tratarme así?* Si ese es usted, es como el noventa y cinco por ciento de los seres humanos.

¿Quiere poner a esa persona en su lugar al instante? ¿Someterla a su voluntad para que haga lo que usted quiera, cuando quiera? Si es así, usted también es una persona poderosa. Ha desarrollado ese patrón porque le ha funcionado en el pasado.

> Los niños aprenden mirando a sus padres. ¿Qué ha aprendido su hijo al verlo a usted?

Los niños aprenden mirando a sus padres. ¿Qué ha aprendido su hijo al verlo a usted? Cuando el poder se encuentra con el poder, el resultado no es bueno. A medida que su hijo alcanza los años de la preadolescencia y la adolescencia, después de que algunos juegos de poder calan entre ustedes dos, de un momento a otro sucede una de dos cosas. O hay una erupción que rivalice con la del Monte de Santa Helena o la sensación de la temperatura en su hogar se asemejará a la de la tundra ártica.

Aun en tiempos de dolor y sufrimiento, es importante responder de manera objetiva y positiva al manejar la situación por anticipado. Sea adulto. Usted sabe que su hijo precisa atención, así que proporciónele lo que necesita, sin que se vea obligado a pasar a la siguiente etapa de mal comportamiento (ver recuadro).

Declaraciones como las siguientes nivelan el campo de juego: «Sé que te duele. Lamento lo que te pasó. Pero he visto lo bien que lidias con la vida. No dejarás que incluso situaciones como esta te depriman por mucho tiempo. Creo en ti. Si hay algo que pueda hacer para ayudar, soy todo oído. Sé que estás dando lo mejor de ti. Te amo».

Redactar eso solo requiere un minuto, pero satisface la necesidad innata de atención y detiene los juegos de poder en sus caminos. Su hija no tiene que trabajar duro para manipularlo. Ella ya sabe, usted ha declarado con franqueza que está de su lado. También le está mostrando respeto al darle crédito por manejar y resolver su propia situación. Y si ella lo pide, le ofrecerá cualquier ayuda que quiera que le brinde.

Usted se ha identificado con los sentimientos de ella, pero no la ha rescatado ni tomado el control de la situación. Al contrario, la ha ayudado a resolver la situación por sí misma. Muchas veces, cuando su hija sufre, este enfoque hace maravillas al aumentar la autoestima y la capacidad de ella para superar situaciones aun más difíciles en el futuro.

Usted no siempre estará presente para resolver los problemas de su hijo. Cuanto antes aprenda a manejar las circunstancias estresantes, mejor. Eso significa que usted la acompaña a dar los próximos pasos, pero sin tomar decisiones.

Sin embargo, en situaciones de peligro (abuso, anorexia, suicidio, etc.) su rol parental cambia. Debe tomar el control de la situación de inmediato.

Es posible que algunos de ustedes ya estén experimentando las siguientes etapas, esperando buenos resultados. Si su hijo ha sido herido por un tiempo prolongado —por ejemplo, acosado continuamente en la escuela— puede pasar a la etapa de venganza.

El chico que es consumido por la venganza piensa: *La vida me ha lastimado. Lo único que me interesa es ganar, dominar a otros y lastimarlos tanto como me han lastimado a mí.* Esta es la etapa en la que el chico que es maltratado o intimidado puede convertirse en un abusador o en un acosador.

Sin embargo, es la cuarta etapa, la muestra de insuficiencia o discapacidad asumida, la más peligrosa para ellos. Ellos son pasivos, viven con el lema: «Como no soy bueno y no puedo hacer nada bueno ni nada me sale bien, no haré nada en absoluto».

En estas dos últimas etapas es cuando los intentos de suicidio son posibles.

En la etapa tres, el intento de suicidio es la venganza definitiva. El chico a menudo deja una nota, explicando por qué lo hizo. Puede estar lleno de culpa y odio a sí mismo, pero frecuentemente está lleno de culpa por aquellos que no entendieron su dolor. Esa nota es su intento por decir: «Toma eso. Te responderé, aunque sea lo último que haga».

Sin embargo, cuando un chico alcanza la cuarta etapa, es más probable que el intento de suicidio sea bien pensado y concluyente. Si a él no le importa la vida y no cree que importe en el universo, ¿cuál es realmente la razón para vivir? Es probable que esa persona elija un intento de suicidio del que no hay retorno. La vida lo golpeó tanto que se rindió.

Cómo tratar el dolor de una manera saludable

Nunca olvidaré lo que hizo un amigo mío en el funeral de mi padre. No dijo una palabra, pero sabía que le concernía por la forma en que me tocaba y me miraba. Era exactamente lo que necesitaba en ese momento.

Una semana después, ese mismo amigo me llamó y me dijo: «Sé que es un momento difícil para ti, pero quería saber si sería conveniente desayunar, almorzar o cenar juntos este fin de semana. Me encantaría verte».

Ese amigo me conocía bien. También sabía que después del bullicio de la muerte y los detalles del funeral, el vacío de la soledad se acentuaría, y la ausencia de mi padre calaría muy hondo. Él quería que supiera que yo le interesaba y que estaba dispuesto a acompañarme en ese proceso.

Así es como responden las personas que realmente le conocen a usted y al ciclo del duelo. Le permiten sentir el dolor, llorar, sin intentar explicarlo ni suavizarlo. Luego hacen un seguimiento para ver cómo le va a usted. Su hijo anhela la misma respuesta suya.

¿Cuáles son algunas formas saludables de ayudar a los chicos a procesar su dolor?

Los cuatro objetivos del mal comportamiento[1]

Etapa 1. Atención. «Solo cuento cuando me notan o he servido».

Etapa 2. Poder. «Solo cuento cuando hago lo que quiero o puedo hacer lo que quiera».

Estos dos primeros niveles representan al noventa y nueve por ciento de los chicos que están lastimados.

Etapa 3. Venganza. «Solo cuento si puedo lastimar a otros como lo ha hecho la vida conmigo».

Etapa 4. Muestra de insuficiencia o discapacidad asumida. «Yo no puedo hacer nada bien, así que no intentaré hacer nada de nada. No soy bueno».

Siga el ejemplo del chico

Algunos chicos, naturalmente, quieren hablar sobre la persona o mascota fallecida. Otros no. Unos necesitan un abrazo. Otros no quieren que los abracen en lo más álgido de su duelo. Aun otros necesitan un lugar tranquilo para pensar o llorar alejados de la vista de los demás.

¿Cuáles son los patrones normales de comportamiento de su hija? ¿Es una chica que le gusta hablar? ¿Le gusta la aprobación física? ¿Se aísla para pensar las cosas? Entonces, es probable que esas sean las formas en que su hija también responderá inicialmente al dolor, porque pueden lidiar con el dolor en su zona de confort.

Aunque su hijo no sea muy hablador, puede apoyarlo durante el trauma. Pero hágalo a su manera. Por ejemplo, los dos (él y usted) podrían plantar las flores favoritas de la abuela debajo de la ventana de su cocina. Incluso años después, las verá florecer, y pensarán en cuánto las disfrutaría la abuela, de modo que puedan sonreír al recordarla.

Recordemos los momentos reconfortantes

Una de las cosas más difíciles para las personas que atraviesan por un duelo es la desaparición repentina de alguien. Muchas veces los adultos no hablan de la persona fallecida frente a su hijo por temor a que este llore. Pero ¿qué hay de malo con las lágrimas? Son limpiadoras y sanan. Así que, hable de la persona. Exprese sus recuerdos de cuando le hizo reír e hizo algo que le impactó.

Si evita hablar por miedo, traerá malos sentimientos, está ladrando al árbol equivocado. No está ayudando a nadie. Está evadiendo lo evidente, obviando lo obvio. Está haciendo maromas para calmar o entretener a su hijo con el objeto de que no se sienta triste.

Sin embargo, con ello, está creando la idea de que es malo sentirse triste o mal, y que las personas solo valen cuando están vivas y pueden contribuir con usted. No obstante, es bueno hablar sobre los sentimientos y las experiencias que usted ha tenido con aquellos que han dejado esta tierra.

La próxima vez que su hijo diga: «Extraño a mi abuela», ¿qué dirá usted?

Pruebe con lo siguiente:

—¿Sabes qué? Yo también extraño a la abuela. Cuando piensas en ella, ¿qué es lo primero que recuerdas?

—¡Su pastel de manzana! —responde su hijo

—Oh, Dios mío, la abuela hacía el mejor pastel de manzana. ¿Recuerdas cuando nos traía uno caliente y lo dejaba en la puerta de entrada?

Ambos se ríen.

> **La próxima vez que su hijo diga: «Extraño a mi abuela», ¿qué dirá usted?**

¿Qué está haciendo usted? Mantiene viva a la abuela en la memoria de su hijo. Algún día cuando sea adulto él le recordará esa historia. Hasta puede que haga el pastel de manzana de la abuela para su familia.

Aunque han pasado muchos años desde que falleció mi padre, a veces lo extraño. Todavía puedo escuchar su voz y todas las frases chifladas que decía. Cada 25 de abril, que era su cumpleaños, llamo a mi hermano y mi hermana mayores y hablo con la voz de mi padre. Se ríen como locos… y a veces hasta lloramos mientras recordamos. Es una forma saludable y maravillosa de celebrar a mi padre y mantenerlo vivo en nuestros recuerdos.

Sea genuino con sus propios sentimientos

Cuando eche de menos a su madre, no esquive su propio dolor por miedo a entristecer a su hijo. Al contrario, cuando su hijo le pregunte: «¿Qué pasa, mamá?», dígale: «Estoy extrañando a la abuela».

No es saludable encubrir la tristeza por mucho tiempo. Es mucho mejor dejar que siga su curso. Además, como el dolor es cíclico —especialmente en los niños mayores y los adultos—, tenga en cuenta que encubrir la tristeza puede hacerle retroceder en el proceso; ya que hay pequeños hechos que desencadenan recuerdos de la persona fallecida. Hasta hoy, cada vez que ingiero sopa de tomate no puedo evitar llorar y pensar en mi madre. Nadie podía hacerla como ella. Podría haber sido la sopa de lata más común de la marca Campbell, pero ella le agregaba un poco de mantequilla y me la servía con el amor que solo una madre puede prodigar. Todo sabía mejor cuando mamá hacía las cosas para mí.

> **No es saludable encubrir la tristeza por mucho tiempo.**

Cuando usted pierde a alguna persona cercana, el dolor nunca termina del todo. Pero su intensidad disminuye con el tiempo. Ahí es cuando la sensación de soledad puede apresarle, si otros no comparten esa carga con usted.

Si usted es franco en cuanto a sus propias emociones, también le dará permiso a su hijo para que lo sea. Usted forja el tipo de relación en la que su hijo pueda hablar con usted respecto a cualquier cosa. Algún día, es probable que su hijo lo sorprenda con lo bien que lo comprende y lo apoya en momentos de dolor.

Mi amiga Carlee vivió un momento así recientemente con su hija de diecisiete años de edad. Las dos han desarrollado una relación cercana y de apoyo a lo largo de los años, probablemente porque han resistido tormentas bastante difíciles que las han golpeado a las dos. Después de la muerte del padre de Carlee, ella se sobrecargó de trabajo, tratando de ponerse al día con numerosos proyectos en casa y en el trabajo.

Un día, de la nada, el dolor que había tratado de mantener oculto la golpeó fuertemente cuando ella y su hija estaban haciendo un trabajo de rutina. ¿Qué hizo aquella sabia hija? No dijo nada.

Simplemente detuvo el auto en un estacionamiento y abrazó a su madre mientras lloraba.

¿Cómo había aprendido esa joven de diecisiete años ese modelo empático de tratar con el dolor? Con su madre. Ambas son personas fuertes que no dejan que las emociones cundan fácilmente. Han tenido que ser tiempos difíciles debido a las circunstancias de la vida y a estar en la mira del público. Pero ambas están tan seguras del amor mutuo que sienten, que pueden ser auténticas con sus sentimientos frente a frente.

Así que modele una conducta genuina. Si no lo hace, su hijo nunca podrá arriesgarse a ser genuino con usted.

Vea fotografías

Cuando su hijo se sienta triste, sugiérale que agarre una foto de la persona fallecida y hable con ella.

«Si hace eso, es probable que él empiece a llorar», dirá usted.

¿Y qué? ¿No es mejor llorar en la seguridad de su hogar? Es mucho peor dejar que la tristeza se exacerbe al punto que se convierta en amargura y luego se transforme en una ira que estalle cuando menos lo espera.

Las lágrimas son refrescantes. Por eso hay un producto llamado lágrimas líquidas. Cuando usted tiene los ojos resecos, se pone unas gotas de ese producto y la resequedad desaparece. Se siente mucho mejor. Es lo mismo en el aspecto psicológico durante tiempos de dolor. A veces necesita algunas lágrimas líquidas para liberar la tensión. Sus hijos también necesitan eso.

Así que adelante, llore. De hecho, es mejor si lo hacen juntos. Luego se dan un abrazo o dos.

5

Vea a través de los ojos de su hijo

*Descubra cómo se percibe su hija a sí misma y
cómo puede usted conectarse mejor con ella.*

Cada persona tiene una manera de ver la vida. Cada uno de nosotros la interpretamos a través de nuestras propias personalidades, antecedentes y experiencias. Es por eso que tres niños que crecieron en la misma familia pueden responder de manera diferente a un mismo acontecimiento.

La forma en que usted responde a su hijo afecta su perspectiva cuando se siente herido. Los siguientes son tres tipos básicos de respuestas de los padres. ¿Cuál de ellas se alinea más con usted?

Respuesta parental # 1

¿Suele usted...

- tratar de arreglar las cosas que no le salen bien a su hijo?
- hacer la tarea de su hijo cuando tiene demasiadas qué hacer?

- decirle más de una vez a su hijo que haga una tarea que ya tenía asignada como, por ejemplo, dar de comer al perro?
- elogiar a su hija por cualquier cosa que haga?

Si es así, le está enseñando a su hija que usted aliviará su camino en la vida y que la rescatará a pesar de lo que le suceda. Así que estará mal preparada para cualquier dificultad inevitable que se le presente. Cuando mamá y papá no estén con ella para rescatarla, es probable que se desmorone fácilmente.

Así es como su hija se ve a sí misma:

- Supongo que soy estúpida porque tienen que decirme las cosas dos veces.
- No debo ser buena en nada. Ellos creen que no puedo hacer nada por mí misma.
- ¿Piensan que voy a creer todos esos elogios? Sé que no soy la mejor en eso.

¿Qué hay de malo con elogiar a su hija cuando realiza ciertas cosas? El problema es lo que eso implica: que es amada solo si realiza algo, no por lo que ella es, un miembro valioso de su familia. Esto le indica que es amada condicionalmente, algo basado en su conducta. Si no se desempeña bien, no será amada.

Ay.

¿Es esa la realidad? ¿Ama a su hija condicionalmente? O ¿la ama porque es su hija?

El amor condicional implica que su hija nunca le dirá con franqueza lo que está ocurriendo en su vida porque teme que no la acepte si lo hace. El amor incondicional implica que la aceptará pese a lo que esté ocurriendo. Eso le dará seguridad en este agitado mundo.

La próxima vez que se vea tentado a *elogiar* a su hija por algo que hace, mejor *anímela*. «Sé que fue difícil para ti volver a la escuela después de lo que pasó. Pero estoy muy orgullosa de ti porque decidiste ser valiente e ir de todos modos. Mantener la cabeza en alto y no permitir que esos chicos se aprovecharan de ti tuvo que sentirse bien».

Ahora, ese es un lanzamiento positivo que va directo al corazón de su hija y se aloja allí.

Respuesta parental # 2

¿Suele usted...

- ser duro con su hijo cuando comete algún error?
- ser decidido a hacer a su hija fuerte para que ella pueda estar firme cuando viva por su cuenta?
- ser quien empuje a su hijo a sobresalir para que no se quede atrás?
- ser cuidadoso en controlar lo que ella hace y a dónde va?
- elogiar poco sus logros, porque no cree que él lo necesite (y tampoco lo obtuvo usted de sus padres)?

Si es así, le ha enseñado a su hijo que tiene que ser perfecto para ser amado y aceptado. Será difícil para él admitir que algo malo le ha sucedido (ya sea culpa suya o no). Teme decepcionarle y no cumplir las expectativas de usted. Él anhela sus elogios, por lo que no se atreve a contarle ninguna imperfección que pueda estropear su visión de él.

Así es como su hijo se ve a sí mismo:

- Si me equivoco, no valgo nada.
- Si voy a demostrar debilidad de alguna manera, mejor no la admito. Ser débil es malo.
- Si no soy perfecto, no me amarán.

- Si le digo que fui allí, dirá que lo que sucedió fue culpa mía por no obedecer sus reglas.
- No me atrevo a decirles nada sobre esta situación. Tendré que superarla yo mismo.

¿No quiere que su hijo se esfuerce para tener éxito? Por supuesto, ese es el sueño de todos los padres. Pero no todos los chicos son automotivados en el mismo nivel. Los que son automotivados no necesitan la presión de los padres. Ya están siendo presionados lo suficiente. Y ser duro con chicos que no están muy motivados suele ser contraproducente. Recorren el camino contrario para fastidiarlo a usted y se encierran en sí mismos. Usted no puede sacar nada de ellos.

Es hora de eliminar por completo ese ojo perfeccionista y crítico. Eso puede dar buen resultado con su trabajo de contabilidad o arquitectura, pero matará su relación con sus hijos. Al igual que tratar de controlar cada uno de sus movimientos.

Cuando ellos sufren, huyen hacia sus habitaciones en vez de admitir que su vida no es perfecta.

Usted puede comenzar a cambiar su relación con unas pocas palabras sinceras y vulnerables. «En el pasado, te presione mucho. Lo sé. Eso fue cruel e injusto de mi parte. Ahora me doy cuenta de que lo hice porque mis padres me hicieron lo mismo. Pero eso no significa que estuvo bien lo que hice. Lamento haberte hecho las cosas difíciles. Me gustaría estar a tu lado en esta situación, si me lo permites. Y me agradaría pedirte que me perdones por lo que hice en el pasado. Si me ayudas, me gustaría cambiar la forma en la que reacciono cuando me dices cosas embarazosas. Prometo mantener la boca cerrada y escuchar. En verdad, apreciaría que me dieras una oportunidad. Verdaderamente, te amo».

Hay que tener humildad para decir ese tipo de cosas. Pero, ¿acaso no vale la pena la vergüenza inicial a corto plazo por obtener una relación a largo plazo con su hijo?

Respuesta parental # 3

¿Suele usted...

- creer que lo que su hija dice es verdad?
- esperar que su hijo cumpla lo que dice que hará?
- tratar a su hija como alguien inteligente, competente y capaz de tomar sus propias decisiones?
- no pensar en vigilar a su hijo, ya que sabe que tiene todo controlado?
- tratar la opinión de su hijo como válida y valiosa, aunque no esté de acuerdo?

Si es así, su hijo y usted están de pie sobre una base firme de respeto. Si todo lo anterior es cierto, también es probable que haya un intercambio de información bastante bueno entre ustedes, sin presiones. Si ese es usted, ha hecho un excelente trabajo como padre, hasta ahora.

Así es como su hija se ve a sí misma:

- Si trabajo duro, puedo lograr mucho por mí misma.
- Es importante para mí seguir adelante con lo que digo que haré. Mis padres confían en mí.
- Soy una persona confiable porque mis padres creen en lo que digo.
- Soy inteligente y competente. Puedo resolver las cosas aun en situaciones difíciles. Si no puedo, tengo la libertad de preguntarles a mis padres.

Ah, felicitaciones por construir una relación tan maravillosamente fuerte con su hija. Usted ha hecho muchas cosas bien para llegar a este punto. Tiene una hija que está lista para volar porque está sólidamente cimentada en su amor y como miembro de su familia. Es poco probable que pruebe los límites, haciendo cosas tontas o yendo a lugares peligrosos, porque respeta las pautas de usted y se siente segura con ellas.

Una nota rápida para usted: cuando su hija esté sufriendo, es probable que no sea lo competente que es por lo general. Consultar con ella para ver cómo está lidiando con la situación sería una buena idea para que no piense que tiene que tratar con todo ella sola, como solía hacerlo con todo lo demás. Algunos acontecimientos requieren la participación de los padres, sobre todo si su hija está en peligro físico. Mantenga los canales de comunicación activos y ambos estarán bien.

∞

En resumen, los dos primeros tipos de respuestas paternas no son saludables para hacer crecer la relación de usted con su hijo. El primer padre hace todo lo posible por aligerar el camino de su hijo, haciendo que este sea incompetente para lidiar con los problemas. El segundo padre no permitirá que su hijo sea algo menos que perfecto o se sentirá decepcionado. Su hijo no se atreve a contar nada negativo que le esté sucediendo.

La tercera respuesta parental es saludable. El tercer padre ve al niño como alguien capaz de manejar la vida por su propia cuenta y confía en que seguirá adelante con sus acciones, pero que también sabrá cuándo pedir ayuda. Cuando ese hijo solicita ayuda, sabe que le creerán y lo apoyarán.

Cómo conectarse a plenitud con su hijo

Ahora que sabe sobre el *comportamiento intencional* —que toda conducta tiene un propósito— piense en cómo responde su hija cuando está sufriendo. Puede ayudar a cambiar, incluso, una situación difícil con los siguientes pasos:

1. Identificar cómo se comporta su hija, por lo general, cuando se enfrenta a un momento difícil.

2. Pregúntese: «¿Cómo reacciono usualmente cuando mi hijo sufre?».

3. Cuando usted respondo de esa manera, ¿cómo cree que hace sentir a su hijo?

4. ¿Cómo podría usted responder de una manera más útil la próxima vez que su hijo se enfrente a una situación traumática?

5. ¿Qué cambios podría ver en la capacidad de su hijo para hacer frente a cualquier situación como resultado de los cambios de actitud y perspectiva de usted?

Todos somos criaturas de hábito. Cambiar nunca es fácil, pero a veces es necesario y es exactamente lo que recetó el doctor. El resultado final será una relación más sana y cercana con su hijo, que durará más allá de esta crisis.

6

Lo que los padres hacen mal y lo que hacen bien

Lo que los padres hacen mal

Como es natural, usted desea proteger a su hijo cuando sufre. Pero no va a contribuir en nada si va a ayudarlo de la manera incorrecta. ¿Qué hacen mal los padres?

Reaccionan en vez de responder

Algo malo le sucede a su hijo. Primero, usted queda conmocionado. Luego, su sangre empieza a hervir. Quiere vengarse de esa persona. ¿Qué sale de su boca?

«¿Qué ella te hizo *qué*? ¿Cómo se atreve a hacerte eso? Voy a…». Y empieza a crear tácticas de venganza.

Justo cuando el niño necesita calma, el padre arma un drama mayor con su reacción visceral.

Hay una gran diferencia entre *reaccionar* y *responder*. Cuando la doctora dice: «Tuviste una *reacción* a tu medicamento», eso no es bueno. Pero cuando dice: «Estás *respondiendo* a tu medicamento», eso sí es bueno.

Su reacción normal, por lo general, será exagerada. Está herido porque a su hijo lo lastimaron. Es por eso que es importante alejarse mentalmente de la situación. Abrace a su hijo herido, pero mantenga la boca cerrada hasta que tenga tiempo para pensar.

Cuando usted reacciona, todo vale y, a menudo, lo lamenta más tarde. Cuando responde, toma tiempo para evaluar la situación y desarrollar un plan de batalla real; de manera que avanza con cabeza fría y con determinación.

Recuerde que su hijo siempre le está mirando. El ejemplo que usted le da es lo que seguirá en su propia vida. Si usted siempre reacciona sin pensar y enojado cuando sucede algo malo, su hijo tenderá a usar eso como su estrategia de inicio también.

Reaccionar no es útil a largo plazo. *Responder* lo es.

Intentan arreglar las cosas por el chico

No es inusual que los padres quieran erradicar los problemas. Quieren arreglar las cosas, hacer que la situación vuelva a la normalidad. Sin embargo, si el chico no está involucrado de alguna manera en la solución (de acuerdo a la edad, por supuesto, y dependiendo de la naturaleza del problema), todo lo que le está enseñando es: «Bien, mi amor, no tienes que hacer nada. Mamá o papá arreglarán todo por ti».

Al principio puede parecer agradable y amable, pero no es bueno para su bienestar a largo plazo. Si usted le arregla todo, ¿cómo puede hacer frente a sus problemas sin usted? ¿Estará cerca de ella cuando esté en la universidad o tenga su primer trabajo?

Además, arreglar todo para su hija lo que le comunica es: «No creo que seas capaz de hacer nada por ti misma, así que tendré que hacerlo por ti». Eliminar el problema sin involucrar a su criatura no es muy respetuoso. Ayer vi un ejemplo de una madre que intentaba interferir con su hijo. Cuando entraba al supermercado, el chico —de unos cinco años— se atravesó frente a mí. En realidad, me entorpecía el camino. Holgazaneaba sin necesidad, caminaba de un lado a otro y revisaba los juguetes que tenía en la mano. Era claro que no estaba prestando atención a nada ni a nadie a su alrededor. La madre se apresuró a halarlo por el brazo y a decirme: «Oh, excuse». Y me lanzó una sonrisa a modo de disculpa.

¿Hará ella lo mismo cuando él esté errando en primer grado y no se acople a los demás en el recreo? «Oh, disculpe, todavía no sabe cómo prestar atención». Habría sido mejor si ella se hubiera dirigido directamente al niño: «Ethan, un señor, detrás de ti, está tratando de entrar a la tienda».

Si lo hubiera hecho, a ese errático niño se le habría hecho consciente de que él y sus juguetes no son las únicas cosas que existen en el universo. Abordar la situación de esa manera habría sido apropiado para su edad y lo correcto de hacer.

Correr con el objeto de interferir en lo referente al niño para que no se dé cuenta de que hay un problema o dolor asociado con la vida nunca es una buena idea. Cuando surjan los problemas y el dolor, su hijo se sentirá aislado, pensando: *Yo soy el único en el mundo que tiene problemas.*

En el camino, ¿quién tomará las decisiones sobre cómo responder cuando sucedan cosas malas? Su hijo por sí mismo. Así que no se apresure mucho a intervenir y a arreglar la situación. Es un instinto natural, pero esa lucha urge. Use esta situación —así no le agrade mucho— con el fin de ayudar a su hijo a desarrollar buenas habilidades para la toma de decisiones.

En los Westerns, cuando era niño, solía ver —si alguien iba a tener un bebé— que una persona le decía a otra: «Mejor hierve un poco de agua». Luego, la primera persona se enrollaba las mangas. Dos minutos después, oiría el llanto de un bebé.

Eso es lo que usted hace, a veces, como padre. Se enrolla las mangas, excava y ayuda lo mejor que puede. Pero tiene que ayudar a que nazca ese bebé, no obstaculizarlo. Créame, usted perturba cuando hace todo o hace demasiado. Cada persona tiene que pasar por algunos dolores de parto y experimentar el proceso paso a paso.

> No se apresure mucho a intervenir y a arreglar la situación. Es un instinto natural, pero esa lucha urge.

Parte de ser padre es aprender ese equilibrio de dejar que su hijo crezca emocionalmente por sí mismo. Eso también es cierto en este caso.

Los niños que forman parte de la solución de un problema desarrollan una mayor autoestima y la capacidad de resolver otros inconvenientes con confianza en el futuro. Ellos piensan: ¿Sabes qué? Puedo lidiar con esto. Esto está mejorando. Lo superaré. Se vuelven creativos en las soluciones la próxima vez que ocurra algo similar. Eso se debe a que sus padres los tratan como seres competentes, incluso en esta situación difícil.

Se convierten en chicos que se enfrentan a los acosadores de la vida, que dicen no a la presión grupal para drogarse. Además, se convierten en adultos que pueden soportar los golpes inevitables que lleguen, levantarse, recobrarse y continuar con determinación y propósito.

Niegan que la situación haya sucedido

La mente humana no quiere creer que las cosas terribles que suceden. Por ejemplo, ¿qué hace usted cuando descubre que el tío Hal, en quien siempre confió para cuidar a sus hijos, abusó de su hija de once años en la propia casa de usted mientras estaba en un viaje de negocios?

Su primera respuesta podría ser: «De ninguna manera. Eso no pudo haber sucedido. No, el tío Hal no. Siempre ha sido muy amoroso y bueno con mis hijos».

Sin embargo, negar lo que sucedió es lo peor que puede hacerle a su hija de once años. La negación no erradicará el problema. El tío Hal debe ser tratado con todo el peso de la ley, aunque sea su familia.

No obstante, su hija —primeramente— necesita saber que usted cree lo que ella le dijo. Usted no va solo a eliminar ese problema de la existencia como lo hace con el polvo no deseado para que sus próximos invitados no lo vean. No, esta situación requiere una completa limpieza de su casa.

La manera en que responda a las palabras de su hija puede ser un punto de inflexión en su relación. O ella le verá como su defensor y confiará tanto ahora como en el futuro o, si minimiza este suceso de alguna manera —tratando de explicarlo (con algo como: «Bueno, ¿qué hizo exactamente? Quizás solo quería...»)—, no le contará nada nunca más, solo cosas triviales. Se sentirá profundamente dolida con usted.

En cualquier situación, usted debe verificar los detalles. Es sabido que los niños mienten. Aunque no es probable que eso suceda con asuntos que están fuera de su marco de referencia. Por tanto, ante todo, debe *creerle a su hijo* y tomar medidas.

> **Usted debe verificar los detalles. Ante todo, debe *creerle a su hijo* y tomar medidas.**

No es divertido lidiar con problemas reales. De hecho, es arriesgado. A veces significa que tenemos que crecer un poco nosotros mismos. Todos nosotros somos tentados a usar el mecanismo de defensa de la negación de vez en cuando.

Sin embargo, la negación es demasiado costosa cuando involucra a su hijo.

Es mejor prevenir ahora, aceptar la realidad y gastar sus energías mentales y emocionales rodeando a su hija de la seguridad y el amor que necesita cuando esté sufriendo.

Descartan, anulan o niegan los sentimientos de sus hijos

«No deberías sentirte así».

«No es tan malo como piensas».

«Ahora, sabes que eso no es cierto. Recuerda cuando... [*cite un momento en el que sucedió lo contrario*]».

Esas son tres de las peores respuestas que cualquier padre puede dar a un niño herido. Al hacerlo, está presionando involuntariamente para sortear el camino de su hijo.

Digamos que su adolescente golpea fuerte en la puerta y dice: «Todos me odian. ¡Nadie me quiere!».

Usted responde: «Bien, sabes que eso no es cierto. La semana pasada, Jimmy llamó y te invitó a ir a un juego de hockey con él».

Con eso ha cortado eficazmente cualquier comunicación potencial que pudiera tener con su hijo. Él va a cerrar su boca con más fuerza que una ostra y no le sacará nada acerca del por qué está tan molesto.

Sin rodeos, los sentimientos son sentimientos. Sean buenos o malos. Deje que su hijo se sienta herido, enojado o como un marginado si esa es su situación actual. Si no puede expresar esas emociones frente a usted, ¿qué hará con ellas? ¿Guardarlas hasta que haya una gran explosión? ¿Es eso realmente lo que usted quiere?

Muchos psiquiatras se han ganado la vida ayudando a las personas a regirse por sus sentimientos. «Si te dejas llevar por tus sentimientos», dicen, «vas a estar bien. Sabrás lo que debes hacer».

Déjeme advertirle por un minuto. Cuando su hijo está herido por un suceso de la vida o acusado por otro ser humano, y usted como padre se deja llevar por sus sentimientos, mataría a la otra persona e iría a la prisión estatal.

Usted no puede dejarse llevar por sus sentimientos. Tiene que pensar las cosas primero.

Muchos de nosotros no nos sentimos cómodos con ciertas emociones, mucho menos hablando de ellas. Los sentimientos son complicados. Tenemos dificultades para controlarlos, por lo que muchos de nosotros guardamos silencio. De hecho, mientras viajaba hace poco, me senté en un restaurante y vi a una pareja de mediana edad desayunar juntos. No intercambiaron una sola palabra entre ellos durante toda la comida. Qué relación tan estéril y carente de emociones.

> **Sentimientos son sentimientos. Sean buenos o malos.**

Ese tipo de ambiente es uno que creará usted en su familia si niega, descarta o anula los sentimientos de su hijo.

Sin embargo, si simplemente esperamos hasta que la presión de todos nuestros sentimientos bloqueados se acumule tanto que explotemos, tampoco sería algo bueno.

La mejor manera es permitir que su hija exprese cómo se siente en una situación determinada. Sus sentimientos son solo eso, sentimientos. No le quite la propiedad de ellos, o ella se molestará con usted y se alejará. Al contrario, acéptelos como sus sentimientos y escúchela. Si lo hace, estará allanando el camino para hablar también de soluciones a su situación… juntos.

Esperan que su hijo responda de la misma manera que ellos

Cuando ocurre una situación difícil, es normal esperar que la persona herida responda de la misma manera que usted lo haría.

Pero debe entender que su hija no es un clon de usted, por mucho que piense que es así. Cada persona responde a los mismos estímulos de manera diferente, debido al temperamento, la personalidad y los antecedentes. Cuando se enfrenta al dolor, un niño puede correr hacia una esquina, esconderse y quejarse. Otro podría gritarle a quien lo está ofendiendo. Otro podría contraatacar. Es más, otro podría mirar mal a quien lo ha ofendido y seguir con sus asuntos como si el ofensor no existiera.

Supongamos que pasas varios años cuidando a tus padres en tu casa. Sus hijos están muy involucrados con sus abuelos y son muy cercanos a ellos.

Cuando el abuelo fallece, usted —mamá— está comprensiblemente triste. Tuvo una gran relación con su padre y lo extraña. Se encuentra llorando a menudo. Uno de sus hijos, el más dramático y expresivo, responde de manera similar. Lloran los dos juntos.

Sin embargo, su otra hija se hace más estoica y madura. Se mantiene equilibrada, la ayuda más en la cocina, se ofrece a hacer los mandados y pasa más tiempo con su abuela. Usted se preocupa por ella porque se preguntas si está procesando su pena.

En realidad, ella está manejando bien el dolor. Claro, ella es mayor, ha experimentado más pérdidas y hace mucho tiempo supo que el tiempo del abuelo en la tierra era breve. Como pasó tiempo amándolo no tiene remordimientos. Está más preocupada por el dolor que está viendo en usted y que usted, que —por lo general— es la fuerte de la familia, está sufriendo visiblemente. Su impulso por cuidarla se ha activado. Ella quiere asegurarse de que usted esté bien.

Es probable que usted la vea sin emociones. Sin embargo, ella es una joven estable que aprendió desde el principio, a través de varias experiencias traumáticas y un montón de dolor, a lidiar con los duros golpes de la vida. Es por eso que puede transitar a través de esta muerte de un ser querido con una perspectiva amplia, aun a la edad de quince años.

¿Puede una perspectiva como esa existir realmente? Sí. El escenario que acabo de contarle es verdadero y es sobre una familia que conozco. Si cada joven estuviera tan bien adaptado como esa adolescente, el mundo estaría mucho mejor.

Su hijo también puede llegar a ese punto, con un poco de pastoreo sabio de parte de usted.

Tienen sus favoritos

Es un instinto paternal que se remonta al principio de los tiempos: tener favoritos. Abel, claramente, era el hijo preferido; pero, debido al favoritismo, los celos se alzaron en su contra. Todos sabemos cómo resultó ese pequeño episodio. La rivalidad entre hermanos y el favoritismo salieron terriblemente mal tornándose en un asesinato. Ello causó una gran grieta en la humanidad, tanto que todavía perdura.

Sin embargo, la rivalidad entre hermanos no es la única área en la que los padres juegan a tener favoritos. Es normal identificarse con el hijo que tiene la misma posición entre sus hermanos que usted.

Si usted es el primogénito, entonces se identifica con él y tiende a sobreproteger al primogénito de su familia. Ya sabe lo que es ser el conejillo de indias de la familia y que todos reaccionen de forma exagerada cuando algo le sucede. También sabe lo que es recibir todo el peso del ojo crítico de sus padres si algo sale mal. Es el que tiene más probabilidades de ser culpado por el mal comportamiento de sus hermanos.

Si usted es el hijo del medio, se identifica con él y tiende a sobreproteger a su hijo del medio. Sabe lo que es tener que ser un mediador entre sus compañeros y sus hermanos; es muy bueno negociando y caminando en esa línea fina evitando que las partes en guerra se maten entre sí. También se cansa de escuchar sobre los logros de su hermano mayor y cree que el bebé de la familia siempre se sale con la suya. (Tiene razón, así es. Tómelo de alguien que lo sabe). Usted no quiere competir con nadie. Simplemente desea que todos sean felices, que los caminos de la vida sean suaves y seguir su propio camino, uno muy diferente al de su hermano mayor.

> Es normal identificarse con el hijo que tiene la misma posición entre sus hermanos que usted.

Si usted es el bebé de la familia, se identifica y tiende a sobreproteger a su bebé. Sabe lo que es ser tratado como un incompetente puesto que es el más joven. También es un experto en manipular a sus padres y a sus hermanos para que hagan lo que usted no quiere hacer. Le gusta ser el centro de atención para poder sacarle la máxima ventaja a una situación estresante. Puede asumir un papel doloroso bastante bien.

Si se da cuenta de que tiende a identificarse con el mismo orden de nacimiento que su hijo (consulte el *The Birth Order Book* para obtener más información), comprenderá por qué ese niño le enoja más y toca las fibras de su corazón. Cuando ese niño está herido, usted lo toma más personalmente.

Son criaturas de hábito

Los escenarios tienden a repetirse, al igual que las personas. Somos criaturas de hábitos. Si estamos acostumbrados a responder de una manera, seguimos haciéndolo de esa forma automáticamente. Aquí hay un buen ejemplo. Su hija tuvo un día muy malo en la escuela, donde una de sus mejores amigas la traicionó al contar uno de sus secretos mejor guardados. Usted puede concluir que algo anda mal por su expresión de enojo cuando golpea su mochila en el piso de la cocina.

Usted hace lo que suele hacer. Le formula varias preguntas para resolver el problema rápidamente y poder ayudarla.

«¿Qué te sucede?».

«¿Por qué tienes esa cara?».

«¿Puedo ayudarte?».

«Este es el segundo día en el que has estado malhumorada. ¿Qué pasa?».

Esta serie de preguntas la bloquea. Ha lidiado con palabras que le han lanzado todo el día, por lo que no quiere ninguna pregunta en este momento. Usted solo le está agregando más al drama de su día, del que ella no quiere ser parte. No es de extrañar que se vaya a su habitación y cierre la puerta.

Usted ha hecho lo que ella esperaba. Es como un juego de computadora en el que uno está atrapado en un ciclo y tiene que jugar en el mismo escenario una y otra vez. *El día de la marmota* puede ser una buena película pero, en la vida real, ese concepto es malo por donde se le mire.

Si la forma en que usted responde no le da resultado, es tiempo de intentar otra cosa. La próxima vez que su hija pise la puerta, piense: *Oh, esta situación ya ha sucedido antes. ¿Cómo actúo en cuanto a esto generalmente?*

Usted recuerda el escenario anterior. *Ah, ya veo. Debo hacer algo diferente para cambiar las cosas.* De lo contrario, ya sabe cuál será el final del juego, estará en silencio en el pasillo frente a la puerta cerrada de la habitación de su hija. No estará ni cerca de descubrir qué sucedió que la enojara tanto.

> **Si la forma en que usted responde no le da resultado, es tiempo de intentar otra cosa.**

De modo que intenta una táctica diferente. En lugar de hacerle preguntas, haga una declaración sencilla. «Ah, hoy debe haber sido un día terrible en la escuela. Se nota que estás molesta. Si quieres —y cuando quieras hablar de eso— estaré aquí. Te amo».

Luego le da la espalda y se aleja. Con eso, le da tiempo para procesar sus sentimientos y expresarlos en privado. No la obligue para conseguir información. Saldrá de su guarida cuando lo desee.

Piénselo de esta manera: si alguien intenta extraerle información a usted por la fuerza, ¿tendrá ganas de decirle algo? Bueno, no. Tampoco su hijo.

Pero si alguien simplemente se ocupa de sus asuntos sin entrometerse ni ser insistente, aunque sepa que ella estará presente para ayudarle cuando la necesite, es mucho más probable que la busque cuando tenga ganas de hablar, ¿le parece?

Caso cerrado. Mire lo inteligente que es usted. Aprendió este importante concepto en la primera ronda.

Ahora vaya a practicarlo en la vida real. Se sentirá complacida de haberlo hecho.

Lo que los padres hacen bien

Un padre es muy parecido al director de una orquesta o banda psicológica. Aunque todos son parte de la familia de usted, cada individuo responde de manera única y hace diversos «sonidos» cuando están sufriendo. Algunos evocan suspiros suaves, como arpas o violines. Otros son ruidosos y anuncian sus intenciones, como una sección de trompetas o tambores. Aun otros revolotean de un lugar a otro, como flautas o pícolos.

Incluso en la misma situación, por ejemplo, en las noticias de un cáncer en la familia de usted, cada individuo responderá de manera distinta. Eso significa que deberá responder (¡no reaccionar!) de modo diferente a cada persona, teniendo en cuenta su edad y temperamento. Sin embargo, hay algunas cosas básicas que los padres expertos hacen bien.

El padre facilitador

- sobreprotege al niño
- habla por el niño
- reacciona a los arrebatos emocionales
- trata de «arreglar» las cosas
- excusa el comportamiento del niño
- hace lo que el niño debe hacer por sí mismo

El padre distante

- se aleja del niño
- puede negar que una situación exista
- piensa que el niño es lo suficientemente maduro como para lidiar con eso solo
- comenta sobre lo que debe hacer el niño
- descarta los sentimientos
- habla más que escuchar
- piensa que los comportamientos son fases pasajeras

El padre ayudador

- es genuino y franco con la verdad
- escucha y no juzga
- es compasivo, afirmativo y solidario
- responde en vez de reaccionar
- mantiene la calma
- permite que impere la realidad más que los discursos de los padres

Escuchan, escuchan y escuchan otra vez

Una de las necesidades básicas principales que tenemos como seres humanos es que los demás nos consideren lo suficientemente importantes como para escucharnos. Aun cuando una sola persona lo haga, nos sentimos aliviados, más felices y más capaces de lidiar en forma positiva y proactiva con cualquier dificultad.

Los padres sabios sobresalen escuchando a sus hijos. El momento no es siempre conveniente. De hecho, rara vez lo es. Mis hijos tendían a querer mi oído justo cuando estaba a punto de desmayarme por agotamiento después de viajar o cuando ya estaba a medio camino al país de los sueños. Irónicamente, fue en esos momentos donde comenzaron algunos de mis períodos más intensos de crianza. Sin embargo, siempre mantuve mis párpados abiertos a «Papá, ¿estás durmiendo?» porque sabía que esa simple pregunta era la precursora de un tema importante. Yo los escuchaba porque quería que mis hijos sintieran que los entendía y aceptaba cualquiera fuera la situación.

> Parte de cualquier proceso de sanidad es verbalizar lo que ha sucedido.

Debido a que establecí un patrón de escucha, mis hijos —que ahora están entre los veinte y los cuarenta— todavía me llaman cuando enfrentan un momento difícil. Saben que su buen padre no siempre tiene la respuesta, pero soy un gran punto de escucha para sus pensamientos y posibles soluciones.

Parte de cualquier proceso de sanidad es verbalizar lo que ha sucedido. El niño necesita expresar sus sentimientos al aire libre. En otras palabras, necesita desahogarse.

Véalo de esta manera. Cuando usted sopla un globo por completo, este se pone muy apretado y duro. Es fácil de romper porque es frágil. Si le deja salir un poco de aire, al liberar presión emite un ruido terrible que hace que usted se estremezca. Sin embargo, el resultado es que el globo se ablanda y se vuelve más flexible. El mismo principio aplica a sus hijos cuando están heridos. Cuando permite que su hijo exprese sus pensamientos y sentimientos, se libera un poco de presión. Lo que dice puede hacerle estremecer y no ser fácil de escuchar, pero su hijo ya no es tan frágil. Algunas de sus emociones negativas acerca del hecho han sido liberadas. Cuando usted escucha a sus hijos, les muestra que ellos son importantes. Que merecen su tiempo y su energía. Que son su prioridad. Que le importa lo que piensen y cómo se sienten. Escucharlos los refuerza para que puedan armarse de coraje para dar los próximos pasos en una situación dada.

Muestran empatía y compasión a través del tacto y el lenguaje corporal

Cuando su hijo se derrumba y llora, necesita un abrazo, que le frote el brazo o le dé una palmadita en el hombro. No importa si tiene cuatro o catorce años. Aunque no sean una familia emotiva (no se abrazan a menudo ni naturalmente), rompan el molde. Un toque suave puede conectar sus corazones de una manera que nada más puede. Es fundamental ayudar a sanar las heridas de un niño herido.

Cuando usted toca a su hijo, le está diciendo físicamente lo que las palabras no pueden expresar. *Sé que te duele. Quiero compartir tu dolor. Entiendo que esto es difícil para ti.*

En tiempos de dolor, a veces, lo mejor que usted puede hacer es quedarse en silencio. Con un abrazo bastará. El contacto le dirá: «Esto no es fácil, pero estoy aquí contigo. No hay explicaciones para lo que te sucedió, pero me importa».

El lenguaje corporal también es importante. Una postura sosegada y franca es una invitación para que el niño comparta con usted. Tener los brazos cruzados o una expresión facial tensa le grita: «¡Aléjate!». Una mirada atenta, que muestre que a usted le importa, también es acogedor. Usted puede estar extraordinariamente ocupado, tratando de cumplir con una fecha límite para el trabajo. Pero cuando su hijo se queda afuera de la puerta de la oficina de su casa, sabe que tiene algo que decir. Un padre inteligente se volteará desde su escritorio en la oficina y le prestará toda su atención.

> A veces, lo mejor que usted puede hacer es quedarse en silencio. Con un abrazo bastará.

Utilizan palabras que modelan comprensión, convicción, aceptación y afirmación

Los padres inteligentes dicen cosas como:

«Oh, Dios mío, eso tuvo que doler. Debes sentirte muy mal. Puedo entender por qué lloras».

«Eso tuvo que ser desgarrador. Entiendo por qué estás molesta».

«Apuesto a que no podías creerlo cuando sucedió. También me habría impactado a mí».

En vez de decir:

«No puedo creer que ella te haya dicho eso. ¿Cómo pudo hacerlo? Bueno, yo haría…».

«Cuando tu padre llegue a casa en unos minutos, sabrá exactamente qué hacer».

«¿Estás seguro de que realmente hizo eso? Él no es del tipo que…».

Las primeras tres respuestas apelan al niño y le proporcionan una conexión natural, por lo que el chico piensa: *Ah, mamá y papá saben a qué me enfrento. Ellos lo entienden.* Las segundas tres reacciones provocan respuestas airadas, intentan delegarle el problema o cuestionan las palabras del niño. Los chicos no son tontos. Saben cuándo se acumulan las probabilidades en su contra, por lo que —de repente— estarán en silencio para protegerse. Usted también lo haría si fuera uno de ellos.

Permiten que el niño presente sus propias soluciones (apropiadas para su edad y situación)

Cuando otro niño le dice algo desagradable a su hija en la escuela, no es problema de usted. El problema *es de su hija*. Usted no es él que está técnicamente en la situación. Su hija sí. El padre sabio acepta esa realidad, así ella se enoje mucho por el comentario. Ella no se encarga del asunto y anuncia la solución. «Bueno, lo que vamos a hacer es...».

El padre sabio dice: «Ah. Veo a qué te refieres. Eso también me molestaría. Por tanto, ¿qué piensas? ¿Qué te gustaría decirle a esa persona que fue tan mala contigo?».

Con eso le permite al chico explorar varias ideas sobre sus propias soluciones. Algunas pueden ser francamente locas o inapropiadas, pero no reaccione ante ellas. Al contrario, use sus habilidades de escucha activa para extraer una gran cantidad de opciones de su hijo. Ese niño es más inteligente de lo que usted piensa.

El padre sabio se mantiene en segundo plano y pone a su hijo en primer plano en cuanto a la solución del problema. La madre que reacciona se iría a la casa del otro niño y se pondría a discutir con el padre del otro niño. Pero ¿eso, realmente, resuelve algo? Por lo general, complica todo aún más. En una sociedad que le encanta demandar, no creo que usted quiera llegar a esos términos. Sin mencionar que ambos niños tienen que continuar yendo a la misma escuela.

La madre que piensa a largo plazo le saca a su hijo lo que él ya sabe. «Esta es una situación realmente incómoda. No me gusta lo que me dijo ese chico. Si no quiero que vuelva a suceder, debo decirle: "Lo que dijiste fue hiriente y no me gusta. Por favor, no lo vuelvas a decir o tendré que involucrar a un maestro"».

Unos amigos míos tienen una hija adoptiva de una etnia diferente. Cuando estaba en una escuela primaria básicamente de raza caucásica, un compañero de cuarto grado la criticó implacablemente por ser diferente. Su madre pudo haber intervenido en el asunto como Dios todopoderoso y haber golpeado al otro niño y a sus padres por tales comentarios. Sin embargo, consciente de que tales ofensas fueron por ignorancia, esa madre tomó el camino más ético. Decidió convertir ese trauma en una lección de vida para fortalecer el carácter de su hija cuando se enfrentara a declaraciones perturbadoras.

> El padre sabio se mantiene en segundo plano y pone a su hijo en primer plano en cuanto a la solución del problema.

Ella y su pequeña hija idearon lo que llamaron un «Plan 1, 2, 3». La próxima vez que ese niño se burlara de ella por ser diferente, ella lo miraría directamente a los ojos y usaría el punto # 1 del «Plan 1, 2, 3»: «Lo que acabas de decir no es bueno y no lo aprecio. Por favor, no lo vuelvas a decir».

Si el niño hace otro comentario, lo vería directamente a los ojos y emplearía el punto # 2: «Te pedí que no hicieras comentarios como ese. No los aprecio. Si vuelves a decir algo así, involucraré a un maestro».

Si el niño no hace caso a esa advertencia y hace un tercer pase, una vez más lo miraría a los ojos y emplearía el punto # 3: «Te pedí que no hicieras comentarios como ese. No los aprecio. Pero como continúas haciéndolo, se lo diré a la maestra Smith y la involucraré». Luego iría directamente al escritorio de la maestra Smith.

Ten en cuenta en el «Plan 1, 2, 3», que la niña miraba al niño directo a los ojos cada vez que hacía su declaración. Ella no retrocedió. Se mantuvo firme, pero involucró una figura de autoridad cuando lo necesitó.

La niña tuvo que seguir hasta el punto # 3... una vez. El niño, sorprendido, pronto se dio cuenta de que estaba hablando en serio y no estaba jugando. La maestra Smith se involucró e informó a los padres del niño. Tenía que disculparse públicamente con la niña y sus padres. Lo curioso es que, después de eso, el niño continuó teniendo problemas con los demás debido a su lengua. Sin embargo, nunca más volvió a hablarle en forma irrespetuosa a esa niña. A pesar de que pesaba unos veinte kilos más que ella, sus repetidos golpes étnicos a ella terminaron porque ella se mantuvo firme. En cambio, en un giro de ironía, se convirtió en defensor de la chica. Cuando estaba en el patio de recreo, nadie se atrevía a tratarla con rudeza ni a hablar mal de ella.

¿Qué aprendió esa niña de su sabia madre? Que incluso una pequeña mujer podía derrotar a un enemigo mucho más grande con un plan de acción y la determinación de no retroceder. Esas habilidades aprendidas han servido bien a esa joven adulta durante toda la escuela secundaria. Aunque solo pesa cincuenta kilos, se mantiene como una líder respetada entre sus compañeros.

¿Adivina dónde comenzó ese camino? Cuando estaba en cuarto grado, con esa situación inicial.

Ahora, si hubiera habido violencia física involucrada (empujones, pistolas, cuchillos), habría aconsejado a esa madre de manera diferente. Yo le diría: «Involucre al maestro y la administración escolar de inmediato. No regrese a la escuela hasta que se tomen medidas».

Sin embargo, en la mayoría de las situaciones, entrenar a un niño para resolver sus propios problemas es exactamente lo que ordenó el doctor. No es cómodo ni para los padres ni para los niños, todos tendemos a evitar situaciones que son incómodas. Pero ninguno de nosotros mejoraría de alguna manera si no nos empujaran. Felicitaciones a esa madre y a esa hija que permanecieron ahí cuando las cosas se pusieron difíciles. Usted también puede hacerlo.

Especialmente para padres de fe

Si usted es una persona de fe, entenderá bien cuando digo esto: sin Dios todopoderoso en su vida, carecerá de motivación, propósito y significado. No tendría la esperanza de que las cosas puedan cambiar en su situación. No podría perdonarse a sí mismo ni a los demás. Esto se debe a que hay una pieza esencial del rompecabezas *suyo* que falta, que es el centro de la idea para lo cual usted fue creado. Sin una relación personal con Dios, nada en esta vida tiene mucho sentido. Se sentirá sin rumbo.

Sé muy bien cómo se siente esa falta de rumbo. Ese era yo, hasta que Dios se contactó conmigo cuando tenía un poco más de veinte años. Siempre estaba haciendo algo cuando era niño, y la iglesia no era una excepción. Incluso cuando tenía solo tres años, me alejaba de mi madre. Ella solía decir que podía seguir mi camino alrededor del templo mientras viajaba como un topo debajo de los bancos. Podía decir exactamente dónde estaba, al observar las personas que miraban al suelo. Para hacerlo aún más divertido, a menudo las mujeres se quitaban los zapatos, sospecho que era porque les dolían los pies. Incluso a esa temprana edad, era lo suficientemente emprendedor como para pensar: ¿No sería divertido agarrar esos zapatos negros que están en el cuarto pasillo y cambiarlos por los zapatos marrones del cuarto pasillo?

En el campamento de la iglesia, me pidieron que fuera ujier en un servicio nocturno. Así que un amigo y yo nos colamos en la tienda de adoración, encontramos los platos para la ofrenda y los escondimos. Cuando nos llamaron para servir y el pastor buscó los platos debajo del púlpito, no estaban ahí. Simplemente nos quedamos ahí, cándidos como unos ángeles, esperando los platos. Nadie supo en ese entonces que fuimos nosotros quienes nos los llevamos.

En la escuela secundaria, me quedaba en el balcón de la iglesia con el grupo de jóvenes el tiempo suficiente para que mi madre se asomara desde su lugar, se asegurara de que estuviera ahí y sonriera. Ella no tenía idea de qué cosas hacía yo durante esos momentos, y tampoco se lo diré a usted.

Cuando estaba en la universidad, a la única a la que pude entrar, por cierto, debido a mis payasadas y mi pobre historial académico en la escuela secundaria, tenía que asistir a la capilla. Detestaba cada minuto de esa actividad. Tenía que sentarme en una silla específica puesto que alguien tomaba la asistencia. Había treinta y seis canciones en el cancionero, y un estudiante de teología elegía dos canciones para cantar, que todos teníamos que tolerar. Por diversión, algunos de nosotros comenzábamos un juego de azar. Todos pondríamos cincuenta centavos y elegiríamos un número. Cuando se elegía el número 8, se oía a treinta y cinco jóvenes lamentándose y un chico diciendo: «¡Sí!» elevando el puño en el aire porque había ganado dieciocho dólares.

Fui parte de un grupo que también hacía otros trucos. Detestábamos a los cristianos que se levantaban temprano el domingo en la mañana para ir a la iglesia y, por lo tanto, obtenían la mejor comida en el comedor puesto que estaban en la fila delante de nosotros. En esos tiempos, la mayoría de los estudiantes se despertaban con alarmas a través de sus radios. Así que pensamos que sería divertido si cortábamos la electricidad durante una hora en medio de la noche. Una vez hicimos eso. Todos los cristianos se quedaron durmiendo y llegaron tarde a la iglesia. Los que no asistíamos a la iglesia fuimos los primeros en el comedor.

Tuve dificultades para tomarme en serio la religión, incluso en una escuela religiosa, porque para mí el concepto era simplemente «externo» y no «interno», en mi corazón. También vi a jóvenes «religiosos» que no mantenían una posición firme. ¿Cómo podría creer que ser cristiano era algo más que una etiqueta cuando el presidente del consejo religioso embarazó a su novia, por ejemplo?

Ahora, cuando reflexiono, me doy cuenta de que no estaba listo para creer en Dios. Como muchos jóvenes, tuve que tomar un camino tumultuoso y tortuoso para llegar allí. Una vez le dije a mi amada esposa, Sandra: «Me alegra mucho que no me conociste cuando era adolescente».

Ella respondió: «No eres el único».

> **Una vez le dije a mi amada esposa, Sandra: «Me alegra mucho que no me conociste cuando era adolescente». Ella respondió: «No eres el único».**

Verán, padres, pueden hacer todas las cosas «correctas», como lo hizo mi madre, y aun así tener un hijo que siga un camino diferente. Mi madre era una firme creyente y todos los días la veía de rodillas orando por mí. Ella tenía buenas razones para hacerlo. Yo necesitaba toda la oración que pudiera recibir.

Su hija puede tener dificultades para creer en Dios en este momento. O puede estar rebelándose contra Dios y sus «reglas» religiosas con todo lo que implican. Ella no puede creer que exista ningún Dios o que se preocupe por ella si le está haciendo frente a lo que le está sucediendo.

No le servirá de nada convertirse en el martillo: «Te hemos criado así —yendo a la iglesia— y vas a seguir nuestras reglas». A nadie le gusta que le digan qué hacer, y eso incluye a su hija herida. Si se enfrenta a un momento difícil en este instante, no necesita sermones. Lo que necesita es que usted permanezca a su lado y sortee la tormenta con tanta calma y paciencia como las que puedas reunir.

Una vez le di a un viejo y rudo entrenador, que casi siempre tenía un cigarro de tres a seis centímetros en la boca y una toalla sobre el hombro, un ejemplar de un libro de liderazgo que hice con Bill Pentak, llamado *A la manera de un pastor*. La próxima vez que el entrenador me vio en la práctica, se volteó hacia su asistente y le dio una señal para que se encargara por un minuto. Se dirigió hacia mí y, al verdadero estilo de un entrenador de fútbol, dijo: «Leí tu libro. Me gustó. Déjame ver si tengo esto claro: "No les importa lo que sabes hasta que sepan que te importa"».

Me impresionó que un rudo entrenador como él, que había llevado a muchos jugadores universitarios en la Liga Nacional de Futbol pudiera citar un punto tan importante de ese poderoso librito.

«No les importa lo que sabes hasta que sepan que te importa» es cierto para los jugadores de pelota y también para su hijo. Toda niña herida quiere saber que sus padres se preocupan por la situación y por ella. Ya se ha enfrentado al mazo de la situación y se siente golpeada. Ahora necesita consuelo y comprensión. Ella necesita su oído atento.

Tampoco le ayudará decir: «Dios sabe, cariño. Él sabe que te duele». Para su hija, todo lo que usted dice es: «Entonces Dios lo sabe, ¿eh? Entonces, ¿cómo es que es tan malvado? ¿Acaso hizo que esto sucediera o permitió que ocurriera? ¿Cómo puede amarme si me trata así?».

El hecho es que a la gente buena de esta tierra le pasan cosas malas. Ha sido así desde que Satanás entró al jardín y destruyó maliciosamente la existencia perfecta de Adán y Eva.

Algunos padres de fe bien intencionados también agregan: «Mejorará con el tiempo. Dios sana todas nuestras heridas. Algún día entenderás por qué te sucedió esto y podrás ayudar a otros también».

¿Cuál es la respuesta de su hija herida a esto? Ella piensa: *¿Mejor con el tiempo? Este es el fin del mundo. Nunca mejorará. Entonces, ¿permitió Dios que esto sucediera y luego quiere agitar su varita mágica y mejorar todo? ¿Qué es Él, de todos modos? ¿Algún tipo de persona enferma? Nunca entenderé por qué me pasó esto.*

Su hija tampoco tiene la capacidad en este momento para pensar en el hecho de que podrá ayudar a otros en el futuro. En su etapa de desarrollo, ella solo piensa en sí misma y en el dolor que siente. Eso es natural, especialmente cuando está en medio de la situación.

Así que, padre de fe, juegue sus cartas sabiamente.

- Hágale saber que usted entiende que está pasando por un momento difícil.

- Escuche sin predicar.
- Muéstrele su apoyo de manera no verbal (dele un abrazo, prepárele su comida favorita, bríndele tiempo y espacio para sanar).
- No le arroje banalidades. No van a funcionar. Solo servirán para hacer enojar a su hija y que se aleje de Dios.
- Dele a su hija descanso de las actividades orientadas a la fe por un tiempo si muestra resistencia. Puede que no tenga ganas de ser parte de las actividades del grupo juvenil.

Si son una familia que asiste a la iglesia, es posible que usted desee decirle: «Sé que ahora estás atravesando un momento difícil, por lo que queremos darte un poco de tiempo para que hagas lo que quieras. Durante las próximas cuatro semanas, tus hermanas y yo iremos a la iglesia, pero vamos a darte unas pequeñas vacaciones. Después de eso, vendrás con nosotras nuevamente». Una declaración tan breve le hace saber que usted entiende su reticencia a ir a la iglesia y que ella está luchando, pero también que hay un plazo para cuando vuelva a unirse a usted en esa actividad familiar.

Mis hijos siempre supieron que mientras estuvieran bajo mi techo, los Leman íbamos juntos a la iglesia. Una vez que se independizaran, podían decidir por sí mismos qué querían hacer.

Lo más importante que usted puede hacer, después de reconocer el dolor y el sufrimiento de su hija, es ponerse de rodillas y orar por ella. Como dice el viejo refrán: «La oración cambia las cosas». Lo vi con frecuencia en mi casa mientras crecía. Ahora recuerdo cuando pienso en las horas que mi madre pasó de rodillas por mi bien.

La oración realmente cambió las cosas. Tomó algo de tiempo, pero finalmente ganó. Dios todopoderoso entró en mi vida y la revolucionó.

Lo mismo puede sucederle a su hija, ya sea en un año o dos, o en diez años más adelante. Solo espere con esperanza y anhelo.

7

Practique el juego de la vida con inteligencia

Cómo convertir los traumas en situaciones ganadoras.

¿Alguna vez ha jugado al clásico El juego de la vida LIFE? Creado en 1860 por Milton Bradley, todavía existe en múltiples formas modificadas (unos amigos nuestros tienen la versión de 1960). Cada vez que usted lo juega, puede seguir un camino diferente. Elegir una carrera, matrimonio e incluso uno o dos hijos, o colocar su pequeño auto con muchas clavijas rosadas o azules, a medida que avanza a toda velocidad por los giros y vueltas del juego. Tiene que comprar un seguro de automóvil, de vida, de incendio y para propietarios de viviendas si posee una. Hay pagarés (lo que significa que debe dinero) y acciones (que querrá obtener, siempre que el mercado sea bueno).

Una vez que llegue al «Día de la verdad», tiene que tomar una gran decisión. Es fácil si ha reunido muchos dólares de papel en el camino. Simplemente conduce su auto hasta «Los acres millonarios» y termina el juego con una sonrisa. Si no tiene mucho dinero o está en quiebra, puede arriesgarse: tirar los dados e intentar convertirse en un «magnate millonario» de un solo golpe. Si falla, será enviado a la «Granja pobre».

Bueno, padre, sus hijos y usted están jugando la versión de la vida real de ese juego en este momento. La expresión «el juego de la vida» es una que he usado a menudo con familias a lo largo de los años. Y si hay un hecho inmutable acerca de ese juego, es que *se le presentarán* problemas en el camino. No tiene que ir a buscarlos. Así que tiene que aprender a jugar bien y ser inteligente con sus movimientos.

No siempre tiene que reaccionar sin pensar en lo que dice su hijo. Puede elegir su respuesta. «Esa es una gran pregunta. Déjame pensarlo bien y te responderé». O si su hijo dice algo escandalosamente descabellado, su presión arterial no tiene que dispararse. Simplemente puede decir: «Oh, nunca lo pensé de esa manera» o «Podrías tener razón».

Cuando responde en lugar de reaccionar, toma el control de los giros en el viaje de su vida, incluso si no son de su elección. Y con las siguientes estrategias, puede ayudar a moldear las actitudes de su hijo para que sus traumas se conviertan en movimientos ganadores en su propio juego de la vida.

Lo mejor de todo es que esos movimientos están completamente al alcance de usted.

Sea genuino y vulnerable

Cada computadora tiene un botón de historial para rastrear dónde ha ido el usuario. Cada relación también tiene uno. La forma en que su hijo responde a sus esfuerzos cuando está sufriendo tiene mucho que ver con el tipo de relación que tienen. ¿Ha sido usted genuino con su hijo? ¿Se ha permitido ser vulnerable? ¿O procura con mucho esfuerzo de ser perfecto y así poder arreglar todo para él?

Ahora es un buen momento para examinar la historia de la relación con su hijo. Si no es lo que le gustaría que fuera, sea la persona adulta y dé el primer paso para resolver los problemas. «Sé que hemos tenido más que justos desacuerdos y peleas. Sé que te duele ahora y quiero acompañarte, ayudarte. Pero creo que los dos todavía estamos enojados por lo que sucedió el pasado marzo. Nunca resolvimos eso. Quiero dar el primer paso y decir que actué como una idiota. Estaba desubicada. Dije cosas que nunca debí haber dicho. Te lastimé profundamente. En ese momento no entendía con claridad a qué te enfrentabas. Me alegra saberlo ahora y lamento haber reaccionado como lo hice. ¿Me perdonas?».

Haga gala de sus imperfecciones frente a sus hijos.

Si su hijo y usted han sufrido numerosos enfrentamientos, ninguna relación puede consolidarse y avanzar positivamente hasta que se dé ese paso. Esos problemas deben solucionarse primero.

Así que sea genuino y vulnerable. Haga gala de sus imperfecciones frente a sus hijos. Todos hemos hecho el ridículo. Algunos de nosotros, como yo, lo hacemos a diario. Sus hijos piensan de por sí que usted tiene las respuestas de la vida en su bolsillo trasero porque es viejo y es el padre que todo lo sabe y todo lo ve. La mayoría de nosotros queremos mantenernos así en el pensamiento de nuestros hijos para conservar nuestra ventaja como progenitores cuando necesitemos usarla.

Sin embargo, cuando su hijo sufre, necesita un padre con los pies en la tierra. Ningún niño quiere acercarse a un sabelotodo y contarle su dolor. Tampoco se acercará a alguien que diga cosas como:

«No puedo creer que te hayan pegado. Pero, ¿qué hiciste?».

«¿Dónde estaba tu cerebro? ¿Por qué fuiste allí? Y ahora sucedió esto».

«Eres más inteligente que eso. Te he enseñado mejor. Sin embargo, permitiste que eso sucediera».

Con ese tipo de palabras, ni siquiera llegará a la primera base con un niño que ha sido herido. El chico se acurrucará en un rincón y dejará que la vida lo atropelle antes de volver a escucharle.

No es natural que presuma de sus imperfecciones. La gente casi nunca hace eso, porque es demasiado arriesgado. Pero cuando usted es genuino y vulnerable, se vuelve accesible y fácil para hablarle. Pone a su hijo y a usted como iguales socialmente. No digo que tengan los mismos roles, porque uno de ustedes es el padre y el otro es el hijo. Sin embargo, está tratando a su hijo como alguien digno de respeto y bondad.

Presumir sus imperfecciones también lo coloca en un lugar donde realmente puede ayudar a su hijo que está sufriendo. Estará mucho más receptivo a cualquier consejo que tenga que ofrecer. Realmente se convertirá en un puerto seguro en cualquier tormenta psicológica. Él se dirigirá rápidamente hacia las aguas tranquilas que usted le proporciona. Si no ha tenido ese tipo de relación hasta este momento, es hora de un cambio. Sea el adulto. Adelante. Anímese y diga: «Lamento mucho la forma en que te he tratado en el pasado. Realmente te amo. No he sido muy bueno mostrándote eso. Y mis palabras tampoco han sido amables. ¿Me perdonas? ¿Podemos empezar de nuevo a partir de ahora?».

No es demasiado tarde para un nuevo comienzo, en el que puedan acercarse uno al otro con aceptación y respeto mutuo.

Cuéntele historias

Si alguna vez quiere que un niño aprenda bien una lección, cuéntela en forma de historia. A los niños les encanta escuchar historias sobre sus años mientras usted crecía. Quieren escucharlas una y otra vez. Algunas de las historias que les cuente incluirán verdades audaces sobre las dificultades que usted enfrentó. Deben incluir momentos en los que tomó buenas decisiones como resultado de haber sido herido, y ocasiones en las que optó por actuar imprudentemente cuando estaba molesto.

Sea especialmente franco en cuanto a las veces que falló. Su hijo ya lo ve como invencible porque es su padre. Usted es mayor y más sabio, aun cuando su hijo nunca lo admita en voz alta. Pero será irreparable, intocable e inalcanzable si es demasiado perfecto. En otras palabras, cada historia no tiene que tener un final feliz.

Recuerdo bien un acontecimiento que ocurrió cuando tenía diecinueve años. En ese momento jugaba béisbol en la universidad y estaba preparándome para un partido contra la Illinois Wesleyan University. Íbamos a salir temprano en la mañana puesto que teníamos que conducir desde Chicago a Bloomington.

Me presenté en el vestuario a las ocho de la mañana y comencé a empacar mi equipaje. En ese momento, nuestro entrenador —Royner Greene— pasó por mi casillero. Había un compañero de equipo a cada lado de mi casillero.

El entrenador Greene dijo: «Leman, no creo que te necesitemos hoy». Después de esas pocas palabras, siguió caminando. Lo que el entrenador dijo fue que yo no viajaría con el equipo ese día. Me sentí devastado y avergonzado. Sabía que los jugadores a mi lado habían escuchado lo que me dijo.

No fue sino hasta unos años más tarde que me di cuenta de que el tipo probablemente no quiso gastar diez dólares más en el almuerzo con el que tendría que alimentar al equipo. Estaba cuidando su presupuesto. Además, en esos días viajaríamos en una camioneta para quince pasajeros. Si uno era la decimosexta persona en el orden jerárquico, no tendría suerte.

En realidad, ese día no me sentí bien. Pero tome en cuenta que incluso todos estos años después, todavía recuerdo cómo deletrear

---

Ocho maneras de ayudar a su hijo

- No se asuste.
- Responda, no reaccione.
- Escuche, escuche y escuche de nuevo.
- No juzgue.
- Brinde comodidad. Usted es su seguridad.
- Lo que usted diga es importante. Piense antes de decir algo.
- Mantenga la calma.
- Comunique que van a superar esto juntos.

---

el nombre de ese entrenador. Ese hecho tuvo un impacto firme en mi psiquis.

¿Cuál fue la lección para mi vida? A veces uno se decepcionará. Se sentirá terriblemente avergonzado. Pero vivirá para contarlo. Algún día será tan viejo como yo y se lo contará a sus hijos y a sus nietos.

Cada experiencia negativa desarrolla músculos psicológicos que le ayudarán en otras situaciones. Y, en retrospectiva, también pueden provocar una risa compartida, el mejor medicamento curativo a la disposición de cualquier familia en crisis.

Sea responsable e inteligente

Ser responsable e inteligente significa que uno hace lo correcto, aun cuando sea difícil.

En la mayoría de las situaciones (abuso, violación, etc.), si su hija ha sido herida por alguien, debe confrontar a la persona que la ha lastimado. Eso significa que cuando un grupo de chicas selectas ha dicho algo desagradable sobre su hija en Facebook, ambas partes deben reunirse, cara a cara, para una sostener una discusión franca. Su hija tiene que armarse del valor necesario para enfrentar a esas chicas, o se encontrará con la misma situación con ellas u otro grupo similar. De eso se trata la divulgación psicológica. Usted le está dando a conocer y explicando por qué las personas se comportan de la manera en que lo hacen. Está revelando la naturaleza deliberada de su comportamiento hiriente.

Ella necesita decirles a esas chicas, sin tapujos: «No aprecio lo que publicaste en Facebook sobre mí. Fue un acto muy cruel y falso también».

Esas chicas necesitan sentir el peso de sus acciones y la subsiguiente vergüenza.

Pero las palabras de su hija no deberían terminar ahí. Ella debe agregar: «La mayoría de nosotros hemos hecho cosas desagradables en nuestras vidas. Sé que la gente hace sentir mal a los demás cuando no se sienten bien consigo mismos. De alguna manera menospreciar a alguien más los hace sentir mejor».

Es importante que su hija sea la que diga eso cuando otros niños estén cerca y que lo diga con amabilidad. Debe dejar claro que sabe que las otras chicas, que son inseguras y no se sienten bien consigo mismas, la están usando como chivo expiatorio. Dicha redacción es un golpe de gracia psicológico para esas chicas en el cuadrilátero.

Tenga en cuenta nuevamente que es *su hija* quien está hablando, no usted. Usted está ahí, en el lugar, pero como un tercero que está escuchando, no dirigiendo la dirección de los golpes.

Las palabras son particularmente efectivas con las mujeres, ya que son artífices de la palabra y muy relacionales. Las palabras que su hija decida usar pueden resultar muy importantes y crear un cambio de comportamiento en aquellos que hablan en contra de ella.

Sin embargo, insto en tener precaución al confrontar a los hombres de la misma manera. Los chicos por naturaleza son mucho más competitivos. Tienden a responder más físicamente y pueden golpear a su hijo o lastimarlo con un cuchillo o una pistola.

Su hijo necesita la seguridad de que usted anda por este camino con él, pero tiene que saber que usted no puede hacer su vida por él. Es como el padre que hace la tarea de su hijo, pensando que eso lo va a beneficiar. En realidad, está lastimando a su hijo al hacer el trabajo por él. A veces tiene que apoyar a su hijo desde un costado y permitirle que tome decisiones difíciles. Esto es especialmente importante a medida que su hijo crece, cuando más ilusiones tiene.

> Las palabras que su hija decida usar pueden resultar muy importantes y crear un cambio de comportamiento en aquellos que hablan en contra de ella.

A veces, las acciones de su hijo deben modificarse para que el resultado cambie. Ese melodramático suyo debe aprender a atenuar su comportamiento. Su hijo, rápido en usar los puños, debe encontrar otras formas de distenderlos.

Parte de la responsabilidad del aprendizaje es decidir responder en lugar de hacer lo que ocurre naturalmente: reaccionar. Si usted no es responsable de su vida, ¿cómo puede su hijo aprender a serlo?

A veces tiene que tomar medidas y ser el adulto.

Manténgase atento

Si desea que su hijo sepa que le interesa, préstele toda su atención. Haga contacto con él. Guarde ese teléfono celular. Nada es tan importante como este momento, cuando su hijo quiere comunicarse con usted cara a cara.

Las palabras que usted decide usar con sus hijos resultan muy importantes.

«Me interesa lo que pienses».

«Tus sentimientos son importantes para mí».

«Sé que es realmente difícil en este momento. Siempre te escucharé».

«Sé que estás pensando las cosas detenidamente y le estás dedicando mucho tiempo y esfuerzo a eso».

Este tipo de comentarios le envían un mensaje a su hijo de que él es la máxima prioridad de usted. El trabajo no es tan importante. Su vida social no es tan importante. La familia es primero. Cuando su hijo ha sido herido, usted está ahí. No importa si la situación es complicada emocionalmente o difícil de manejar. Su apoyo es incondicional.

Estar atento no significa acumular preguntas. Las preguntas no harán que su hijo hable. De hecho, lo callarán o reducirán la calidad de cualquier conversación.

> **Las preguntas no harán que su hijo hable. De hecho, lo callarán o reducirán la calidad de cualquier conversación.**

Sin embargo, es importante escuchar activamente. ¿Qué quiero decir con eso? Escuchar no debería ser una actividad pasiva. No es simplemente sentarse, asentir con la cabeza y decir: «Ah»; mientras la otra persona habla y usted está formulando lo que debe decir a continuación. La escucha activa es prestar mucha atención —a través del contacto visual, el contacto físico— y responder de manera tangible a la nueva información que su hijo o hija le brinda.

Si escucha así, es posible que su hija aún no esté lista para hablar más. Pero no podrá evitar pensar: *Realmente le importo*. Él entiende lo que enfrento.

La escucha activa muestra empatía y compasión; además, establece conexiones. Si quiere marcar la diferencia en la vida de sus hijos, debe ser un buen oyente. Las compañías Fortune 500 se basan en ese estilo de comunicación. Ingrese a cualquier sede de una de esas empresas y no tendrá que mirar mucho antes de encontrar la palabra *comunicación* en una placa de cualquier pasillo. Las personas exitosas saben cómo comunicarse, y eso lo incluye a usted, padre.

Cuando usted está atento —escuchando cuidadosamente, receptivo a la respuesta de su hijo, pero sin exigirlo— está mostrando el máximo respeto por él como persona.

Sea positivo

La vida está llena de limones. Usted puede decidir si simplemente tolera su sabor agrio o le agrega una pizca de azúcar y revuelve una deliciosa limonada con ellos.

Sin embargo, tenga cuidado de no ahogar a sus hijos en la limonada que les sirva. No sea la Pollyanna demasiado optimista que ofrece algo pegajosamente dulce y desagradable. Sus hijos no van a caer en la trampa.

Sea agradable

Mi esposa voltea los ojos con frecuencia cuando me encuentra observando un episodio de una vieja serie del oeste que crecí viendo, como *El llanero solitario*. Ella no puede entender por qué me gusta volver a ver ese estúpido programa de televisión.

Pero sé por qué. Cuando estoy cansado, cuando he estado interactuando con personas todo el día, a veces quiero descansar por completo. Ver un programa así me lleva a recordar tiempos más simples. Cuando era niño, me sentaba frente a mi televisor en blanco y negro de diecisiete pulgadas y veía a mi héroe curar los males del Salvaje Oeste. Era un placer puro y simple. Volver a ver

El llanero solitario reavivaba mis sentimientos de hogar, calidez, familia y seguridad. Es un lugar cómodo donde estar.

Es lo mismo que siento por mi silla favorita. Cuando quiero descansar, tiene que ser en esa silla. Tiene exactamente el soporte adecuado y tiene sustancia, profundidad y calidez.

Los humanos no gravitamos alrededor de las cosas, o las personas, que nos hacen sentir incómodos. ¿Es usted esa silla cómoda que su hijo necesita? ¿Es solidario, pero no rígido? ¿Tiene sustancia, profundidad y calidez? Si es así, su hijo naturalmente gravitará alrededor de usted y querrá instalarse ahí.

Si se enfoca en mejorar su relación y mantenerla fuerte, su hijo encontrará su zona de confort en la familia, y no se sentirá tan presionado por sus compañeros ni se derrumbará por las cosas malas que sucedan.

> ¿Es usted esa silla cómoda que su hijo necesita?

Cómo jugar, con inteligencia, el juego de la vida

Cuando a su hijo le lanzan las pelotas en curva, usted tiene todo lo que necesita para ser inteligente en el próximo paso que debe dar:

1. Espere tiempos difíciles por venir, porque los habrá.

2. Mantenga la calma y evalúe su situación. Si observa los problemas de manera simple y no los complica más de lo que son, obtendrá su respuesta.

3. Recuerde, la elección es suya. Usted es el encargado de sus sentimientos y de sus acciones.

4. Use el sentido común para elaborar las estrategias responsables de sus próximos movimientos.

5. Percátese de que tendrá giros y vueltas en los que no podrá ver a la vuelta de la esquina, pero llegará al final en una sola pieza.

Si sigue esas sencillas estrategias y recordatorios, puede convertir aun los sorteos desafortunados de la vida en ganadores. Eso es así porque siempre tiene el as de todos los ases que triunfan sobre cualquier otra cosa. ¿Qué es ese as? En pocas palabras, es su relación con su hijo.

Si su hija sabe que ella es parte de usted y que está comprometido a jugar el juego de la vida juntos, tendrá una autoestima duradera. Ella sabrá que es valorada tal y como es, pese a lo que esté sucediendo en su vida.

Se lo garantizo.

PREGÚNTELE AL DOCTOR LEMAN

Preguntas (P) y respuestas (R)

Respuestas directas a las preguntas clave que los padres hacen sobre cómo lidiar con los problemas difíciles de la vida real y con sus hijos heridos.

No encaja

P: Mi hija, de casi trece años de edad, ha estado realmente deprimida durante las últimas dos semanas. Creo que se debe a que las chicas que solían salir con ella ya no lo están haciendo. Peor aún, algunas de ellas hacen comentarios desagradables. ¿Cómo puedo ayudar a Emma en un punto tan bajo, en el que siente que no encaja, que a nadie le agrada y que está perdiendo amigas?

R: Nota para mamá: Las chicos de casi trece años pueden pasar largos períodos de tiempo sintiendo que no encajan en nada. Las mejores amigas cambian con la dirección del viento. Pero puedo garantizarle que esas amigas que ya no actúan como tales se sienten de la misma manera que su hija en este momento, solitarias y buscando un lugar al cual pertenecer.

El no encajar, cambiar de grupo de amigas, ser voluble, todos estos son comportamientos comunes para las chicas de esa edad. Uno de sus trabajos clave es tomar los altibajos de esa montaña rusa adolescente con calma, en lugar de entrar como una mamá osa sobreprotectora para proteger a su cachorro. (Ciertamente no quiere pelear con ninguno de los otros ositos protectores que están protegiendo también a sus cachorros, así que olvide la ira y la actitud defensiva).

¿Cómo puede ayudar a su hija herida? Cuéntele algunas historias sobre momentos bajos que usted tuvo con sus amigas durante esos años de adolescencia (y sé que tuvo algunos, todos los hemos tenido, así que confiese). «¿Alguna vez te conté acerca de la época en que estaba en séptimo grado?».

Hablen de momentos en los que usted no encajaba, como cuando se dio cuenta por primera vez de que la mayoría de sus amigas eran atléticas y usted no podía atarse los cordones sin caerse. Un día llegó a un punto crítico en el que se dirigió al lugar donde solía sentarse a la mesa del almuerzo con sus amigas y una de ellas comentó en un tono presuntuoso: «Bueno, es la señorita Torpe en persona la que nos acompaña».

«Quería llorar», le dice a su hija. «Pero en vez de eso, dije: "Sí, esa soy yo. Lo has dicho bien. Algunas personas son torpes. Soy una de ellas"».

Usted explica lo rápida que fue para cubrir su dolor con humor, por el momento, pero luego fue a casa a llorar en su habitación. «Cosas así realmente duelen», le cuenta a ella. «Quiero decir, todavía lo recuerdo, aunque soy un poco vieja. Pero ¿sabes qué? También fue un momento en el que comencé a buscar otras amigas que tenían intereses más similares a los míos. Niñas interesadas en el arte, por ejemplo. Tú también lo harás».

Revelar algunas de sus propias historias le dice a su hija: «Oye, he pasado por eso. Duele y no es divertido, pero lo superarás».

Aquí está la segunda forma en la que usted puede ayudar. Hágase estas preguntas críticas: «¿Encaja mi hija en casa? ¿Sabe ella que pertenece aquí?».

Si yo le hiciera esas preguntas a su hija, ¿me diría, con sinceridad, que se siente valorada y amada en casa? ¿Qué usted la ve como una persona fuerte que persigue lo que quiere con determinación? ¿Qué usted cree en ella?

Si su hija realmente siente pertenencia al hogar de usted y la ve a usted de esa manera, tenga la seguridad de que estará bien. Ella necesita algunos abrazos, un poco de aliento y, de vez en cuando, hasta algo de entrenamiento. Siga escuchando bien y la conversación seguirá fluyendo. Si lo hace, tendrá la oportunidad de tener momentos de enseñanza hasta en medio de ese dolor.

Así que, primero, identifíquese con el dolor de su hija, con su sentimiento de exclusión y con enojo porque una de sus amigas dijo algo desagradable. «Ah, no es de extrañar que estés llorando», dice. «Yo también lloraría. Lamento mucho que te haya pasado eso. Las chicas de secundaria pueden ser realmente crueles a veces, aunque se suponga que son tus amigas».

Luego frótele el brazo o dele un abrazo y le dice: «Parece que ahora tienes un par de opciones, ¿eh? Puedes tomar en serio lo que ella dijo, encogerte y esconderte en tu habitación. O puedes reunir esa fuerza desde adentro que sé que tienes… y seguir avanzando con una sonrisa».

Permítame que le diga que las chicas de secundaria pueden detectar cualquier indicio de debilidad a un kilómetro de distancia y lo atacarán. Pero no saben qué hacer con alguien que toma los comentarios negativos con cierto aire de indiferencia y responde: «Sí, creo que tienes razón», y luego se va de ahí.

Considérelo de esta manera. Todo en la vida se genera a partir de las actitudes del corazón. Y esas actitudes comienzan en el hogar. ¿Es el hogar de usted el eje central del corazón de su hija? ¿Se siente cómoda allí y puede retirarse por breves períodos durante las tormentas de la vida, solo para resurgir más fuerte?

La fuerza viene de adentro y comienza con el ambiente del hogar. Si su hija está firmemente arraigada a la seguridad del hogar de usted y a su relación, podrá resistir cualquier cosa… incluso las chicas de secundaria. Lo sé, porque mi esposa, Sande, y yo hemos ayudado a pastorear a cuatro hijas durante ese período de tiempo y vivimos para contarlo.

Hermanos en guerra

P: Mi hijo de siete años de edad está siendo atormentado por su hermana mayor, que tiene diez; por lo que con frecuencia corre hacia mí, pidiendo ayuda. Ella dice que él siempre está llorando y que trata de meterla en problemas, que a menudo es lo que resulta. Mi esposo se enoja porque los dos niños siempre se molestan entre sí, así que le grita a Maggie que deje de molestar a su hermano y la envía a su habitación. Davey, a menudo, llora en el regazo de su papá. Maggie se enoja y termina destrozando su habitación. Todas las noches es la misma historia; estoy harta de eso, harta de ver a los niños lastimarse, harta de escuchar a mi esposo gritar. ¡Ayuda!

R: Esos dos niños se han apoderado de su familia con su propio espectáculo. Ese «inocente» chico de siete años sabe exactamente lo que está haciendo, está jugando con usted y con su esposo.

Los bebés de la familia pueden ser manipuladores y buenos para culpar a las personas, especialmente a sus hermanos. Todo lo que tienen que hacer es susurrar las palabras «Mi hermana me está molestando», luego corren hacia papá o mamá, y ustedes asumen todo un arsenal de batalla para protegerlos. Entonces usted entra en acción sin conocer la historia completa y le da su opinión a Maggie (o lo hace su esposo).

Alguno de ustedes alguna vez preguntó: «¿Qué llevó a Maggie a molestarte, Davey?». Lo más probable es que hizo algo para molestarla y alentar ese comportamiento atormentador.

Sin embargo, ¿qué dicen la mayoría de los padres, incluso si el bebé de la familia es fastidioso? «No me importa lo que hizo. Ella es la mayor. Deberías saberlo mejor. Espero más de ti». Entonces, el hijo mayor es menospreciado, pese a lo que haya ocurrido.

Tan pronto como usted se erige en juez y jurado de los hermanos en guerra, pierde en cuanto a la rivalidad entre hermanos. Simplemente aumentarán la pelea porque tienen una audiencia. Pelear es, en esencia, un acto de cooperación. Sus hijos están cooperando entre sí para elegir la pelea y continuarla. Si usted no estuviera en la habitación, la mayoría de las peleas no continuarían porque no hay diversión sin manipular a mamá o a papá.

Aquí tenemos una manera fácil de separar el trigo de la paja y devolver la civilidad a su atmósfera de selva actual. Cuando Davey corra hacia usted y le diga: «Maggie me está molestando», retroceda un poco ante el pequeño soplón. Arquee una ceja y diga: «¿En serio? Bueno, estoy seguro de que pueden resolverlo entre ustedes». Luego váyase a otra habitación.

Debido a que sus tácticas le dieron resultado antes, Davey correrá tras usted. Sus ruegos se harán más fuertes. Simplemente dígale: «Estoy segura de que ustedes dos pueden resolver eso». Luego desaparezca y vaya a otra habitación donde él no pueda seguirla y cierre la puerta.

El sorpresivo silencio dará resultado. Esas pocas palabras le bajarán los humos de la cabeza. Eso detendrá la pelea incluso antes de que comience.

También puede poner a los dos hermanos a discutir en la misma habitación. «Ustedes dos tienen algo que resolver», les dice. «No quiero que salgan de esta habitación hasta que encuentren una solución al problema juntos». Luego cierra la puerta y se aleja.

Por supuesto, si sus hijos tienen tendencia a la violencia física, o si uno es mucho más grande que el otro, vigile de cerca la habitación sin que se den cuenta, para asegurarse de que ambos estén a salvo. La mayoría de las veces reina un silencio ensordecedor, y ambos chicos se avergüenzan e incomodan. Incluso puede llegar a escuchar un par de silenciosos ecos de «lo siento».

Pero —y aquí viene uno grande, padres— solo porque terminaron esta batalla entre hermanos sin involucrarse en una guerra no significa que la vida vuelva a la normalidad. Si adopta ese plan, las escaramuzas continuarán.

Esa noche les dice: «Me alegra que hayan podido resolver el asunto. Pero tengo que decirles que estoy muy decepcionada de ustedes y de su comportamiento. Habíamos planeado ir al parque acuático mañana, pero estamos cancelando esa excursión. Hasta que ustedes dos aprendan a llevarse bien y nos demuestren a su padre y a mí que pueden hacerlo, no haremos cosas divertidas como ir al parque acuático».

En ese momento puede parecer que su hijo está sufriendo porque eso lo molesta. Pero no se deje engañar. Es muy probable que su querubín haya recibido lo que se merecía por parte de su hermana. Sin embargo, él cuenta con el hecho de que usted lo protegerá y lo respaldará cualquiera sea el caso, por lo que se saldrá con la suya. Permitirle que continúe manipulando no lo ayudará con ninguna relación a largo plazo. Alguien, usted o su esposo, necesita ser quien hable la verdad. «Estás diciendo que tu hermana te molesta mucho. ¿Qué estás haciendo exactamente que la hace querer actuar de esa manera?».

Su hija está sufriendo porque siempre es ella quien se mete en problemas sin importar quién comience la pelea, porque es la mayor. La vida parece muy injusta y lo es. Dado que ella tiene su parte en la pelea, molestando a su hermano menor, usted debe igualar el campo de juego. Tenga una pequeña conversación. «A veces tu hermano pequeño parece exagerado, ¿no? Se sale con la suya mucho, y eso no es justo».

Maggie asiente con la cabeza. *Ah*, piensa ella, *al fin alguien me entiende*.

Entonces usted le da una lección en el momento. «Ustedes dos se están enfrentando mucho estos días. Sí, sé que a veces puede ser un dolor en el trasero. Pero creo que sé lo que puede estar pasando. Podría estar equivocada, pero me pregunto… ¿te sientes mal por ti misma por alguna razón? ¿Es por eso que tienes que molestar a tu hermano para sentirte mejor? ¿Molestarlo y menospreciarlo te hace sentir mejor? Si es así, esa no es una buena manera de vivir, porque menospreciar a los demás no te hará sentir mejor a largo plazo».

Las luchas de poder entre hermanos pueden causar mucho daño en la familia a menos que la pelota sea puesta en la cancha correcta. Si existe un peligro físico, usted debe intervenir de inmediato. De lo contrario, no se ponga en el medio. Deje que sus hijos resuelvan sus propios problemas; esos asuntos pueden desaparecer como briznas en el viento sin usted como audiencia.

No se deje manipular… especialmente por ese encantador bebé de su familia.

¿Chismes o intimidación?

P: Mi hija de quince años de edad llegó ayer a casa de la escuela quebrantada y llorando. Había visto un chat grupal sobre ella:

«Ni siquiera es bonita».

«Ni muy inteligente tampoco».

«Supongo que tiene algo a su favor».

«¿Oh sí? ¿Como qué?».

«El tamaño de la copa de su sostén es A».

«Apenas conozco a esas chicas», me dijo Annalisa. «¿Por qué me molestan?».

Me siento muy mal por ella. No supe nada hasta anoche, por cuenta de otra madre, que los comentarios fueron mucho peor que eso. No sé si mi hija todavía sabe lo mal que se pusieron. Estaba ardiendo por dentro, con ganas de defenderla. ¿Cuándo debería intervenir, y cuándo debería dejar que ella lidie con esas cosas?

R: Hay una respuesta sencilla a la pregunta «¿Por qué me molestan?», y es esta: «Porque pueden».

Apenas entra a la escuela secundaria uno se convierte en la presa de todos. Puede que usted sea completamente inocente y aun así ser el blanco.

Sin embargo, no todas las presas son completamente inocentes. Su hija podría ser el objetivo por una razón. Incluso si no conoce bien a las otras chicas, podría haber hecho algo sin darse cuenta para provocar la ira de la chica dominante, la que inició la conversación. Con eso quiero decir que ella podría haber visto al novio de la otra chica. Ella podría haber tenido la audacia de saludarlo en la clase de historia, y eso fue lo que provocó los celos.

Los jóvenes son estúpidos y celosos. Eso, combinado con las hormonas de la adolescencia, puede ser una combinación mortal en el grupo de pares. Los adolescentes reaccionan a nivel visceral. Ellos dirán y harán cualquier cosa. El concepto de «responder», tomar información y evaluarla antes de actuar, ni siquiera está en su vocabulario.

No obstante déjeme aclarar algo. Decir que su hija no es bonita es una cosa, y es común cuando todas las chicas compiten por ser esa chica dominante. Es doloroso, sí, pero eso se desvanecerá. Esas chicas encontrarán a alguien más a quien molestar mañana. (Cada estudiante de secundaria comienza su día con una oración: «Dios, por favor, permíteles que hoy encuentren a alguien más a quien molestar»).

Otra cosa es hablar sobre el tamaño del sostén. Eso es inaceptable. Pero los adolescentes de hoy no usan filtros para nada, incluidas las referencias sexuales. No me sorprende que el chat grupal se haya degradado aun más. Conozco a una chica a quien llamaron prostituta simplemente porque le sonrió al chico más popular de la escuela secundaria. Una muchacha a la que le gustaba comenzó un rumor acerca de que ella se estaba acostando con cinco chicos del equipo de fútbol. Si la conversación desciende a esa clase de nivel, es hora de acopiar fuerzas. Con eso, me refiero a que se comunique con el director de la escuela, le explique la situación y quién está involucrado; exprésese con calma y muestre la evidencia para que las partes (las chicas y los padres por igual) puedan reunirse en un terreno neutral para discutir exactamente lo que sucedió y decidir los próximos pasos apropiados.

En situaciones como esta, la mayoría de los padres se apresuran a unirse a la intimidación. Sin embargo, para que el término intimidación se aplique de verdad, no solo se debe repetir la acción, sino que debe existir una desigualdad (por ejemplo, un niño mucho más grande por una parte o un grupo en contra de un solo niño). En ese caso, es un grupo contra un solo niño, pero no hay un patrón repetitivo entre su hija y el grupo de chicas, al menos que usted sepa.

Esto es lo que yo haría por ahora. Dígale con amabilidad: «Veo lo molesta que estás. Me encantaría poder ayudarte. Pero no tengo idea de cómo hacerlo hasta que sepa exactamente qué sucedió. Cualquier información de lo que pasó que me puedas dar sería útil. Si no quieres hablar, está bien. Entiendo. Pero cuando estés lista para hablar, estoy lista. Ven a buscarme y seré toda oídos».

Nunca acose a un chico para que hable. A veces son reacios a delatarse unos a otros, aunque estén sufriendo. Si su hija no quiere hablar, respeta ese deseo. Pero manténgase alerta y lista para una apertura en la que pueda volver a intentarlo.

Cuando su hija decida hablar, cierre la boca y escuche. Es posible que se sorprenda por los detalles que escuche. Los jóvenes son jóvenes y dicen cosas crueles sin pensar en las consecuencias para sí mismos o para los demás. Pero no quiera ser el padre que en una reunión de padres, hijos y director escuche por primera vez lo que hizo *su* hija, aunque haya sido mínimo, para provocar la ira de la chica dominante. Si la situación se intensifica, deseará tener toda la información en su bolsillo antes de acopiar fuerzas.

Sin embargo, por ahora, lo que más necesita su hija es un poco de atención y un oído atento en el ámbito interno.

Retraimiento y mal humor

P: Estoy preocupada por mi hijo de once años. Es un chico dulce y muy interactivo. Pero desde que ingresó a la secundaria, se ha alejado de nosotros y se ha puesto de mal humor. Cuando le pregunto cómo pasó el día, me responde: «Estuvo bien», luego se dirige a su habitación y cierra la puerta. Una o dos veces golpea la pared del pasillo en el camino. No sale hasta que huele la cena.

¿Qué pasó con el niño feliz que siempre quería abrazos y solía hablar sin parar después de la escuela? Es como si su personalidad hubiera sido completamente transformada. Peor aún, alguien más tuvo que decirme que no ingresó al equipo de fútbol. ¿Qué está pasando? ¿Estoy perdiendo a mi hijo?

R: Según sus inquietudes y preguntas, supongo que es su primera vez en la pista con un adolescente. No, no está perdiendo a su hijo. Este es un comportamiento normal para un chico de once años. Todos los muchachos de esa edad están trabajando duro para descubrir exactamente quiénes son, aparte de ser un polluelo en su nido.

Los chicos se enfrentan especialmente a un mundo duro y competitivo, y su hijo se ha enfrentado cara a cara con esa realidad.

Necesita una buena dosis de vitamina E —estímulo— de su parte, sobre todo porque ha sido rechazado. Peor aún, es un rechazo público. Sus compañeros saben que intentó entrar al equipo de fútbol, pero no lo logró. Eso pinta una gran P de perdedor en la frente... justo en el momento en que está aprendiendo a nadar en medio de un grupo de tiburones que se deleitan con el pez más débil. Parte de convertirse en un hombre joven es ganar la ventaja competitiva de un varón, y a su hijo le frustraron sus sueños en un momento crítico. Cada vez que ve practicar al equipo de fútbol, su incapacidad se asoma frente a él.

¿Qué puede usted hacer? Aliéntelo con ternura a probar otros talentos e intereses que tenga, como los videojuegos, jugar a los bolos o arreglar un auto viejo. Gastar un poco de dinero en proyectos como esos será mucho mejor que reparar las paredes de yeso en la casa después de que haga agujeros en los pasillos. Tener una actividad positiva en que concentrarse ayudará a redirigir su ira y su desánimo. Así que póngase creativa. Piense en lo que le gusta a su hijo.

En cuanto a aislarse y no querer hablar con sus padres, bienvenido al mundo de la adolescencia. Acostúmbrese. Simplemente alégrese por las veces que él quiera hablar y escuchar. Pero tampoco significa que le quite la culpa de la actitud que tiene.

En este punto bajo de su vida, su hijo no necesita una falsa animadora con pompones, ni tampoco necesita un aerodeslizador. Hágase, y hágale, un favor. No le formule preguntas. Con eso solo logrará callarlo.

Tampoco juegue a querer «arreglar a su hijo». La reacción instintiva de la mayoría de los padres ante un hijo que ha sido herido es tratar de llegar con una cura milagrosa como, por ejemplo: «Así que no te aceptaron en el equipo de fútbol. Tal vez podrías intentar jugar bolos». No hay una cura milagrosa para el dolor de su hijo. Él tiene que resolver eso por sí mismo.

Dele tiempo para que asimile el golpe de lo que le ha ocurrido y considere sus heridas. Reconozca el dolor. «Sé que estás realmente herido en este momento. Si no estás listo para hablar de eso, está bien. Solo quiero que sepas que estoy aquí si necesitas que te oiga». Él necesita su apoyo y su comprensión, y saber que cuenta con usted pero sin que lo abrume.

¿Sexualmente activo?

P: Escuché a mi hija de catorce años hablar con sus amigas sobre cómo saber si está embarazada y cómo tomar píldoras anticonceptivas. Admito que me preocupa, especialmente porque me casé a los diecisiete años de edad porque estaba embarazada de ella y mi matrimonio no funcionó.

Melanie parece menos habladora y más distraída últimamente, muy diferente a su habitual personalidad jovial. Cuando trato de preguntarle si está molesta por algo, solo dice: «Estoy bien, mamá, no te preocupes». Decir «no te preocupes» en vez de decirme lo que la perturba realmente me preocupa más, ya que solíamos hablar todo el tiempo, sobre todo.

¿Algún consejo? No quiero que ella siga mi mismo camino.

R: Sus preocupaciones son válidas. Las adolescentes de hoy se están volviendo sexualmente activas a una edad temprana (la escuela secundaria es un objetivo principal para la exploración sexual), pero la mayoría de las chicas realmente no quieren quedar embarazadas.

Digo la *mayoría* de las chicas porque algunas que tienen un intenso deseo de amor y aceptación que creen que un hijo —alguien que estará siempre a su lado que solo les pertenezca a ellas— les proporcionará una conexión que de otra manera les faltaría en la vida. Pero ese cuento de hadas casi siempre viene con el sueño de un caballero con una armadura brillante también a su lado.

Otras chicas tienen el intenso deseo de llamar la atención de un chico porque no tuvieron el amor de su papá cuando crecían. A eso lo llamo «trastorno de déficit de papá», un deseo de calor, conexión y protección masculina. Puede ser tan fuerte que anule el sentido común.

Entrar en pánico o sacar conclusiones precipitadas puede ser muy tentador en ese momento, pero esa no es la respuesta. Empezar a dar sus opiniones sobre lo que es ser una adolescente embarazada y soltera no le hará ningún bien a su hija, aunque usted lo haya sido. Para comprender realmente una situación, usted debe ponerse directamente en el lugar de la otra persona y no quiere que su hija esté en la antigua situación de usted.

Es probable que Melanie, a los catorce años, ya haya tenido una clase de educación sexual. Eso cubrió lo básico, pero las chicas de secundaria están llenas de curiosidad y de preguntas. Sus cuerpos están cambiando y están notando el desarrollo físico de los niños mayores. Su hija también ha sido bombardeada con «hechos» de educación sexual, la mayoría de los cuales no son ciertos, por parte de sus compañeros e Internet. Sus preguntas podrían ser parte de su investigación natural.

Sin embargo, también existe la posibilidad de que su linda hija llame la atención de un chico de dieciséis años y que pueda enamorarse de él. Ponga juntos a una niña hormonal de catorce años que carece del afecto de un padre y a un hombre cargado de testosterona de dieciséis años, y sucederán algunas cosas. Ninguna de ellas será muy buena. Su hija todavía no tiene suficiente experiencia en la vida para saber eso, por lo que necesita una forma de acercarse a su zona no explorada con una conversación adecuada.

A este punto, si su hija no le pregunta directamente, es probable que no esté dispuesta a escuchar su opinión ni sus aportes directos. Después de todo, ningún adolescente está interesado en conocer la vida sexual de sus padres. Todavía recuerdo cuando me di cuenta de eso: «Ah, ¿quieres decir que mis padres realmente hicieron *eso* para tenerme?».

Por supuesto, hay muchos artículos en internet y revistas disponibles sobre la anticoncepción, sin mencionar todos los chismes que ella escucha de sus amigas. Darle un sermón acerca del cuidado de no quedar embarazada no hará nada… excepto arruinar el potencial para una buena discusión una vez que esté dispuesta a hablar. Pero aún puede proporcionar información objetiva y valiosa para combatir los mitos. Colocar de manera estratégica uno o dos artículos de una revista en su escondite de lectura en la sala familiar no es una mala idea. Los jóvenes son naturalmente voyeristas.

O podría decir, casualmente, cuando disfrutan de un chocolate caliente: «Oye, ha pasado mucho tiempo desde que yo tuve catorce años. Pero hoy vi un artículo que me hizo preguntarme si era verdad. Decía que cuatro de cada diez chicas de octavo grado han tenido algún tipo de experiencia sexual. ¿Crees que eso es cierto o no?». Esta es una manera de propiciar la discusión si ella quiere recibir su opinión, pero no sabe cómo formular sus preguntas.

O puede adoptar el método directo. «Tengo que ser franca contigo. La última vez que hablamos, dijiste: "No te preocupes por mí. Estoy bien". Bueno, estoy preocupada. Te escuché hablar con tus amigas sobre las píldoras anticonceptivas. Como le preguntaste a ellas, creo que sería prudente para ti y para mí tener una discusión franca sobre las píldoras anticonceptivas. Sé que este no es un tema fácil de hablar para ti ni para mí. Pero ya eres lo suficientemente madura como para conversar al respecto».

Si ella interrumpe o dice que tiene que ir a otro lugar, usted debe ser firme. «Antes de que tú o yo vayamos a otro lugar, necesitamos tener esta conversación. Es muy importante como para evadirla».

A este principio lo llamo «B no sucede hasta que A se complete». Lo que es más importante nunca debe ser excluido por un suceso menor, incluido ir de compras con una amiga.

Así que continúe. «Estoy segura de que has escuchado mucha información sobre el embarazo y las píldoras anticonceptivas. Algo de eso es cierto. Y algo de eso es falso. Te mereces lo mejor de la vida, lo cual incluye conocer los hechos sobre planificación familiar. He estado en eso en varias ocasiones en mi vida y sé cómo es. Hay muchas formas de anticoncepción...». Y proceda a describir los diversos tipos.

Concluya con lo siguiente: «No sé todo sobre este tema. Si conoces otras cosas que no hemos tratado, me encantaría que me las contaras. Lo que sí sé es que te amo. Quiero responder las preguntas que puedas tener sobre estos temas. Si decides compartirlas conmigo, prometo no asustarme ni sacar conclusiones precipitadas.

»Este es un tema muy crucial para mí, porque me importas profundamente. Es fácil caer en emociones satisfactorias cuando le gustas a un chico. Pero si todos nos pasáramos la vida simplemente siguiendo nuestros sentimientos, estaríamos en problemas.

»El embarazo te va a cambiar la vida. Lo sé, porque quedé embarazada a los diecisiete años y el resultado fuiste tú. Nunca cambiaría el hecho de que estás en este planeta o que eres mi hija. Pero sabes que no ha sido fácil para ninguna de nosotras sin un papá. Tu papá también tenía diecisiete años y no estaba listo para ser padre.

»Nadie te ama más que yo. Y quiero que algún día tengas una relación maravillosa y amorosa con un chico que te proteja y permanezca contigo. Te lo mereces. Eso significa que no tienes que regalar nada, como tu virginidad ni incluso un beso, para ser amada».

Es posible que su hija se sienta nerviosa y avergonzada o simule que no la escuchó y que huya de la escena lo antes posible. Pero confíe en mí, ella la escuchó. Ella procesará todo lo que usted —la persona más importante para ella— le dijo... detrás de la puerta cerrada de su habitación.

También me aseguraría de agradecerle por escucharla y hacer un comentario de lo admirada que está sobre su madurez al hacerlo.

Como fue sincera, confirmó su amor por ella y no la sermoneó, sino que mantuvo abiertas las puertas de comunicación. Cuando esté lista para hablar, será mucho más probable que converse con usted para obtener todos los hechos. Y si hay un chico mayor con la mirada puesta en ella, tiene municiones adicionales para decirle que no a otra cosa que no sea su verbo adulador.

En el mundo de hoy, muchos jóvenes tienen su experiencia sexual a una edad temprana. Pero el hecho de que suceda a menudo no significa que sea bueno física o psicológicamente para las partes involucradas. Aquellos que afirman lo contrario nunca han experimentado la traición agonizante de una ruptura o el dolor y el miedo a una enfermedad de transmisión sexual.

Sobre este tema, manténgase firme, mamá. Hay mucho en juego para hacer lo contrario.

El airado solitario

P: Mi hijo tenía un buen grupo de amigos en la escuela primaria y en la secundaria. Aunque asistían a diferentes escuelas secundarias, todavía salían juntos los fines de semana de su primer año, principalmente creando nuevas canciones para la banda que practicaba, enérgicamente, en nuestro garaje.

Ese verano Ryan, el mejor amigo de Andrew desde hace mucho tiempo, se suicidó. Nadie vio venir eso, por lo que todos quedaron devastados. El grupo de amigos se separó. Andrew se enojó el primer día de clases y rompió la guitarra que solía tocar.

Desde entonces se ha vuelto solitario. Han pasado varios meses de su segundo año y no ha hecho nuevos amigos. Se ha vuelto reservado y retraído. A menudo se sienta en la oscuridad de su habitación.

¿Es esta su forma de superar la muerte de su amigo o se trata de algo más? ¿Cómo puedo yo saberlo? ¿Cómo puedo ayudarlo?

¿Cuándo debería intervenir y cuándo debería permitir que las cosas sigan su curso, para dejar que él resuelva sus sentimientos por sí mismo?

R: Su hijo tuvo un gran golpe en un momento volátil, así que no es de extrañar que se esté tambaleando. Perder a un mejor amigo es duro para cualquier adolescente. Había tenido el mismo grupo de amigos la mayor parte de su vida y, luego, todos toman caminos diferentes. Aunque eso es algo natural, sobre todo entre la escuela secundaria y la preparatoria, separarse de los amigos y tener que hacer otros nuevos no es fácil.

Sin embargo, la razón de la pérdida y el tipo de muerte de Ryan hacen que la pérdida sea aún más difícil de manejar. Andrew está pasando por las etapas del sufrimiento.

La primera etapa es la incredulidad: *¿Cómo podía pasarme esto a mí, a mi amigo? ¿Por qué haría algo así?* Es difícil para aquellos que no han tenido pensamientos suicidas comprender cómo estaría tan desanimado alguien y al límite de su entereza para no querer vivir más.

La segunda etapa es la culpa: *¿Por qué no lo vi venir, cuando era mi mejor amigo? ¿Podría haber hecho algo para detenerlo?*

La tercera etapa está constituida por la ira y la venganza: *¿Cómo pudo mi amigo hacerme esto? Lo detesto. ¡Qué injusta es la vida!* Fue entonces cuando Andrew destruyó su guitarra. Probablemente fue el vínculo que más le recordaba a su amigo, además de la banda y los momentos divertidos que habían pasado juntos.

La cuarta etapa es la retirada: *¿Por qué intentarlo? Nada resulta como yo quiero, de cualquier forma. Todos los que amo me dejarán de todos modos. Me rindo.* Andrew, sentado en la oscuridad y volviéndose reservado y retraído, muestra evidencia de esta etapa. Pero permítame señalar aquí que *todos* los adolescentes tienen sus momentos en que guardan sus secretos sin decirlos a sus padres y deciden retirarse cuando se sienten abrumados. También estallan si usted ingresa a su espacio sin invitación. Todo eso es el comportamiento hormonal normal de los adolescentes. Pero si observa un continuo desinterés por la vida, la comida, los amigos y las calificaciones (todos signos de una lucha psicológica), es hora de actuar.

Piense en lo difícil que es para nosotros como adultos comprender la devastación que causa el suicidio de alguien cercano a nosotros. Ahora piense en cuando usted era un adolescente: ese momento tumultuoso de cambios hormonales, agitación escolar, traiciones entre amigos, golpes a la autoestima, etc. ¿Ve por qué es aún más difícil para un adolescente lidiar con el suicidio de un amigo?

Por tanto, ¿qué debería usted hacer con Andrew? Es hora de intervenir con delicadeza, ya que su hijo muestra claramente signos de la tercera y la cuarta etapas del sufrimiento. Una cosa es estar enfadado. Otra cosa es atacar y destruir la propiedad, incluso si es la suya. Eso está fuera de los límites de lo que es apropiado para responder a una crisis en la vida. Pero no comience por hacerle hincapié en cuanto a la destrucción de su guitarra. Probablemente ya lo haya pensado al menos una o dos veces: *Ah, eso fue estúpido. Realmente me gustaba tocar la guitarra.* En vez de eso, comience diciendo: «¿Sabes, Andrew?, he estado reflexionando sobre algo por un tiempo y necesito hablar con alguien al respecto. Me pregunto si serías tan amable de prestarme atención unos minutos».

Cuando se acerque a él de esta manera no amenazante, pidiéndole ayuda, incluso es probable que el más retraído de los jóvenes no diga que no. Con sus palabras, está diciendo que lo respeta a él y a su pensamiento, y respeta su opinión lo suficiente como para pedirla. La mayoría de los adultos no les piden opiniones a los jóvenes. Los enseñan como si fueran niños de dos años que deberían aprender.

Cuando usted sabe que ha llamado su atención, le dice: «No puedo dejar de pensar en Ryan. Debe haber estado sufriendo mucho para quitarse la vida. Su muerte me parece tan insensata que no sé qué hacer con los sentimientos de tristeza que tengo. Sé que eras muy cercano a él. ¿Podrías ayudarme a procesar mis pensamientos y sentimientos sobre eso? Todavía no encuentro una respuesta, pero aún me siento deprimido, a pesar de que han pasado un par de meses. ¿Entiendes lo que sucedió?».

Una conversación tan amable los pondrá a Andrew y a usted en el mismo campo de juego «adulto» porque está invitando a su hijo a que lo ayude. El hecho es que Andrew tampoco tiene respuestas para lo que sucedió. Está tan anonadado como usted. Nunca antes había visto a un joven de quince años en un ataúd. Antes de eso, el *suicidio* era solo una palabra para él, algo que veía en las noticias.

Sin embargo, de repente, el suicidio se convirtió en una experiencia real, cercana y personal.

Cualquier conversación que tenga con respecto a la tragedia del suicidio en general, por lo tanto, es inútil. Tiene que ser personal. Tampoco es útil preocuparse por su hijo que está sentado en la oscuridad. Lo que sí es útil es involucrarlo en una conversación.

Andrew puede no estar listo para hablar en este momento. Si no es así, acéptelo. Dígale: «Es posible que tampoco tengas respuestas, pero —si ese es el caso— lo entiendo. Me ayudó el hecho de compartir mi tristeza contigo».

Si no está hablando en unos días o una semana, es posible que usted desee volver a tocar la conversación diciendo: «¿Sabes?, estaba pensando en nuestra conversación del jueves pasado. Gracias por escucharme. Eso fue realmente importante. Por difícil que sea hablar sobre el suicidio de Ryan, sinceramente me sentí mejor después de hablar contigo. Sé que era tu amigo y me importa lo que pienses. Compartir mis pensamientos me hizo sentir un poco más aliviado».

Ese es un anuncio comercial en su propia casa, el cual dice: *Oye, las cosas mejoran cuando podemos hablar de ellas y compartir la carga.* Si se acerca a Andrew de esa manera, él podría morder el anzuelo y seguir la conversación con más temas, pero a su manera. Con los adolescentes, el momento para hablar lo es todo.

Tenga en cuenta que no está diciendo: «Oye, chico, mejor comienza a hablar». Tampoco está exigiendo: «Quiero saber. ¿Qué crees que pasó? ¿Cómo te sientes al respecto? ¿Alguna vez has tenido ganas de acabar con tu vida?». Atacar a un adolescente con preguntas es la manera más rápida de callarlo.

Si Andrew no responde a varios intentos de conversación, espaciados durante un par de semanas, y continúa retrayéndose, es hora de buscar la ayuda de un profesional.

Hay algo que usted debe saber acerca de la ira. Cuando se torna hacia adentro, puede volverse peligrosa e incluso mortal. Toda persona que se quita la vida está airada. Ese enojo, no tratado, conduce a la última táctica de venganza: el suicidio. Si ve enojo en su hijo y él lo está mostrando con cosas como romper su guitarra, es un motivo de preocupación. Usted necesita prestar atención. Tanto los jóvenes como las chicas intentan suicidarse, pero es más probable que los jóvenes tengan éxito en esos intentos. Eso se debe a que a menudo eligen medios más fuertes y violentos, de los que no hay retorno; mientras que las chicas tienden más a tomar píldoras, lo cual puede rectificarse si se detecta a tiempo. Converse con su hijo hoy mismo si es posible. Si no habla, intente nuevamente en unos días. Si ese intento no funciona, busque una asesoría profesional de inmediato. No le gustará que lo lleven a la oficina de un psiquiatra pero, si lo hace, le mostrará con ello lo preocupado que está por su bienestar. Ese es al menos un punto de partida para abordar su sufrimiento.

¿Podría estar deprimida?

P: Rachel tiene casi dieciocho años de edad. Siempre ha sido artística y expresiva y se ha enfrentado bien a la vida. Sin embargo, el año pasado su tierno temperamento se ha vuelto explosivo. Su estado de ánimo sube y baja con frecuencia y llora de cinco a seis veces al día. A veces no se ducha por días. No responde las llamadas de sus amigas. Solo se sienta en su habitación. Cuando le pregunto por qué, solo me dice: «Mamá, no sé por qué. Solo me siento triste».

¿Podría estar deprimida? ¿Necesita medicina para la depresión?

Otras veces se comporta como si estuviera drogada con cafeína y no duerme durante un par de días.

¿Qué está pasando exactamente? ¿Necesita ayuda médica?

R: Una estudiante de último año de secundaria que llora de vez en cuando porque se siente triste es una respuesta normal y saludable. Sin embargo, llorar de cinco a seis veces al día no lo es. Los cambios frecuentes de ánimo, como los que está describiendo usted, tampoco son un comportamiento típico.

Un buen comienzo sería una visita a un ginecólogo que se ocupe de los desequilibrios hormonales. Las pruebas mostrarán si necesita ayuda con las oscilaciones hormonales, ya que podrían afectar en gran medida su condición física y su estado emocional. Si se requiere más asistencia, el médico también puede referirla a otros profesionales de confianza, como psicólogos o psiquiatras, para una evaluación adicional.

Como soy psicólogo, y no médico, no receto medicamentos. Lo que proporciono es consejería. En ciertos casos, remito a mis pacientes a psiquiatras, que son médicos, o se los envío de regreso a sus galenos de familia. En la mayoría de esas situaciones, observo que algo no anda bien con los clientes que acuden a verme. Hay falta de conexión, una actitud evasiva, un desinterés por la vida o cualquier cosa que les suceda. Algunos de esos jóvenes necesitan antidepresivos.

Sin embargo, los que refería eran raros y sabía que necesitaban más ayuda de la que mi consejería podría brindarles. Esos jóvenes casi siempre eran adolescentes mayores, personas del último año en la escuela secundaria o en sus primeros años de universidad. Por lo general, no fueron los propios estudiantes quienes llamaron para fijar la cita. Fueron sus padres quienes llamaron y me rogaron que me reuniera con ellos.

«Algo está mal», decía el padre. «Cuando le pregunto qué hizo después de la escuela, ella responde: "Nada". No está durmiendo bien. Tiene muchos cambios de humor. ¿Podría reunirse con ella?».

Ese es su rol en este momento, padre. Su hija necesita que usted sea su defensor.

La mayoría de las escuelas cuentan con profesionales bien capacitados para tratar esos asuntos. Ahora es el momento de consultarlos. Es posible que su hija no esté contenta de que haya hablado con otra persona sobre ella, pero su bienestar está en juego. A veces, la ayuda es aceptada más fácilmente si viene por parte de un tercero. Así que hable con los profesionales. Programe algunas citas con un ginecólogo y un consejero. Deje que le ayuden con los siguientes pasos a dar.

Si hay algún inicio de alguna enfermedad mental en la vida de un joven, con frecuencia se desarrollará en los últimos años de la adolescencia: dieciocho, diecinueve, incluso principios de los veinte años. Eso golpea al grupo de edad universitaria. ¿Por qué estos años son el objetivo? Mucho sobre las enfermedades mentales sigue siendo un misterio, pero sabemos que el inicio de la esquizofrenia y la depresión maníaca comienzan en ese momento debido a la composición psicológica y el desarrollo de los seres humanos. Un joven todavía puede estar deprimido antes de ese momento, pero las enfermedades mentales más graves comienzan en esas edades. El cerebro masculino, por ejemplo, no está completamente desarrollado hasta aproximadamente los veinticinco años de edad.

Los cambios abruptos que está viendo en su hija son una alarma de aviso. Necesita ayuda para lo que sea que le esté sucediendo, y en su estado no es probable que la busque ella misma. Ella necesita que usted intervenga. Sus clases en la escuela no son tan importantes como su bienestar.

Tome la iniciativa ahora. El riesgo es alto. Todo lo que pase por el bien de su hija bien vale la pena.

Escándalo por sexting (mensajes con contenido sexual)

P: Estoy furiosa y mi hija de dieciséis años está sufriendo mucho. Ella hizo algo ciertamente estúpido: se tomó una foto sin camisa y se la envió a su novio, que se la pidió. Pero entonces él se la envió por mensaje de texto colectivo a sus amigos. Me enteré cuando un maestro la vio y me llamó como progenitora de la causante de la foto.

Estoy conmocionada. No puedo creer que ella haya hecho eso, en primer lugar. Y me enoja que su novio pasara algo tan privado a otras personas. Mi hija está tan avergonzada que dice que nunca volverá a ir a la escuela. ¿Qué hacer?

R: Sin duda, su hija está devastada y con razón. Hizo algo estúpido y ahora está pagando las consecuencias con mucha vergüenza en un mundo adolescente de caníbales.

¿Qué puede hacer usted? Bueno, no puede retroceder el tiempo ni cambiar la situación. Esa imagen, aun cuando exija su eliminación, está disponible para toda la eternidad en la web o en las fotos guardadas de alguien. Tampoco puede cambiar el hecho de que su novio es un tipo cargado de hormonas que compartió la imagen para aumentar su ventaja competitiva con la población masculina.

Entonces, ¿por dónde empieza? Tiene sentido comenzar con su hija, la creadora del acto. Si ella no se hubiera tomado la foto, no estaría circulando, ¿verdad?

Puede pensar que lo que voy a decir a continuación es un poco cruel, pero tenga paciencia conmigo. Después de recuperar el aliento y calmar su propio enojo, debe tener una conversación sincera con su hija. «En el pasado, siempre usaste el buen juicio. Sin embargo, en esta situación, estoy decepcionada por la falta de él. Cómo pensaste que tomarte una foto así estaría bien en primer lugar, eso está más allá de mi razonamiento. Incluso si tu novio te la pidió, eso no significa que debías dársela».

Sí, sus palabras dolerán. Su hija ya sabe que usted está decepcionada de ella, y los jóvenes detestan que sus padres se decepcionen de ellos. Las lágrimas probablemente fluirán ahora si no ocurrió anteriormente, pero anímese, padre. Nadie dijo que ser padre es fácil. Para proteger a esa hija suya del trauma futuro, sus palabras y sus acciones en este caso son cruciales. Su hija ya aprendió una gran lección de la manera más dura en la cultura actual impulsada por las redes sociales. Su tarea no es restregárselo en la nariz sino traer una pizca de realidad que afecte lo que ella haga a partir de ahora.

Agregue: «Sé que tomarte esa foto y enviarla probablemente fue algo impulsivo. Todos hemos hecho ese tipo de cosas estúpidas. Pero algunas, como esta, tienen mayores consecuencias con las que tendrás que vivir. Hemos tratado de educarte con valores y moral. Pero en este momento me pregunto cuáles son tus propios valores, tu moral y tus pautas».

Si es como la mayoría de los jóvenes, realmente no ha pensado en adoptar moral, valores ni pautas para sí misma, aparte de aquellos con los que la has criado que permanecen en su cabeza. Probablemente se deje llevar por el viento.

Tomarse esa foto, en primer lugar, y luego enviarla son ejemplos de que ella está siguiendo sus sentimientos más que pensar primero en la situación. En el peligroso mundo de hoy, ahora es el momento de manejar el barco que va en la dirección equivocada antes de que se encuentre con un iceberg y se hunda.

Puede utilizar esta situación como una lección para abordar los siguientes temas:

- «¿Qué información es privada y no debe divulgarse?». (Por ejemplo, su nombre completo, su número de seguro social, horario, teléfono, correo electrónico, domicilio, nombre de la escuela).
- «¿Qué es bueno y qué no es bueno publicar en las redes sociales?». Hay ventajas y peligros en las redes sociales. Una vez que una foto o declaración está en Internet de alguna manera, se puede acceder hasta varios años después. No es realmente eliminable. Una persona que mira su solicitud universitaria o una hoja de vida para su primer trabajo puede acceder a esa imagen inapropiada. En la sociedad de hoy, feliz de demandar, es fundamental pensar antes de enviar un mensaje de texto.
- «¿Cuáles son sus estándares para salir con algún joven? ¿Qué busca o cree que debería aguantar o no tolerar?».
- «¿Qué tipo de comportamiento sexual está bien entablar con los jóvenes?. Muchos jóvenes tienen sexo en la primera cita. ¿Cree que realmente debe ser así con cualquier joven?».

Entonces usted también debe abordar su realidad siempre presente. Es fácil entender por qué no quiere volver a la escuela. Pero, de nuevo, para que esta lección de vida se mantenga y la haga pensar con más cuidado en sus decisiones futuras, exponga los hechos con amabilidad, pero con firmeza.

«Entiendo perfectamente por qué no quieres volver a esa escuela. Yo, en tu posición, tampoco quisiera que me vieran la cara por ese lugar. Pero, sinceramente, no hay muchas otras opciones donde vivimos. No podemos pagar una escuela privada. ¿Pero sabes qué? Eres una chica fuerte. Has mostrado evidencia de eso toda tu vida. ¿Recuerdas cuando... *[cuente acerca de un momento en que su hija se mantuvo firme cuando los tiempos eran difíciles]*? Ah, eso me mostró que puedes superar cualquier cosa. Así que aquí este es el trato. Continuarás en esa escuela».

Es probable que comience a protestar.

Agregue: «Pero tú y yo vamos a trabajar en algunas respuestas que puedes dar cuando la gente te diga cosas. Por ejemplo, si alguien se refiere a esa imagen, tú respondes con la cabeza en alto. "Ah, habla de ser tonta. No había nadie más tonta que yo. Eso nunca volverá a suceder, nunca". Esa es una afirmación positiva que simplemente dice: "Lección aprendida". La vida sigue adelante. No actúes deprimida ni avergonzada. Eres lo suficientemente inteligente como para no dejar que nadie saque lo peor de ti. Si admites que hiciste algo tonto, los jóvenes que quieren mantener la imagen sobre tu cabeza no tendrán el poder para tratar de hacerte sentir miserable. Espera unos días mientras haces eso y, pronto, el pelotón pasará a otra desafortunada víctima».

Al hacer eso, su hija admite su error, se eleva por encima de él y se compromete a actuar de manera diferente en el futuro.

Ahora, ¿qué hay con aquel novio? Puedo ver su rostro arder de rabia cuando menciono al joven. Después de eso, ya no es probable que los dos sean pareja. Una traición como esa y los brillantes ojos de su hija se atenúan. (Si no, necesita otra conversación sobre lo que debería soportar en una relación y qué buscar en un hombre). Ese joven debe ser enfrentado en una reunión con el director de la escuela y los padres de ambos en el salón. Usted no necesita presentar acusaciones ni causar más alboroto: los jóvenes harán cosas estúpidas. Pero ese chico necesita sentir el aguijón de sus acciones para no volver a hacerlo con otra desventurada joven.

También debe asegurarte de que la foto se elimine del teléfono de su hija y del de su novio. El problema es que, si el chico tenía un círculo cercano de veinte hombres que siempre se enviaban mensajes de texto y era algo colectivo, ahora veinte de sus amigos también tienen la foto. Entonces, haga lo que pueda a través de la escuela para rastrear e insistir en que también se elimine de todos sus dispositivos.

Existe la posibilidad de que la foto pueda volver a aparecer en algún momento en el futuro de su hija. Las fotos electrónicas viajan a la velocidad de la luz, especialmente fotos como esa con chicos adolescentes. La mayoría de los chicos la difunden como si no le preocupara a nadie, hasta descargarla y hacer copias de ella. Así que actúe rápidamente para sofocar cualquier distribución adicional de la imagen.

Luego tiene que calmarse y dejar que la vida vuelva a la normalidad. Lo crea o no, lo hará. Esperemos que su hija ahora sea mucho más sabia con las redes sociales... y con el nivel de madurez de su próximo novio potencial.

Ella me aborrece y quiere vivir con su papá

P: Acabo de salir, finalmente, de un divorcio muy complicado. Mi esposo gritaba mucho y nos hizo la vida intensa a los niños y a mí. Todos comenzamos a mostrar signos de estrés. Por ejemplo, uno de mis hijos que había sido entrenado para ir al baño durante un año comenzó a mojar la cama nuevamente. Cuando él me abofeteó una vez en medio de una pelea, decidí que era hora de irme. Mi prioridad número uno era proteger a mis hijos y darles la mejor vida posible, lo que implica su seguridad física y emocional primero.

Según el tribunal, compartimos la custodia, pero mi ex decidió que quería a los niños solo en los veranos. Cuando llegó el primer verano, tenía una novia viviendo con él. Entonces dijo que ella no quería niños bajo su techo, así que tomó una salida fácil. Me alegré de que los niños pudieran quedarse conmigo, en un ambiente más estable.

Mis tres hijos menores (ahora de tres, cuatro y cinco) no mencionan a su papá en absoluto. Ni siquiera estoy segura de que lo recuerden. Pero mi hija de once años apenas me habla. Está muy enojada. Ella dice que el divorcio es culpa mía totalmente y me odia. Ella quiere irse a vivir con su papá. Eso, realmente, me duele y no lo entiendo. ¿Me daría usted alguna perspectiva?

R: Todas las partes involucradas en un divorcio salen lastimadas, en particular los niños. Los papás son lo más grande en la vida de una hija, por lo que no sorprende que ella diga lo que está afirmando. Ella está sufriendo la «hambruna de papá». A diferencia de los otros niños, ella recuerda que él estaba en su casa. Debido a que anhela que él esté en casa, es probable que haya creado un mundo de fantasía en su mente. Ella recuerda las buenas experiencias, cuando su papá la lanzaba al aire, la atrapaba y se reía con ella, por ejemplo, y ha construido un mundo imaginario alrededor de eso.

Qué buenas serían las cosas, piensa, *si mamá y papá volvieran a estar juntos, y todos viviéramos felices para siempre.*

Usted es el problema, cree ella. Usted rompió con su papá. Podría recuperarlo si quisiera, pero no lo intentará. Todo es culpa de usted.

Intentar combatir el pensamiento de su hija no la llevará a ninguna parte. Ella, simplemente, trabajará más duro para convertir a ese ex esposo suyo en el padre del año. Argumentar que él hace esto y aquello no hará mella en su decidida psiquis para que su padre vuelva a su vida de alguna manera. Usted tampoco puede cambiar el documento legal que dice que él tiene derecho de ver a sus hijos.

Su hija podría estar lanzándole un «Te odio y quiero ir a vivir con papá» como un medio para controlar su enojo. También podría sentirse mal porque papá está solo, sin ninguno de su familia original, mientras que usted tiene a los cuatro hijos. Ella puede estar, de una manera extraña pero predecible, tratando de nivelar las cosas.

O puede estar usándola a usted y a su ex, uno contra el otro, para ganar simpatía u otra cosa que quiera.

Cualesquiera sean sus motivos, en este momento es imposible para su hija psicológicamente apreciar lo que usted ha pasado para mantener a su familia intacta. Pero al menos, usted puede iniciar una conversación. Algunos fragmentos pueden unirse para que ella pueda reflexionar.

«Sé que has expresado un par de veces que estás disgustada conmigo y que quieres vivir con tu padre». Sé que este divorcio no ha sido fácil para ti ni para ninguno de nosotros. Sin embargo, el hecho de que quieras vivir con tu padre me preocupa por un par de razones. Primero, he dedicado mucho tiempo y esfuerzo para mantenerlos a ti y a tus hermanos juntos, porque creo que es una buena idea. Segundo, los gritos de papá pueden descontrolarse cuando se estresa. Eso me preocupa porque no quiero que seas tratada de esa manera».

Permítame aclarar un punto importante aquí, mamá. Es fundamental que comprenda esto antes de decidir sus próximos pasos. Gritar de vez en cuando es diferente de ser verbalmente abusivo. Todos somos humanos. Nos enojamos y molestamos a veces. Pero perder los estribos ocasionalmente y gritar porque estamos estresados difiere mucho del patrón de denigrar a otros con palabras. Aquellos que abusan de esa manera se sienten mal consigo mismos, por lo que menosprecian a los demás para tratar de sentirse mejor. Es un círculo vicioso que perjudica a ambas partes.

Si su ex es abusivo verbalmente, no puede permitir nunca que su hija de once años tome la decisión de ir a vivir donde quiera. Su respuesta debe ser firme. «Vivir con tu papá todo el tiempo no es una opción. Sin embargo, si quieres verlo, puedes llamarlo y acordar un momento para reunirse». Si rechazó la opción del verano y tiene una nueva novia, es probable que ni siquiera encuentre un momento para estar juntos. Su problema se resuelve sin que tenga que pronunciar una palabra.

No obstante, si su ex simplemente pierde los estribos a veces y lleva una vida diferente a la suya, dele a su hija la oportunidad de vivir con él. «Si realmente quieres vivir con tu papá, llámalo y díselo. Mira a ver qué te dice. Si él está de acuerdo, entonces irías a vivir allá por un año. Al final de ese año, tendrías la oportunidad de cambiar de opción. Pero no podrías ir por unas semanas o un mes y luego volver a casa. Si vas, te quedarás ahí todo el año escolar».

Lo peor para los estudiantes de secundaria es saltar de un lado a otro, de casa en casa como una pelota de ping-pong servida de una cancha a otra. Ellos necesitan congruencia y no lo conseguirán cuando pasen la mayor parte del tiempo en el aire entre diferentes ubicaciones. Ella también necesita saber, a los once años, que sus decisiones son importantes. El hecho de que cambie de parecer no significa que otros se adaptarán a lo que ella quiera. De lo contrario, usted creará una adolescente que piense que puede mover su meñique como quiera y lograr que otros le complazcan todos sus deseos.

Digamos que ella llama a su papá. Con el historial de él, es probable que tartamudee y le diga, sorprendido, «lo pensaré»; y posponga la decisión, esperando que ella cambie de opinión. Cuando él termine diciendo que no, ella será aplastada y herida, pero no es culpa de usted que su padre la rechace. La realidad habló y arregló su pensamiento. Ahora necesita una buena dosis de amor de mami en forma de abrazo.

Usted, mamá, es su hogar estable. En esta situación, usted debe ser paciente. Deje pasar el tiempo y su hija probablemente verá los verdaderos colores de su padre, o tal vez no. Aunque usted sea la madre del año, es posible que ella defienda a su padre por todo tipo de razones. Ella podría sentir lástima por él, creer que él es el padre más débil o preocuparse porque esté solo. Puede que haya sido un padre y un esposo terrible, pero seguirá siendo el padre de su hija. Usted no puede controlar lo que hace o lo que sucede en la casa de él, pero puede ejercer una influencia significativa sobre lo que sucede en la de usted.

Atrapado haciendo trampa

P: Mi hijo mayor fue atrapado haciendo trampa en un examen importante hace un par de semanas. Su escuela secundaria privada es muy exigente con asuntos como ese, por lo que lo suspendieron de inmediato. Todo empeoró cuando descubrieron que estaba involucrado un grupo de estudiantes. Así que le dieron un ultimátum a Carter: «Dinos quién más está involucrado y te disciplinaremos, pero no te expulsaremos. Si no nos lo dices, te expulsaremos».

Estamos conmocionados. ¿Por qué nuestro estudiante de calificaciones A engañaría y sería parte de un esquema engañoso organizado? Aun más, se niega a decir quién más está involucrado o quién lo inició. Estamos pasmados. ¿Por qué dar su lealtad a un grupo de estudiantes de secundaria ante la posibilidad de que lo expulsen? Sé que está herido y avergonzado, pero su decisión en este momento puede marcar la diferencia en sus opciones universitarias.

Sabemos lo que haríamos, pero ¿cómo podemos obligarlo a tomar la decisión correcta si no quiere hablar? Peor aún, sucedió casi al final de su tercer año, cuando estaba empezando a pensar a qué universidades se postularía. Queda un mes de escuela. ¿Deberíamos tratar de detener a la administración hasta que sea verano, para ver si cambian de opinión o por si nuestro hijo decidiera decir quién está implicado?

R: En primer lugar, usted no puede obligar a ningún joven a hablar cuando no quiere hacerlo, así que abandone esa idea ahora mismo. De hecho, cuanto más intente alentar a su hijo a hablar, más fuerte cerrará la boca simplemente para molestarlo. Además, su escuela secundaria privada está en lo cierto al ser «exigente» con lo de la trampa. Hacer trampa es algo muy en boga en las escuelas. Es mejor aprender la lección sobre la honestidad y la integridad más temprano que tarde en la vida. Bien por las escuelas que mantienen a sus alumnos con altos estándares.

Déjeme hacerle una pregunta: ¿de quién es este problema realmente, suyo o de su hijo? Claro, está avergonzada. Pero, ¿quién es el único individuo que se verá más afectado por esto en el futuro? Su hijo. Si continúa tratando de resolver este problema por él, él no aprenderá nada, y peores cosas le sucederán en el futuro porque salió libre de esta.

Carter está a punto de aprender una gran lección en la vida... a la manera difícil. Aunque luce noble no ser el soplón de la escuela secundaria, está cometiendo un grave error. Otros jóvenes que participaron con él en el engaño irán a las universidades de su elección y harán lo que quieran. Él no podrá hacer eso, porque será expulsado. El cambio en las escuelas y el motivo se exhibirá en sus récords permanentes, los cuales serán vistos por todos los administradores universitarios. ¿Cree usted que un equipo de fútbol querría seleccionarlo entonces? ¿O una escuela de medicina? ¿O una universidad de negocios? Su hijo está cambiando lo que él piensa que es popularidad, muy fugaz en los círculos de la escuela secundaria, por su futuro.

¿Qué debería hacer usted? Mantenerse al margen. Si él no habla, usted no puede ayudarlo. Deje que las realidades de la situación hablen a través de las consecuencias naturales:

1. Si no habla, lo expulsan.

2. Tendrá que recuperar el último mes de trabajo del curso en la escuela de verano en algún lugar.

3. En el otoño, tendrá que transferirse a otra escuela secundaria para cursar su último año y su historial de que fue descalificado académicamente por hacer trampa lo seguirá.

4. Ese récord se enviará a los colegios o universidades a las que se postule y generará muchos rechazos. Sus opciones para elegir podrían ser extraordinariamente limitadas... o inexistentes.

Al principio, Carter podría pensar que evadir el último mes de clases no es tan malo. Sin embargo, silbará una melodía diferente cuando descubra que tendrá que hacer que el curso le funcione en otro lugar y que, probablemente, le llevará mucho más tiempo. Más aun cuando usted le dice: «Bueno, dado que la escuela no es parte de la ecuación ahora, esperamos que consigas un trabajo para este mes y durante el verano». Entonces, ¿cuál es tu plan de acción?».

Cuando hable de las universidades a las que va a postularse, usted responde: «Bueno, buena suerte con eso», y se ocupa de sus asuntos.

Padre, si no mantiene la pelota en la cancha de su hijo ahora, cometerá un error fatal. Le enseñará que sus acciones no importan porque usted siempre lo rescatará. Al contrario, debe sentir el dolor de su error de juicio. Un error no significa que la vida haya terminado, pero ciertamente puede cambiar el juego de pelota.

Ese hijo suyo puede terminar trabajando por un año o dos y descubrir qué tan difícil es realmente ganarse la vida, o puede ir a un colegio comunitario por un par de años y tener que trabajar duro para disipar su trampa con el objeto de que pueda ser aceptado por una universidad.

Si usted permite que la realidad hable, no tiene que darle un sermón. Su presión arterial no subirá. No tiene que convertirse en el chico indisciplinado que es su hijo. Su casa no se convierte en una zona de guerra. Y Carter aprende, a través de las consecuencias naturales, cuán importante es realmente la honestidad y la integridad.

Antes de terminar este tema, no quiero dejar de abordar un elemento crucial. Solo esto, en particular, *¿por qué* hizo trampa su hijo, que ha tenido clasificaciones A? ¿Es porque no pudo decir no a la presión de grupo? ¿Porque ser parte de cierto grupo era más importante que los valores básicos que le enseñó usted en casa? Es probable que eso haya sido un factor.

Si es así, es un adolescente normal. ¿O fue porque tenía miedo a fallar? ¿Porque temía no poder cumplir con las expectativas de usted en esa prueba, en particular?

Los primogénitos son perfeccionistas, tienen altas expectativas consigo mismos. También sienten el pesado manto de las expectativas familiares: su hijo fue su conejillo de indias en la crianza de los hijos, por lo que —como resultado— acumuló más presiones sobre él. Si no lo cree, piense por un minuto en lo que su bebé de la familia evade con respecto a su primogénito. ¿He dicho suficiente?

Los primogénitos sienten naturalmente el aguijón de la crítica de los padres porque están preparados para tener éxito. Eso significa que también sienten una profunda preocupación por el fracaso. Carter pudo haber hecho trampa porque temía al fracaso… y posteriormente decepcionarle a usted. Si alguno de ustedes, mamá o papá, tiende a criticarlo, es hora de confrontar sus propias expectativas con una verificación de la realidad, especialmente ahora que la situación ha cambiado. Es posible que no le guste lo que ha hecho su hijo, y no es su papel rescatarlo, pero aún necesita sentir su amor y su apoyo incondicionales. Parte de eso es tener una conversación franca en un momento oportuno sobre por qué eligió hacer trampa.

Antes de hacer eso, vea de manera objetiva en el espejo las respuestas a su hijo. ¿Es exagerado en sus expectativas como padre? Si es así, ahora es el momento de admitirlo y trabajar juntos para encontrar soluciones.

Hijastra afligida

P: Este es el primer matrimonio para mí, pero el segundo para mi esposo. Su primera esposa, una buena amiga mía, falleció cuando Jessi tenía diez años y Corey tenía cuatro. Me siento muy afortunada por haber sido primero su amada «tía» que pasó mucho tiempo con ellos, y ahora —dos años después— su nueva «mamá».

Los niños y yo siempre hemos tenido una buena relación, pero puedo sentir que Jessi se ha alejado un poco de mí desde que Jeff y yo nos casamos. No puedo entender cómo cambió nuestra relación, pero supongo que podría ser porque ahora estoy en el papel de madre —en lugar del de tía— con la que podría reírse y divertirse.

Ella sigue siendo una niña muy tierna, amable conmigo y protectora de su hermano pequeño. Pero al escucharla llorar un par de veces en su habitación, eché un vistazo y la vi sosteniendo la foto de su madre. No sé si tratar de consolarla o dejarla sola. Nunca puedo reemplazar a mi amiga ni a la madre que ama, pero quiero estar presente con ella.

Cuándo se sienta afligida, ¿cómo puedo ayudarla? Además, extraño a mi amiga especial.

R: Felicitaciones, porque ya entiende que no puede reemplazar a la madre de Jessi. Aun mejor, la conocía bien y amaba a la persona que ella también extraña. El hecho de que Jessi todavía sea tierna y amable con usted demuestra que las dos tienen una buena y sólida relación invertida en años de confianza.

Simplemente usted necesita superar ese pequeño bache en el camino. Y debido a la naturaleza del dolor, no se sorprenda si se golpea con algunos de estos baches más adelante.

Cuando alguien muere, los seres queridos a menudo lidian con su dolor dejando de hablar de la persona fallecida por temor a hacer llorar a alguien de la familia. Pero llorar es realmente bueno. Reprimir esa tristeza no es bueno para ninguna de las dos. Compartir recuerdos (tristes, felices, triviales) es de vital importancia para sanar.

La próxima vez que Jessi esté llorando en su habitación, yo haría lo siguiente. Tocaría suavemente la puerta y diría: «Oye, ¿puedo pasar un minuto?». Luego siéntese en el borde de su cama, ponga su brazo alrededor de ella y diga algo obvio. «Extrañas a tu madre, ¿verdad? Oh, todos la extrañamos».

En ese punto, Jessi probablemente se derrumbará y llorará. Sostenga a esa niña más fuerte. «Oh, Jessi, si necesitas llorar, está bien. Sé que extrañas a tu madre. Ella sabe que la extrañas». Hacer esa conexión es muy importante para un niño. Luego agregue: «Me alegra que te encante mirar sus fotos. A mí también me gusta». Señale la foto y diga: «Recuerdas cuando ella…» y cuente un tierno recuerdo de su amiga fallecida, cuánto significaba para usted y cuánto amaba a sus hijos.

«A veces también me pongo llorar, la extraño», le dice usted a Jessi. «Así que, ¿podemos hacer un trato? La próxima vez que estés triste y sientas que quieres a alguien contigo, ve a buscarme y toma mi mano. Lo mismo haré cuando te necesite. Podemos hablar sobre lo que quieras. Las dos juntas podemos recordar a tu madre. ¿Te parece bien?».

Al responder de esa manera, la está invitando a llorar con usted y a contar historias que pueden hacer que ambas sollocen, pero que pueden provocar risas y un vínculo más cercano. Tampoco está ignorando el conflicto ni dejándolo a un lado.

«Ser franco y objetivo es extremadamente importante», me dijo Lisa Beamer cuando nos conocimos en un evento publicitario. Como viuda del héroe del 11 de septiembre, Todd Beamer, tenía dos hijos pequeños y un bebé en camino cuando recibió la noticia de la muerte de su esposo. «No quería que olvidaran a su papá ni cuánto los amaba». Debido a que sus hijos eran muy pequeños, ella hizo todo lo posible por mantener las fotos familiares colgadas por la casa a la altura de los ojos de los niños. Ella quería que ellos las agarraran y vieran a su papá.

Mantener esparcidas por la casa las fotos de los niños con su madre y de usted con su amiga es una gran idea. Tómelas de vez en cuando, sonría y cuénteles una historia. «Recuerdo cuando se tomó esta foto. Éramos…».

El dolor compartido es mucho más liviano.

Abuso sexual en la familia

P: Me sentí devastada hace poco al descubrir que mi cuñado abusó sexualmente de mi hija de ocho años cuando ella estaba en su casa, en una fiesta de pijamas con su prima (que acababa de descubrir también que ha sido violada sexualmente por él). Mi hermana sabía que su segundo esposo «tenía un problema», pero lo ocultó pensando que era «solo» algo de una única vez. Ella dice que no quería arruinar su segundo matrimonio ni sus ingresos financieros debido a un solo incidente. No quiero arruinarle la vida a mi hermana, pero la seguridad de mi hija es primero.

Me enfurece vilmente, no hay otra forma de decirlo, que mi hija inocente haya tenido que experimentar tal trauma en un lugar que pensamos que era seguro. Ahora está muy temerosa y llora mucho. Se despierta gritando en la noche. Corremos y la encontramos acurrucada bajo las sábanas, abrazándose las rodillas.

Debido a que es familia, ¿cómo lidiamos con esta situación? Mi esposo es muy protector y quiere demandarlo legalmente, así como cortar toda relación con mi hermana y mi cuñado. De ninguna manera queremos que nuestra hija vuelva a tener contacto con él, pero ¿qué es lo correcto?

R: Por desdicha, la mayoría de los abusos sexuales ocurren dentro de la familia, el lugar donde los niños deben ser más amados y protegidos. Déjeme ser claro. Es un *crimen*, no un evento aislado. Ni siquiera piense en excusar a su hermana, que tiene sus propios problemas por permitir que un comportamiento tan aberrante continúe bajo su techo y hasta justificarlo.

Su esposo tiene razón. Tiene que ser dura, fuerte y seguir la ruta legal. Eso significa contactar a la policía y alejar a ese hombre de cualquier contacto físico con su hija. Al dar esos pasos, le está diciendo a su hija que le cree, que la respalda y que su seguridad es lo más importante.

Nada es peor que el abuso infantil, en mi opinión. Los padres deben tomar todas las medidas legales que puedan, aunque el perpetrador sea un miembro de la familia. Su hija solo tiene ocho años. Ella ya está mostrando signos psicológicos de que ha sido profundamente herida por el trauma. Así que necesita hablar sobre lo que sucedió no solo con ustedes —mamá y papá— sino con un profesional de confianza que pueda guiarlos a todos a través de las etapas de recuperación. Necesitará apoyo ahora y en el futuro en la adolescencia, cuando comience a desarrollarse físicamente.

Es importante reunirse con un profesional experto en el trato con niños que son víctimas de abuso sexual. Hay muchos tipos de abuso sexual que deben abordarse consecuentemente. El abuso sexual puede variar desde un toque inapropiado hasta el forzamiento del pequeño a practicar sexo oral o penetración real. A su edad, es posible que su hija ni siquiera sepa cómo describir exactamente lo que le sucedió, o puede optar por bloquearlo.

Usted se ha casado con un hombre inteligente, así que apóyelo en todas sus acciones para llevar al perpetrador ante la justicia. Si no quiere implicar a su hermana, le está haciendo a ella y a todos los miembros de su familia, incluida esa pequeña prima, un terrible servicio. Su hermana también necesita una asesoría psicológica.

Esa situación podría arruinar su relación como hermanas. Pero también la obliga a aceptar la realidad de lo que está sucediendo en el hogar de ella y a abordar los problemas personales que le permiten excusar ese tipo de comportamiento, brindándole la oportunidad de proteger a su propia hija en el futuro.

Debido a que existe una alta probabilidad de que los abusadores sexuales estén dentro de la familia (padres, abuelos, tíos, tías o primos), es aconsejable enseñar incluso a los niños muy pequeños que las áreas íntimas de su cuerpo deben mantenerse en privado y no ser tocadas por nadie excepto por un doctor en una visita por salud. Una manera fácil, que es sensata aun para los niños más pequeños, es establecer lo sagrado que está tras la «línea del traje de baño». Es una fórmula simple: nadie debe tocar nada que deba estar cubierto por un traje de baño.

Manténgase firme en esto. Sé que va a ser difícil, especialmente porque otros miembros de la familia pueden no entender y pensar que usted está siendo demasiado dura con el esposo de su hermana. Pero su prioridad parental es proporcionar seguridad a su hija. Las reuniones familiares pueden continuar sin usted si es condenada al ostracismo por hacer lo correcto. Esos son pequeños sacrificios a la luz de la confianza que está creando con su hija y que durará toda su vida.

Mi ex nunca está presente

P: Detesto ver la expresión decepcionada de mi hijo cada vez que mi ex no se presenta a una actividad. Quiere sentarse afuera de la puerta de nuestro apartamento a esperar a su papá. La última vez estuvo sentado ahí durante dos horas con su guante de béisbol para recibir al señor «No Aparezco». Me rompió el corazón.

Ya es bastante difícil para el niño que nuestra familia se separara y tuvimos que mudarnos de nuestra casa y nuestro vecindario, pero mi ex lo está empeorando. Me he quedado sin excusas para su comportamiento irresponsable. Callum solo tiene siete años de edad, pero sé que se siente rechazado por su papá.

Nuestro acuerdo judicial insiste en que mi ex tiene derechos de visita, pero rara vez cumple sus promesas. No puedo hacer que aparezca. Por tanto, ¿qué puedo decir y hacer para sanar el dolor que hay en el corazón de mi hijo? No puedo convertirme en su padre también.

R: Usted tiene razón. No puede hacer que su ex aparezca. Es hora de dejar de poner excusas para un tipo que no es confiable. Cuando su hijo se siente ahí con ese guante de béisbol en la mano y su ex no aparece, es probable que las lágrimas empiecen a rodar por sus mejillas. O, si ya sucedió lo suficiente, su hijo podría airarse.

Cuando Callum pregunte: «¿Dónde está él, mamá? ¿Por qué no viene?», no le dé ninguna excusa. No diga: «Bueno, tal vez surgió algo». Si lo hace, simplemente está habilitando el mal comportamiento de su ex. Al contrario, sea honesta, pero sin veneno (lo cual es particularmente difícil cuando ve cuánto le duele a su hijo).

Una respuesta sincera sería: «No tengo idea. ¿Por qué no lo llamas y te enteras?».

No haga la llamada *usted*. Después de todo, usted es la ex. Haga que su hijo llame. Si su ex escucha el llanto de su hijo o su enojo, eso puede lograr lo que usted nunca pudo: darle una buena dosis de culpa. Además, su ex tendrá que explicarle a Callum por qué no está ahí. Las excusas poco convincentes no serán válidas para un niño de siete años.

Si su hijo no puede comunicarse con su ex, dígale: «Bueno, la próxima vez que lo veas puedes preguntarle».

Por tanto, cambiar el entorno ayudará. «Ya que él no está aquí, ¿por qué tú y yo no hacemos otra cosa?». Tóquele el hombro a su hijo o tome su mano. «Qué tal si nosotros... [haga una sugerencia]? ¿O tienes otra idea de algo divertido que te gustaría hacer? Soy toda oídos».

Pueden jugar Frisbee en un parque local u hornear galletas con chispas de chocolate juntos (está bien si provienen de un tubo que esté en su refrigerador; no tiene que ser una panadera experto para producir aromas tentadores en su cocina). Simplemente haga algo que sepa que Callum disfruta.

En otras palabras, cambie los giros de la experiencia negativa. No ceda ante la tentación de hablar mal de su ex. Si habla mal de su papá, su hijo lo convertirá en el padre del año en su imaginación. Es la forma en que funciona la psiquis de los chicos en situaciones de una familia divorciada.

Su hijo descubrirá por sí mismo que su ex no es confiable, pero puede contar con usted. Hacer frente a la situación y provocar un recuerdo positivo que ustedes dos puedan compartir ayuda a consolidar su cercanía como madre e hijo. Es probable que Callum no pueda contar con su padre, pero mamá está ahí, sólida como una roca y sin moverse de su vida. Ese tipo de conocimiento crea seguridad en un mundo que pensó que originalmente era seguro pero que se volvió confuso con su divorcio.

También tiene razón en que usted no puede ser su padre. No debería intentar serlo. No puede reemplazar a su papá en su vida. Su hijo se resentirá por intentarlo, lo cual será incómodo para ambos. Así que no sea la que intente jugar béisbol con él, lo que normalmente haría su papá.

Al contrario, encuentre modelos positivos a seguir —su hermano, su padre, un amigo cercano de la familia— que puedan hacer cosas de «hombres» con su hijo. Además, muestre respeto por el hecho de que es un niño. Solicite su ayuda de vez en cuando y verá cómo sus minúsculos músculos se flexionan con orgullo masculino.

Sin embargo, lo que Callum más necesita de usted en este momento es que sea exactamente lo que es: su madre. Concentre su energía en eso y esfuércese por ser la madre más congruente, amorosa y comunicativa que pueda. Si lo hace, tendrá un hijo que ame a su mamá aun cuando haya crecido y esté fuera del nido.

Embarazada a los quince

P: Nunca pensé que seríamos nosotros los que nos encontraríamos en esta situación. Pero Shelli, nuestra joven de quince años, está embarazada. Mi esposo y yo estamos tan sorprendidos que no sabemos qué hacer a continuación. No lo supimos hasta que sus náuseas matutinas se aceleraron y no pudo ocultarlo por más tiempo.

Ella ha estado saliendo con un chico de diecisiete años, ambos están en la escuela secundaria, desde el comienzo del año escolar. Es un buen tipo y además conocemos a sus padres. Son buenas personas que van a la misma iglesia que nosotros. Es por eso que permitimos que los chicos salieran, a pesar de que Shelli aún no tiene dieciséis años, ya que esa edad era la regla en nuestra familia. No teníamos idea de que estaban teniendo sexo.

Pero ¿un bebé? Esos chicos no están listos para un bebé. No pueden cuidar a un pequeñín y ciertamente no están listos para casarse.

El aborto no es una opción debido a nuestras creencias. Pero también pensamos que la universidad, una carrera y el matrimonio estarían en el futuro de Shelli antes de que apareciera un niño. ¿Qué hacemos ahora?

R: Entiendo que tenga convicciones muy firmes en cuanto a cómo deberían ir las cosas. Sin embargo, para que esta situación funcione para su hija, ella debe ser la persona que tome la decisión. Después de todo, ella es la que lleva a ese bebé. Me doy cuenta de que los dos chicos tienen quince y diecisiete años, no están listos para ser padres. Pero también fueron lo suficientemente «adultos» como para meterse en esa situación en primer lugar, por lo que —con esa acción—, pasaron el límite de la infancia.

Ese bebé no va a desaparecer, por lo que se debe tomar una decisión importante. Es de vital importancia para su relación futura que lo que suceda después sea decisión *de su hija*. Aunque sea su hija, es la madre de ese bebé.

Usted dijo que tenía reglas para el noviazgo, nada de citas hasta los dieciséis años, por ejemplo. Eso es más que lo que muchos jóvenes comienzan a salir en la actualidad. Usted también dijo que permitía que los dos jóvenes salieran porque iban a la misma iglesia. (Por cierto, el hecho de que los jóvenes vayan a la iglesia no significa que hayan reducido sus niveles hormonales ni sus impulsos). Entonces Shelli está acostumbrada a un hogar orientado a las reglas y a que mamá o papá tomen decisiones por ella. Pero no se confunda creyendo que siempre estará de acuerdo con esas decisiones o que tiene los mismos valores que usted. Ella está resolviendo todo eso por sí misma a medida que se convierte en adulta.

En esta situación, la mayoría de los padres, especialmente los autoritarios, decidirán el plan de acción. Ellos dirán: «Está bien, esto es lo que vamos a hacer. Sabes que no creemos en el aborto. Así que te enviaremos a casa de tía Cassie, en Michigan, antes de que se te comience a notar. Puedes quedarte ahí y estudiar en casa mientras tienes el bebé. Les diremos a la escuela y a todos los demás que, dado que extrañas a tu tía y quieres pasar tiempo con ella, estarás allí durante el próximo año. Es el momento perfecto, ya que el bebé nacerá en junio. Puedes recuperarte allí durante el verano y luego volver a tu escuela aquí en otoño como si nada hubiera pasado. Y tía Cassie tiene algunos contactos allá para ayudar a establecer una adopción privada». Pero usted no debería hacer eso. Su hija se resentirá por el resto de su vida. Su papel en este momento debería ser simplemente facilitar una conversación. «Como todos nos conocemos, hagamos que todos estemos en un mismo salón para que podamos hablar».

Organice la reunión con los otros padres. Reúnanse en un lugar neutral si es posible. Luego introduzca el tema. «Está bien, estamos aquí para hablar. Shelli, ¿cuáles son tus pensamientos y tus sentimientos? ¿Cómo te gustaría tratar esto?».

Concédale tiempo para que hable sin interrupciones. Luego pregúntele al joven lo mismo y dele tiempo para hablar con libertad. Sabrá rápidamente si la joven pareja está en sintonía o no, y también si sus pensamientos son objetivos o no.

Si promueve un ambiente cálido y acogedor en el que su hija y su novio puedan hablar, tendrá la oportunidad de guiar a los chicos a tomar la decisión correcta.

Abortar un hijo puede causar daños físicos a largo plazo, lo que puede disminuir las posibilidades de que su hija tenga un bebé más adelante. También hay un impacto emocional y psicológico significativo. Optar por el aborto puede llevarla a sentir una profunda pérdida y la consecuente culpa. Ella puede luchar con el arrepentimiento, la depresión o los pensamientos suicidas, por nombrar algunas consecuencias postraumáticas. El aborto puede parecer una «solución fácil» para rescatarlos a todos de la vergüenza y hacer que el «problema» desaparezca, pero las consecuencias de esa acción son para toda la vida de la mujer que llevó dentro al bebé.

Sin embargo, permítame enfatizar algo más sobre lo que siento firmemente. Hay un tercer involucrado muy importante: el niño. El énfasis debe permanecer en lo que es mejor para el niño, que es —sin lugar a dudas en esta situación—, colocarlo en adopción.

Una chica de quince años y otro de diecisiete no están listos para criar un bebé. Ustedes, como abuelos, no querrán ser presionados a adoptar la posición de padres sustitutos del bebé, mientras su hija termina la escuela secundaria. Sin embargo, a veces la familia sigue ese plan porque no quieren perder a un niño de su familia.

Tampoco se debe presionar a la joven pareja para que se casen solo porque hay un bebé en el camino. Las parejas jóvenes que se casan debido a la presión de los padres casi nunca permanecen juntas después del nacimiento del bebé.

Sin embargo, su hija tiene la oportunidad de colocar a ese niño en los brazos de dos padres que anhelan y anticipan la llegada de un niño a su hogar. Ellos esperan un milagro.

Yo mismo conozco el milagro de la adopción al observar los ojos brillantes de mi hija Hannah y mi yerno Josh, que adoptaron gemelos. Mis lágrimas se desbordaron al ver a esos preciosos bebés en las manos de sus nuevos y felices mamá y papá. Estaré por siempre agradecido por el regalo de esa madre biológica.

Cuando esté abrumada por la situación, mírelo desde este ángulo: se ha creado una nueva vida. Ahora es socia de su hija para cuidar esa pequeña vida en sus primeras etapas. Si su hija elige una adopción abierta, tendrá la oportunidad de ser parte de la vida de ese bebé y de su nueva familia. En ese caso, su familia simplemente crecerá, con espacio para más amor.

¿Demasiado sensible?

P: Daniel, que tiene nueve años de edad, siempre ha sido sensible. Se apega mucho a las personas y a las cosas que ama. Le gustan los objetos predecibles y no lidia bien con el cambio.

Hace un año lloró durante una semana cuando su mascota —un pez dorado— murió. Finalmente le compramos dos nuevos peces dorados, pensando que eso ayudaría a sanar el dolor. Hace un par de meses, el perro de la familia tuvo que ir al veterinario después de que lo atropellara un automóvil. Un vecino tuvo que llevar al perro porque Daniel estaba tan triste que tuve que quedarme en casa con él. Esos mismos vecinos podrían haber cuidado a Daniel por mí, pero estaba inconsolable. Me tocó sentarme a su lado a ver su película favorita completa con un helado, para calmarlo. Mientras tanto, estuve preocupada por el perro todo el tiempo.

Hace dos semanas, el tío de Daniel, con quien es muy cercano (el hermano de mi esposo), fue diagnosticado con cáncer. Lamentablemente, está en un estado progresivo y las cosas no se ven bien. ¿Le contamos a Daniel o no? ¿Qué pasa si no puede lidiar con eso?

R: Hay muchas cosas que suceden en la vida y que no están planificadas ni son divertidas, como la muerte de esos peces dorados, perros atropellados por automóviles y seres queridos diagnosticados con cáncer. Proteger a su hijo de la tragedia y la tristeza puede parecer un buen movimiento para calmar la tormenta inmediata, pero no ayudará a su hijo a mantenerse en pie si usted no está cerca.

Déjeme adivinar. Podría estar equivocado, pero muchas veces mis conjeturas son acertadas. Daniel es probablemente hijo único o el hijo mayor de su familia, ¿verdad? Creo que se ha convertido en una madre demasiado buena. Sí, lo leyó bien. Le has prestado demasiada atención a su hijo «sensible».

Cada vez que escucho la palabra *sensible*, la traduzco como algo más: un niño poderoso que se está volviendo cada vez más hábil para manipularla. En sus propias palabras, dijo que «tuvo que» quedarse en casa con Daniel cuando el perro fue atropellado por un automóvil. No tenía que hacerlo, pero decidió hacerlo porque conoce bien las consecuencias que ya están allí o que pronto estarán si va en contra de los deseos de Daniel.

Su hijo se ha enfrentado a un par de golpes, pero nada inusual para la infancia. De hecho, siempre les he dicho a los padres que los peces dorados son las primeras mascotas geniales. Tienen una vida útil corta, por lo que usted no tendrá que cuidarlos cuando su hijo se vaya a la universidad. Además, hay una causa y un efecto directos para enseñar la responsabilidad: debe alimentar al pez dorado para que sobreviva.

Todos los niños lloran y se entristecen cuando suceden cosas embarazosas. Daniel podría haberse olvidado de alimentar al pez dorado y con ello terminar su vida útil. De cualquier manera, el resultado es el mismo: un pez boca arriba. Daniel tuvo una visión cercana de cómo es la muerte cuando su pez dorado no regresó.

Sin embargo, la respuesta de Daniel a la muerte del pez dorado fue una reacción exagerada. ¿Llorar por una semana? Eso es exagerado. Claramente, él estaba trabajando para conseguir un par de peces dorados nuevos y usted cayó en el juego. Salió y los compró para animarlo y reducir el ruido constante en su casa. Entonces, por un breve período, Daniel ganó el doble de lo que tenía antes: dos peces de dorados en lugar de uno. En su mente joven, el lema de ese niño era: *Yo soy el centro del universo. Si hago el ruido suficiente y espero, obtendré exactamente lo que quiero.*

Dado que su comportamiento funcionó antes para controlarla, hizo lo mismo cuando el perro fue atropellado. Aunque ese perro la necesitaba en su crisis, su hijo no quería que lo dejara solo. Sí, probablemente estaba triste y asustado. Pero ese momento habría sido una buena experiencia de aprendizaje.

La mejor solución hubiera sido que lo abrazara y le dijera: «Daniel, sé que temes que Buddy esté herido. Te preguntas qué le pasará. Yo también me siento así. Pero tengo que irme ahora y llevarlo al veterinario. Necesita a alguien con él. La señora Allen se quedará contigo mientras yo no esté».

Y luego va a llevar al perro, que tiene un dolor intenso, al veterinario. Ese era su plan de acción: conversar brevemente con él para comunicarle que sabe que está asustado y que siente lo mismo. Luego le dice el plan de acción, importante para los primogénitos y para los hijos únicos. Después actuó en ese plan y no se dejó llevar por sus súplicas o sus lágrimas. Tal plan de acción le muestra a su hijo que es importante pero que el universo no gira en torno a él. Responder de esa manera a ese incidente también lo habría preparado de manera más efectiva para este desafío nuevo y más grande: el cáncer de su tío.

¿Qué va a hacer ahora? Cuéntele a Daniel acerca de la situación. «¿Recuerdas cuando Buddy resultó herido por el auto? ¿Que tuvo que ir al veterinario y quedarse ahí por un tiempo hasta que mejorara?».

Daniel asiente.

«Bueno, tío Troy no se siente bien en este momento. Tiene una enfermedad llamada cáncer y tendrá que ir al hospital por un tiempo».

Los ojos de Daniel se abren y se llenan de lágrimas. Usted siente venir la reacción exagerada. Simplemente ponga su mano sobre el hombro de él y diga: «Sé que te sientes triste. Si quieres llorar, hazlo».

Los niños no necesitan saber cada parte del plan médico ni los detalles a medida que avance el cáncer. Lo que necesitan es una dosis de realidad sin recubrimiento de azúcar.

Cuando Daniel pregunte, como probablemente lo hará: «¿Morirá el tío Troy como mi pez dorado?», usted le responde de manera clara: «Eso es probable, porque está muy enfermo. Pero los médicos están haciendo todo lo posible para ayudarlo».

Es probable que usted piense: *¿No es cruel decirle a un niño de ocho años que su tío podría morir?*

Sin embargo, es la verdad, y no debe endulzarla. Crear una tierra de fantasía donde nadie muere es aun más cruel a largo plazo. Su hijo le odiará por mentirle. En vez de eso, esta situación puede ser un momento aleccionador: todo lo que vive también morirá en algún momento. Como el pez dorado.

Pero luego sigue adelante. «Lo más importante en este instante es que pensemos en lo mejor para el tío Troy, que está sufriendo. Necesita nuestros abrazos y nuestro amor».

Con estas palabras, usted ha dirigido la atención de los sentimientos de su hijo al tío que sufre. Este paso es estratégico porque su hijo, que está acostumbrado a ser el centro del universo, necesita descubrir que otras personas también cuentan. Dar, más que recibir siempre, es importante. Hacer algo proactivo iniciará esa transición en la cabeza de su hijo.

«Apuesto a que al tío Troy le encantaría si le hicieras un dibujo», le dice usted. «Hoy está ocupado con las pruebas en el hospital, pero podríamos llevárselo mañana. Tal vez tú y yo podamos hacer su postre favorito también».

A través de este tipo de conversación, usted logra lo siguiente:

- informar a Daniel que su tío está enfermo
- admitir que la enfermedad es grave
- reconocer que las noticias podrían entristecer a Daniel y que es correcto llorar
- enfatizar que el enfoque debe centrarse en la persona que está sufriendo más: el tío Troy

- decirle a Daniel que puede hacer algo para ser amable en un momento difícil de su tío Troy

La verdad es que este mundo necesita más donantes y menos receptores, y de hecho sería un lugar mejor. Establecer tales prioridades, incluso en un momento de tristeza, es muy importante no solo para el bienestar de su hijo sino también para el de quienes lo rodeen en el futuro.

En cualquier momento durante la conversación, es probable que Daniel le ponga a prueba, así que tenga cuidado. A veces la sensibilidad es manipulación. Si su comportamiento habitual surge, diga con calma: «Puedo ver que estás triste, así que ahora no es un buen momento para terminar la conversación. Hablaremos más sobre eso más tarde». Luego da la espalda y se aleja. Entre en una habitación o en algún lugar donde no pueda seguirle. Aunque es difícil, espere a que su tormenta disminuya. Como ya ha funcionado antes, le pondrá a prueba al máximo. Escuchará cosas que probablemente nunca haya escuchado antes.

Pero no está siendo mala. Está siendo firme. Si cede ahora, solo crea un niño más manipulador, que piensa: *Ah, ya veo. Si sigo así durante cinco minutos, ella se rendirá.*

Si su hijo quiere hacer un berrinche, déjelo. Ni siquiera trate de detenerlo. Pero desconéctese. Si no le da audiencia, es sorprendente lo rápido que terminará la manipulación.

Hay cosas tristes que suceden en la vida. La muerte es parte de la vida. Pero incluso este tipo de situaciones pueden ser momentos de enseñanza que convertirán a su hijo en el adulto resistente que quiere que sea algún día.

Encuentro con prejuicios raciales

P: Somos una familia birracial. Debido al trabajo de mi esposo, hace poco nos mudamos a un área que pronto descubrimos que no es muy amigable con aquellos que consideran «diferentes». Mis hijos, de siete, ocho y trece años de edad, se han enfrentado a algunos comentarios desagradables.

Después de varios meses, los dos más jóvenes comenzaron a sentirse más cómodos y ahora parecen haberse adaptado bien a sus nuevos alrededores. Los niños de la ciudad se han acostumbrado a ver que son diferentes, por lo que ya no los molestan tanto. Creo que ayuda que mis hijos más pequeños son más grandes que el promedio de los pequeños —de siete y ocho años— y se mantienen en su propio campo de juegos.

Sin embargo, mi hijo de trece años —una vez amable y bien adaptado— parece haberse transformado en una persona distinta. En casa patea las puertas, las paredes y discute. Inicia muchas peleas. Ayer terminó en la oficina del director por golpear a otro chico en el estómago. Cuando le pregunté por qué hizo eso, meneó la cabeza y dijo: «No me importa». Se negó a decirme algo más, solo entró a su habitación y pasó la noche con sus videojuegos. Ni siquiera apareció en la mesa a la hora de comer.

No podemos seguir así. Como vivimos en un pueblo muy pequeño y solo hay una escuela secundaria, no existe la posibilidad de trasladar a mi hijo mayor a otra escuela. El trabajo de mi esposo nos mantendrá en esta área durante dos años. Ninguno de nosotros puede resistir dos años como este. ¿Ideas?

R: Todo adolescente de trece años tiene mucho que sortear. Eso incluye hormonas, un cuerpo que cambia rápidamente y el impulso de competir con otros chicos por ser el mejor. Además de eso, su hijo ha sido catapultado fuera del mundo que él conoce en un entorno completamente nuevo. Especialmente en un pueblo pequeño, él está compitiendo como un lobo solitario entre un grupo de individuos que probablemente han estado juntos desde la infancia. Él es el joven nuevo en el barrio que intenta encajar. Eso nunca es fácil. La escuela secundaria puede ser particularmente despiadada cuando los jóvenes compiten por una posición entre ellos y tratan de llamar la atención de otras especies, es decir, las chicas.

No solo eso, él luce diferente de los demás. En el entorno de la escuela secundaria, «diferente» es una incitación franca: «Adelante, moléstame». Eso es exactamente lo que está sucediendo.

Su hijo está comprensiblemente frustrado. También es probable que esté molesto con sus padres por empujarlo a este lugar en el que no quiere estar. Necesita una forma de desahogar los sentimientos que obviamente tiene en referencia a la vida. En casa, patea las paredes y discute con usted. En la escuela, pelea para flexionar sus músculos. Es la única manera en que puede decir: «Oye, deja de molestarme».

Sin embargo, golpear a alguien no es una buena manera de tratar con esa frustración. La violencia física no es la respuesta y no mejorará su reputación a largo plazo (aunque podría provocar un poco de miedo en esos compañeros de clase, por lo que pensarán antes de molestarlo). Patear las paredes, las puertas y golpear a la gente tiene que detenerse, ya. Lo mismo ocurre con las discusiones con usted.

¿Qué es lo que su hijo necesita más? Su amor y su comprensión en este momento difícil. También requiere algo de tiempo de inactividad en un espacio tranquilo donde no sea juzgado ni molestado. Por eso se retira a su habitación. Él no quiere que le pregunte cómo le fue en su día, ya que fue como todos los demás hasta ahora, con él sintiéndose excluido por ser birracial. Necesita que su hogar sea un ambiente seguro en el que no tenga que estar en guardia, donde sea amado incondicionalmente. Pero eso no significa que usted tolerará tonterías, comentarios negativos o mal comportamiento.

Parcializarse en su caso en cuanto a golpear al niño en la escuela no es el escenario para comenzar. Primero, tenga una conversación franca.

«Ayer fue un día difícil, ¿eh? ser llevado a la oficina del director no es divertido. Tampoco me gustó la llamada que recibí. ¿Pero quieres saber algo?». Entonces lo mira a los ojos. «Te conozco. Ese no eres tú. Eres un gran niño y usualmente lidias muy bien con cualquier problema. Así que, algo está sucediendo que te hace actuar de esa manera. Me gustaría hacer lo que pueda, pero ayudaría tener algunos detalles sobre lo que sucedió antes de golpear al niño. ¿Dijo o hizo algo que te molestó?».

En esas pocas palabras, definitivamente usted capta la atención de su hijo. Sus oídos están abiertos. *Vaya*, piensa él, *mamá no me regañó por golpear a ese imbécil. Tampoco me está gritando ni culpándome por lo que hice.*

Su corazón también se sensibiliza, porque básicamente usted ha dicho que cree en él y que él es capaz de manejar cualquier cosa. *Ella piensa que generalmente soy un gran chico. Incluso quiere mi versión de la historia.*

A veces los adolescentes son leales y no quieren decir qué sucedió dentro del grupo de pares. Pero en este caso, su hijo es lo suficientemente nuevo para el grupo y no tiene amigos. Es probable que diga todo lo que sucedió. Cuando escuche los detalles, mantenga la calma. Probablemente no serán agradables. La gente puede ponerse brusca cuando se trata de prejuicios raciales. Sin embargo, obtendrá las municiones que necesita para organizar una reunión entre su hijo, el director y usted. Si ese director es bueno e inteligente, organizará una reunión con ustedes tres, los estudiantes infractores y sus padres, en la que todo pueda discutirse en un entorno profesional.

Algunas disculpas deben presentarse, porque los prejuicios raciales golpean con fuerza. Es probable que usted no pueda cambiar la mentalidad de algunos de los estudiantes (o, francamente, la de sus padres, que es de donde provienen las opiniones perjudiciales en primer lugar), pero necesitan salir a la luz, donde se ven feas y vergonzosas.

Su hijo tampoco podrá librarse de la situación. Debe disculparse con el niño al que golpeó. Debe mirar a ese joven directamente a los ojos y decirle: «Lo que hice estuvo mal. Nunca debí haberte golpeado. Pero las palabras que dijiste realmente me hirieron muy profundo. Soy nuevo aquí y estoy haciendo todo lo posible para adaptarme. Comentarios como ese me hacen sentir inútil y enojado. Por eso te pegué».

El director debe tomar el control y decir: «En nuestra escuela, no se menosprecia a nadie» y «Comentarios como ese nunca son aceptables». Si no lo hace, y se pone del lado de los otros padres, usted y su esposo deben considerar seriamente mudarse a otro lugar. A ninguno de sus hijos les irá bien en ese entorno.

Si adopta esa postura, es probable que haya un joven en esa habitación que sienta algo de culpa y termine siendo amigo de su hijo. Si quiere darle un empujón a esa posibilidad, tengo un secreto que debe saber: los jóvenes de secundaria siempre tienen hambre. Si les da una opción de comida frente a su hijo y un amigo potencial, la buscarán y obtendrán una conexión natural en el proceso.

Por ejemplo, recoja a su hijo después de la escuela con un par de pizzas extragrandes. Le garantizo que el aroma llamará la atención de otros jóvenes. No hay nada como un picnic improvisado en la escuela para aliviar la tensión y entablar amistades potenciales.

Si su hijo menciona a un joven en particular, diga: «Oye, si alguna vez quieres invitar a Darren después de la escuela, me parece genial. Me encantaría recogerlos a ambos y llevarlos a casa más tarde».

En cuanto a patear paredes y puertas en su casa, su hijo debe saber que eso no es aceptable, aunque esté frustrado. Sería una buena idea para él que limpie esas marcas que les hizo. Algunos jóvenes necesitan una salida activa para su creciente testosterona.

Una familia que conozco estaba haciendo un gran proyecto de jardinería en su patio trasero. Su hijo salía y cavaba trincheras y agujeros para desahogarse después de la escuela. Claro, su patio fue un desastre durante un par de años, pero no su hijo, y esa era su prioridad. Cada vez que sus padres veían un nuevo y enorme agujero afuera, sabían que Jake necesitaba hablar. Jake y su padre pasaron mucho tiempo apoyándose en sus palas y hablando de sus problemas.

Eso fue hace diez años. El patio ahora está bellamente ajardinado, gracias a Jake y su padre. Jake tiene veintitrés años, está casado y vive en otro estado, pero no pasa una semana sin que él y sus padres no hablen de corazón a corazón. Las horas que pasaron alrededor de los agujeros y el apoyo que sus padres le dieron en un momento difícil en la escuela secundaria fueron realmente una inversión para el futuro.

Lo mismo para el tiempo que pasa con su hijo y el esfuerzo que está haciendo ahora.

Dolor en el cuello por Instagram

P: Mi hija Amy siempre ha sido… bueno… una reina del drama. Esa es una buena manera de decirlo. Cualquier cosa que ocurra, buena o mala, hace que se descontrole. Desde que cumplió trece años, sus cambios de humor podrían provocarle a usted un dolor de cuello. También cambia de amigas con frecuencia. A veces me pregunto si es porque las otras jóvenes se cansan de ella. Para ser franca, a veces lo hago. ¿Es horrible decir eso de su propia hija? Cuando pierde a una amiga, todavía no aprende que no todos pueden tolerar su comportamiento. Ayer, su antigua mejor amiga publicó unas fotos poco halagadoras de Amy como la reina del drama en Instagram. Ahora los textos en el chat grupal circulan hablando sobre las fotos.

Sé cuán crueles pueden ser las jóvenes, yo también fui víctima de eso en la escuela, así que quiero protegerla. Una parte de mí sabe que se merece un poco de lo que consiguió. La otra parte no puede soportar verla llorar. ¿Qué debo hacer exactamente en esta situación?

R: Sé que detesta ver a su hija sufriendo, especialmente porque a usted también la molestaron en la escuela. Pero en esta situación, lo mejor que puede hacer es no hacer nada. *Absolutamente nada.*

Esto es lo que quiero decir. En este momento, sus instintos de mamá osa le están diciendo que salga en defensa de su hija. Sin embargo, debe dejar que la realidad sea la que le enseñe en vez de usted. La verdad es que lo que su hija siembra, eso cosechará. Es una máxima antigua y, sinceramente, la única manera en que aprenderá a cambiar su comportamiento. No hay nada como la presión de sus compañeros y la intimidación, aunque aborrezca tanto ver que eso suceda, para cambiar el comportamiento intolerable o estúpido de una adolescente. Funciona mucho más rápido de lo que cualquier sermón paterno podría hacerlo.

En el presente, ella está buscando un poco de simpatía, pero eso no la ayudará a largo plazo. Una charla directa lo hará. «Los jóvenes pueden ser desagradables, ¿eh?», dice usted para reconocer la situación. «Lo que te pasó no es muy agradable». Sus oídos se ponen atentos ante esto. *Ah*, piensa ella, *aquí viene mamá en mi defensa.*

En vez de eso, usted dice: «Sabes que te amo más que a la vida misma. Pero tengo que ser sincera contigo. Lo que sucedió podría haber sido mucho peor, porque tu actuación dramática a veces es exagerada. ¿Crees que algunas de tus amigas pueden estar cansadas de tus jueguitos, como Anna? ¿Y quizás por eso hizo lo que hizo?». Luego siembra un pensamiento importante para ver si germina. «No es fácil adaptarse y tener personas como tú, especialmente a esta edad. Un día les caes bien y al siguiente te fastidian o publican fotos que te avergonzarán. Ahora, solo soy tu madre, bastante vieja, pero tengo un pequeño consejo. Mantente al margen. Cálmate antes de decir o hacer algo. Si alguien menciona esa imagen, no te apresures a responder. Al contrario, respira y cuenta hasta diez antes de abrir la boca. Durante ese tiempo, piensa: *¿Me gustaría ver lo que haré después en Instagram?*».

Si todavía está en modo de escucha, agregue: «No puedes regresar y cambiar lo que sucedió, pero puedes ser más inteligente la próxima vez. Si dices algo sarcástico, solo incurrirás en más tácticas de burla y venganza. Es mejor estar tranquila al respecto. Cuando alguien te vea y se ría, míralo directamente a los ojos. Agachar la cabeza hará que quieran perseguirte más, ya que los jóvenes molestan a los más débiles. Si alguien hace un comentario sobre la imagen, simplemente encoges los hombros y dices: "Sí, esa soy yo. A veces puedo ser la reina del drama. Lección aprendida". Y luego te vas a tu próxima clase. Eso la confundirá porque ha perdido la ventaja que pensaba que tenía».

Hay un término [en inglés, que traducido al español es] —*orejas de conejo*— que describe a las personas que reaccionan a todo. Cuando los conejos están prestando atención, concentrándose en algo, sus orejas se paran erguidas. Digamos que alguien está agitando en la tercera base en un juego de las Ligas Menores, gritando: «¡Oye, qué lindos calcetines, amigo! Quítatelos. Vístete como un verdadero jugador de pelota, ¿no te parece?». Lo que está tratando de hacer es que el jugador de tercera base se enoje y no capture la pelota. Si el jugador de la base responde prestando atención a esa persona, tiene orejas de conejo. Si usted sabe que su hija tiene orejas de conejo, será una blanco fácil para su grupo de compañeros. Convertirse en el conejito tranquilo del grupo tiene ventajas definitivas. Sí, su personalidad podría tener un don para el drama. Pero controlar cuándo y cómo es dramática (es algo bueno para una obra escolar, pero no para un mal día) es una habilidad importante que aprender.

Ningún padre quiere que molesten a su hija. Pero ir tras los jóvenes que publicaron su locura momentánea en Instagram no es la respuesta. Solo hará más grande la situación. El chisme es de corta duración en el reino de la escuela secundaria. Cada día tiene su propio drama. Su hija no morirá de vergüenza por esta experiencia, pero puede aprender lo importante que es el equilibrio. Ella puede mantener ese estilo dramático, pero no necesita llegar a descontrolarse.

Aquí hay algo más en que pensar. Ningún comportamiento surge de la nada. ¿Cómo desarrolló su hija su comportamiento de reina del drama, en primer lugar?

Se le permitió no solo tenerlo sino desarrollarlo en su hogar. Podría haber comenzado incluso a los dos años, cuando hizo un berrinche y consiguió lo que quería. Puede ser una persona naturalmente expresiva, pero las conductas exageradas tuvieron que haber continuado solo si recibió una recompensa por ellas.

La recompensa que probablemente esté buscando por su comportamiento dramático es la atención. Aquellos que anhelan atención, pero no saben cómo obtenerla de manera positiva, crearán una escena que los convierta en el centro de atención. Podría haberle funcionado en casa para hacerse notar en la familia, pero es mortal entre el grupo de pares.

Quizás en un momento diferente usted pueda tener una conversación sobre *por qué* ella es el drama personificado. ¿Necesita atención porque se siente insegura? ¿Porque piensa que la única forma en que importa en el universo es si es el foco de atención?

¿De qué maneras podría usar su comportamiento de búsqueda de atención bajo una luz positiva? Explore varias ideas. ¿Podría unirse a un teatro juvenil comunitario, por ejemplo? ¿Dar vida al entorno de esa pareja de ancianos de la cuadra que no tiene mucha compañía? Cuando usted enfoca ese talento natural para el drama en ayudar a otros y brindarles alegría, es sorprendente cómo puede mejorar la autoestima.

Solo vea y aprenda.

El dolor del retoño tardío (niños que se desarrollan tardíamente)

P: Mi hijo Mark es un retoño tardío. Parece que la pubertad no le ha llegado todavía, aun a los quince años. Cuando fue a solicitar su permiso de conducir recientemente, fue confundido con un estudiante de primaria. Vergonzoso, ¿eh? Sobre todo para un joven. Tampoco ayuda el hecho de que su padre sea un rudo oficial militar. El joven que solía luchar con otros chicos, que trepaba los árboles, disparaba pistolas imaginarias y creaba estrategias de juegos bélicos cuando era pequeño ha volteado la cara sorpresivamente en otra dirección. Ahora se reúne con los jóvenes «artistas» del patinaje. Su ropa y sus pasatiempos también han cambiado drásticamente.

No hay nada de malo con los nuevos jóvenes con los que sale, son chicos geniales. Con frecuencia bajan a nuestra cocina para pastar después de la escuela. (En serio, es como una manada de ganado que asalta el lugar, y no queda comida a la vista sin tocar.) Creo que mi esposo y yo estamos sorprendidos por un cambio tan dramático.

De vez en cuando, observo a Mark mirando a sus viejos amigos del vecindario cuando pasan un rato juntos. Parece un poco triste, como si hubiera quedado fuera del grupo.

¿Es esto normal para los estudiantes de secundaria? ¿O deberíamos preocuparnos de que algo más esté sucediendo?

R: Toda persona tiene, en esencia, el deseo de ser amado, ser aceptado y pertenecer a algo. Este impulso es aun más fuerte durante los años de la adolescencia, cuando la aceptación en un grupo de pares es muy importante. Para los adolescentes, ser aceptado equivale a ser amado. Ellos necesitan encontrar su propio grupo. A menudo «prueban» esos grupos como usted se probaría la ropa. Es una fase normal y experimental.

Su hijo, dijo usted, también es un retoño tardío. Lo que significa que físicamente no podrá competir con los jóvenes de su propio vecindario. Pueden parecer hombres jóvenes mientras que Mark todavía se ve como un niño. Eso lo convierte en la persona extraña.

Si ese fuera su caso, ¿se sentiría cómodo?

Pues bien, tampoco Mark. Probablemente también vea a su padre musculoso, rudo, y piense: *Así es como se supone que debe ser un hombre.* Luego mira su propio cuerpo de un metro veinte centímetros, treinta y cinco kilos y suspira. *Seguro que ese no soy yo.*

Entonces deja de competir en esa área y mira a otra parte. Para sobrevivir en un grupo de pares, tiene que encontrar otro en algún lugar al cual pertenecer. Sin embargo, eso no significa que tenga que dejar de salir con sus antiguos amigos.

Déjeme asegurarle que cada joven encontrará su propio camino. Lo bueno es que no hay uno solo en la vida, hay varios. En ciertos momentos de la vida del joven, las situaciones cambian. Este es uno de esos.

Pregúntele a cualquier estudiante de secundaria acerca de los grupos en la escuela, y rápidamente los clasificarán: los drogadictos, los pudientes, las chicas rosa, los patinadores y los nerdos. Las etiquetas son innumerables. Cada estudiante de secundaria lucha por competir. Puede ser en el arte, la banda musical, un deporte o cualquier otra cosa en la que encuentren competencia y aceptación.

Considere que lo que está haciendo su hijo ahora podría terminar siendo un papel en el que se sienta cómodo a largo plazo. O puede ser un experimento que se complete en nueve meses o incluso unas pocas semanas.

Cuando yo tenía cinco años de edad, quería ser conductor de ambulancia. En séptimo grado, quería ser dentista. Créame, no querrá que su dentista sea el doctor Leman. «Uy, lo siento, ¿fue un premolar o un molar? De todos modos, un diente está aquí afuera».

Cuando le conté al consejero de la escuela secundaria sobre mi ambición de ser dentista, me inscribió en la materia de latín. Lo tomé cinco veces y lo pasé dos.

Luego quería ser guardabosques. ¿Por qué? Porque mientras me escabullía detrás de la escuela, encontré una caja de fósforos con un anuncio que instaba a ser guardabosques.

No tenía ni idea. Me moví de un lugar a otro porque tenía dos hermanos mayores que pensaba que eran perfectos, y que no podía estar a la altura. Así viví hasta que me di cuenta de que realmente había un Dios todopoderoso que me amaba. Entonces descubrí que Dios usa a la gente común para hacer cosas extraordinarias. Experimentar es parte de la infancia, lo que incluye ropa, actividades y amigos. Así que permita que ese joven suyo experimente en su esfuerzo por competir en el mundo masculino.

Además, no se preocupe por su falta de desarrollo físico. Cada joven tiene su tiempo para eso. Si su padre es bien formado, su hijo también tiene muchas posibilidades de terminar así... aunque le tome hasta la mitad de la universidad.

Si no puede dejar ir su preocupación, haga una cita para un examen físico de rutina. Comparta su inquietud en privado con el médico con anticipación. Si no aparece nada durante el examen y las pruebas, sabrá que no hay ningún motivo para su retraso en el desarrollo, por lo que puede descansar tranquila. Luego, simplemente permita que él se desarrolle a su propio ritmo.

Cuando lo sorprenda mirando a sus viejos amigos con anhelo, reconozca lo que está sucediendo. «Apuesto a que a veces extrañas pasar tiempo con tus antiguos amigos, ¿eh?».

Él asiente.

«A lo largo de mi vida, especialmente con todas las mudanzas que hemos tenido en el ejército, me he dado cuenta de que algunos amigos permanecen y otros se van. Me alegra que tengas un nuevo grupo de amigos extraordinarios». Usted sonríe. «Tráelos en cualquier momento. Me alegra mucho verlos».

Mientras lleve activamente su vida y disfrute de un grupo de amigos, simplemente mantenga lleno el carrito de compras y los bocadillos. Es cierto: si los alimentas, ellos vendrán… en masa. También crecerán a su propio ritmo.

Lo mejor de todo es que usted permanecerá atrincherada en el corazón de ese joven porque ha perseverado en su mundo de constante cambio.

Son un desastre después que regresan de la casa de mi ex

P: Mi ex y yo tenemos la custodia dividida. Nuestras dos hijas, ahora adolescentes, viven conmigo durante la semana y con mi ex los fines de semana. Tienen sus propias habitaciones en mi casa, pero en la de él tienen que compartir una habitación. Digamos que sus reglas difieren mucho de las mías. Cuando las chicas regresan, pelean como gatos y perros entre ellas, y conmigo son desobedientes y agresivas. No pasa un domingo por la noche sin que una de nosotras llore (por lo general, con un portazo de una de ellas en algún lugar del proceso).

¿Cómo puedo cambiar este *Titanic*? Es como una mala película que se reproduce una y otra vez.

R: Usted tiene razón. Esa película seguirá reproduciéndose una y otra vez a menos que haga algo al respecto. De hecho, es algo natural en los hogares de toda América del Norte cuando los jóvenes visitan a sus otros padres y luego regresan a sus hogares. El caos reina. Estallan las emociones. ¿Por qué? Debido a que el acto mismo del cambio es un recordatorio continuo de que ocurrió una ruptura en su relación, y ahora las cosas son diferentes. Para esos jóvenes, es como si el divorcio ocurriera una y otra vez.

Por lo general, los jóvenes tardan un par de días en habituarse en su nueva ubicación. Así que piénselo de esta manera. Están desde el viernes en la noche hasta el hasta el domingo por la noche donde su ex, pero les lleva hasta el martes por la noche adaptarse a su casa. Luego, el viernes, vuelven a casa de su ex. Eso significa que de domingo a martes por la noche puede ser una locura en su casa, y solo hay tres o más días «normales» para esas jóvenes, cuando realmente se sienten como en casa. Es difícil para alguien vivir así, y mucho más para los adolescentes, que están cargados hormonalmente de todos modos.

No puede controlar lo que sucede donde su ex, así que ni siquiera lo intente. Cuando sus hijas estén ahí, él es el padre y están bajo sus reglas. Sin embargo, usted puede elegir actuar de manera diferente en su propio espacio para cambiar la ecuación en su hogar. La próxima vez que sus hijas vengan de la casa de su ex el domingo por la noche, manténgase lo más invisible posible. Coloque un cartel que diga «No molestar» en la puerta de su habitación. Escóndase sola y pida una pizza. Mantenga la puerta cerrada.

Deje que esas dos jóvenes se exploten verbalmente tanto como quieran. Aguante las ruidosas peleas por un tiempo. Pronto despertará en esas jóvenes lo siguiente: *Oye, ¿dónde está la mujer que generalmente es el árbitro en nuestras discusiones? Parece que desapareció.*

Ahí es cuando el ruido se calmará. Un espectáculo preparado solo es divertido si hay espectadores. Entonces vendrán a buscarla. Cuando lo hagan, y finalmente abra la puerta, declare con firmeza: «¿Saben qué? Estoy cansada de su comportamiento típico de los domingos en la noche. Ustedes dos hacen la vida miserable para todos en casa. Así que por un tiempo, cuando vuelvan a casa el domingo, me encontrarán disfrutando de la noche sola, mientras ustedes dos resuelven las cosas. Sí, puedo oírlas, pero no voy a involucrarme. Francamente, estoy decepcionada de las dos». Entonces cierre la puerta de nuevo.

Dejarlas con la boca abierta dará resultados. Las dos jóvenes se mirarán una a la otra en estado de shock y es probable que la pelea se disipe. Un dulce, bienvenido silencio, descenderá sobre su hogar.

El próximo fin de semana, sus hijas realmente la pondrán a prueba para asegurarle de que se mantendrá firme. Siga con lo que hizo, solo que esta vez no abra la puerta en absoluto. Ya le dijo sus pensamientos una vez. Créame, la escucharon. Decírselos nuevamente solo la frustrará. Además, implica que son estúpidas, ya que no pudieron procesar lo que dijo la primera vez, tiene que decírselos nuevamente. No se les acerque. Al contrario, salúdelas a la mañana siguiente en el desayuno con una sonrisa. ¿Es esto ser cruel? No, es cómo puede ayudar a sus hijas a enfrentarse rápidamente con la realidad. Sí, ha habido un divorcio. Ellas viven con usted ahora. Papá no va a volver. Esta situación es difícil para todos. En situaciones de divorcio, a menudo los niños son empujados al equilibrio. Como los dos que generalmente crean armonía en el hogar, mamá y papá, están en un lío, los niños sienten que su trabajo es mantener a sus padres felices por separado. Pero ese no es su trabajo. Ustedes dos siguen siendo los adultos... aun cuando uno de ustedes no actúe así con mucha frecuencia.

El caos puede reinar en su hogar, pero la estabilidad y la seguridad pueden ser su modus operandi.

Él piensa que es un fracaso

P: Mi hijo mayor tiene diecisiete años. Siempre ha sido el tipo de chico al que le gusta saber no solo el final del juego, sino también los detalles de lo que sucederá en el camino. Rob es inteligente y quiere ser contador. Ha sido intenso por meses, esperando la aceptación de la universidad. Cuando la primera institución —a la que era realmente difícil ingresar—, lo rechazó, se desmoronó. Lloró, diciendo que era un fracaso y que no iría a ninguna parte en la vida. Ha estado deprimido desde entonces.

¿Cómo puedo ayudarlo a ver que eso es solo un rechazo y que ingresar a la universidad es un paso en un trayecto mayor? Cada vez que algo no sale como él espera, o su trabajo no resulta perfecto como desea, concluye que es un fracaso. Ha sido así desde que era joven.

R: Su hijo es un perfeccionista. Eso no es inesperado para el primogénito de una familia, que tiene el ojo de los padres enfocado en él y en sus logros. Cada pequeña cosa es tratada como un gran problema, por lo que sin saberlo ha sido entrenado para ser así. La contabilidad es una ocupación muy común para los perfeccionistas. Nadie quiere un contador que diga: «Ah, si estamos casi bien, perfecto. Simplemente redondee los números y al Impuesto sobre la renta no le importará».

Aunque el perfeccionismo es excelente para una carrera como la contabilidad, estancarse en el perfeccionismo relacional y personal es un suicidio lento a largo plazo. Usted es fuerte con los demás y más consigo mismo.

Es hora de que su hijo se ponga sus pantalones de niño grande. Tendrá que poner una pierna a la vez ya que está atrincherado en sus patrones. Pero ahora que está en el tercero o cuarto año de la escuela secundaria, es hora de asimilarlo. La vida no siempre seguirá su camino, pero eso no significa que sea un fracaso.

Necesita tratar las mentiras que se dice a sí mismo de frente. No entrar en una escuela entre las muchas que ha solicitado, y desmoronarse porque crea que no logrará algo en la vida, es casi ridículo, si lo considera. Es un chico que claramente tiene inteligencia y habilidad. Tiene talento y ha trabajado duro en la escuela. El personal administrativo de la universidad que vea su solicitud está obligado a considerarlo. El hecho de que no haya llegado a la escuela de su primera elección no significa que no logrará aprobar el proceso de solicitud de las otras siete escuelas que solicitó.

¿Sabe cómo llaman incluso a la persona que se gradúa de último en su clase en la escuela de medicina? *Doctor*. Igual que todos los demás.

En este momento su hijo siente pena por sí mismo. Se ve contando en la vida solo cuando es triple A y cinco estrellas. Esa no es una visión saludable para tratar con la vida. Y él está halando la cadena que usted es para él, tratando de manipularlo con sus travesuras «lastimeras».

Esta es una pequeña decepción en la vida. Necesita sacudir a ese primogénito perfeccionista por su propio bien. «No, no llegaste a la primera escuela que escogiste», dice usted. «Pero tampoco lo hicieron otros 117.999 muchachos de todo el país que solicitaron estudiar por primera vez ahí. Tienes siete escuelas más. Simplemente marca esta de la lista y continúa. Ves esto como un gran problema, pero para mí no lo es. Se trata simplemente de reducir un poco el enfoque hacia dónde podría ir». Luego le da la espalda y se va a hacer otra cosa.

Claro, ese chico puede continuar su quejumbre. Pero no consiguió lo que quería, sus respuestas habituales:

- Tratas este tema con mucha delicadeza.
- «Detesto verte así. No lo tomes tan mal».
- «Eres realmente inteligente. Cualquier otra escuela en el planeta te aceptaría».
- «No puedo creer que esa escuela sea tan estúpida como para no quererte».

En vez de eso, usted declaró los hechos simples y luego siguió con la vida. Si lidia con la situación de esa manera, su hijo también seguirá adelante. Aceptará la realidad como es.

En algún momento, su nuera estará agradecida por este instante cuando su esposo perfeccionista recibió una llamada de atención. Se convertirá en un hombre mejor, con el que es más fácil vivir.

Usted puede contar con él.

¿Comportamiento normal para el dolor?

P: Mis cuatro hijos —de catorce, nueve, cinco y tres— recientemente perdieron a su muy amado abuelo. Mi padre vivía tres casas más abajo y pasaba mucho tiempo con ellos. Cada uno de mis hijos está reaccionando de manera diferente.

El de catorce años actúa como si el abuelo —con el que jugó pelota y que iba a todos sus juegos de béisbol— ni siquiera existiera. Se niega a hablar de él y se va a su habitación si alguien lo menciona.

La de nueve años llora cada vez que se dice el nombre de su abuelo.

La de cinco años habla sobre lo que ella y su abuelo solían hacer como si aún estuviera vivo y sentados uno frente al otro tomando un té.

Mi hijo de tres años no menciona a su abuelo en absoluto y actúa como si nada hubiera pasado.

¿Son todos estos comportamientos normales para el dolor? ¿Cómo puedo mantener vivo el recuerdo de su abuelo para unos y no mencionarlo para otros?

Parece que no puedo lograrlo, aunque intente cualquier cosa. ¡Ayuda!

R: Los chicos reaccionan de manera diferente según su edad, etapa, personalidad y relación con la persona que falleció.

Su hija de tres años está actuando acorde a su edad. Tenía una relación cálida y amorosa con el abuelo, pero no tiene mucha idea acerca de la muerte o lo que significa. Sí, el abuelo no se encuentra en su mesa, pero no siempre cenó con usted. Lo único que ve y siente su pequeña hija es su tristeza y cualquier cambio en su comportamiento. Cuando le habló del abuelo, lo que más le preocupaba era la persona que aún podía ver y tocar: usted.

Su hija de cinco años se relaciona con su abuelo como siempre lo hizo, a través de una actividad compartida. Tampoco sabe lo que significa la muerte, que es permanente. Se dará cuenta poco a poco de que el abuelo ya no va a venir pero, debido a su edad, seguirá adelante sin sentir un profundo dolor. Ella, como una niña de tres años, estará más influenciada por el dolor y la tristeza de usted.

Su hija de nueve años ha tenido más experiencia para saber qué es la muerte, pero es probable que sea la primera vez que le sucede a alguien que ama. Su sentimiento de tristeza es realmente algo bueno. Las lágrimas pueden limpiar y sanar, así que no se sienta mal cuando la vea. Ella necesita abrazos, su amor y pequeños comentarios como: «Ah, extrañas a tu abuelo, ¿no? Te amaba mucho».

Las tres chicas están respondiendo de manera normal.

Su hijo de catorce años es el que me preocupa. En lugar de lidiar con su tristeza, está fingiendo no solo que no está triste, sino que el hombre que amaba profundamente no existe. Se refugia en su interior para lidiar con su dolor sin ningún apoyo externo. Debido a que no quiere hablar de eso, mantiene sus emociones hasta que —de repente— hay una explosión. Alguien pagará esa respuesta en el futuro si usted no la frena ahora. Una sacudida es apropiada, pero debe hacerlo de la manera correcta.

Dígale a su hijo: «Sé cuánto significó el abuelo para ti. Su repentino fallecimiento nos sorprendió a todos. Fue parte de nuestras vidas, a todos nos afectó porque ya no está aquí». Luego explíquele cómo lidia cada persona de la familia con ese cambio. «Tu hermano pequeño hace esto… Tu hermana pequeña lo maneja de esta manera… Como ves, la gente trata el dolor de manera distinta. El que más me preocupa eres tú. Las personas que interiorizan las cosas tienden a explotar a fin de cuentas.

»Necesitas una manera de decir cuánto extrañas a tu abuelo. Desearías que estuviera vivo hoy y poder llamarlo a su celular para saludarlo. Eso no es algo tonto. Debes poder decir esas palabras sin avergonzarte o sentirte tonto. No hay nada más que me gustaría escuchar de ti en este momento que: "Mamá, extraño a mi abuelo". Si lloras, está bien. Yo también lloré mucho. Incluso podría hacerlo contigo. El abuelo fue una gran parte de nuestras vidas, y todavía lo es porque está en nuestros recuerdos. Parte de la vida es la muerte, y eliges ignorar esta gran parte de la vida. Puedes seguir diciendo: "No quiero hablar de eso", y ese es tu derecho. No puedo agitar una varita mágica sobre tu cabeza. Pero te estás perdiendo una de las alegrías de la vida».

En este punto, probablemente la mire incrédulo.

«Sé lo que estás pensando. ¿Qué es lo grato de la muerte del abuelo? Bueno, al pensar en el abuelo, te darás cuenta de lo importante que era para ti. Eso te hará vivir con más pasión y disfrutar de las personas que te rodean».

Su hijo necesita una lección de vida y cuanto antes mejor. Usted no quiere que viva como un ladrillo emocional.

Es posible que no tenga éxito la primera vez que hable con él. Pero al menos puede intentarlo. Si no es una persona verbalmente expresiva, puede sugerirle que le escriba una carta a su abuelo. Sobre todo, deje de caminar en puntillas a su alrededor. Mencione al abuelo en la mesa del comedor. Deje que todos los niños disfruten contando historias sobre él. Si su hijo mayor se levanta de la mesa, tira su servilleta y se va, déjelo. Él extraña parte de la cena.

La vida en su familia no puede detenerse por uno de sus hijos. Están todos juntos en esto. El hecho de que alguien haya muerto no significa que usted deje de vivir o que deje de hablar de él.

Cuanto antes su primogénito aprenda esto, mejor será para él psicológicamente y para toda su familia.

¿Solo una fase o...?

P: Shauna siempre ha sido feliz, el tipo de niña que la gente veía linda y tierna. Luego cumplió once años. De repente, comenzó a vestirse distinto. Regaló la femenina ropa rosada que le encantaba, agarró su mesada y se fue de compras a una tienda de segunda mano para un nuevo guardarropa. Ahora varía entre el tipo emo o la ropa suelta, más masculina. Es un cambio total de apariencia y personalidad. Los chicos con los que sale ahora son muy diferentes.

¿Es solo una fase en la que intenta reinventarse o algo por perder a algún amigo? Se enoja, llora fácilmente y discute con nosotros. Últimamente ha desarrollado un vocabulario que no apreciamos cuando se enoja.

¿Es esta la pubertad normal o una señal de advertencia en cuanto a problemas por venir? ¿Deberíamos preocuparnos?

R: Para citar a mi querida y dulce esposa, la señora Uppington —una dama de buen corazón que no lastimaría a una mosca— con quien he vivido durante más de cinco décadas: «La chica de once años es la persona más extraña que camina por el planeta». Es verdad. Se están produciendo todo tipo de reacciones químicas en el cuerpo de su hija, incluidas las hormonas e incluso la llegada de su período menstrual. Es un momento tumultuoso para las jóvenes.

El hecho de que ella haya cambiado su forma de vestir no es gran cosa. Las niñas preadolescentes y adolescentes reinventan su apariencia (cabello, maquillaje, ropa) a menudo. Esos años son una época de experimentación para descubrir quién es ella y qué se adapta mejor a su personalidad. La buena noticia es que la ha criado con cautela financiera, al menos. En vez de pedirle que desembolse el dinero en efectivo para sus nuevos trapos, usó su propio dinero y compró sabiamente en una tienda de segunda mano. Bien por ella.

Sin embargo, en este caso está haciendo una declaración dramática al cambiar drásticamente su ropa y su clase de amigos. Por lo general, hay una razón subyacente y, a menudo, se basa en los amigos. Es probable que haya sido abandonada o traicionada por su antiguo grupo de amigas, por lo que está muy herida o busca vengarse de ellas. Con la llegada de la escuela secundaria, hay más presión para que los jóvenes encajen en el grupo, y tal vez ella no haya encontrado el suyo. También podría estar luchando con la identidad de género, si está cambiando de un estilo muy femenino a uno muy masculino.

Ahora es el momento de hacer un énfasis claro como: «Pareces diferente en estos días, preocupada y molesta, tal vez. Si hay algo que quieras contar, estoy atenta. No te diré qué hacer. No te juzgaré. Solo escucharé. Pero si hay algo en lo que te agrade que te ayude, seguro que me gustaría intentarlo».

Haga esa simple invitación y, si ella no muerde el anzuelo, déjela ir. Incluso si finge que no la escuchó, lo hizo, fuerte y claro. Hablará cuando esté lista.

Parte de lo que está viendo, el comportamiento dramático y los cambios en su vestimenta, se debe a vivir en el planeta de la escuela intermedia. De forma que, hasta que tenga razones para creer lo contrario, no piense en eso demasiado.

Ella solía ser la niña que era tan dulce que el azúcar no podía derretirse en su boca. Ahora anda de mal humor. A veces, simplemente usted tiene que extender la gracia y dejar pasar la irritabilidad. La sensibilidad irritante, como ve, puede basarse en el ciclo hormonal o porque fue despreciada en la escuela.

Si usted no puede darle los buenos días en español sin que ella le arranque la cabeza, pruebe con otro idioma: «*Good morning*». Luego sonría. Después de todo, usted no es culpable de nada, excepto de que trata de ser amable.

Cuando vea esos ojos en blanco que ella siempre pone, pruebe con algo de humor. «Ah, eso estuvo bien. Hazlo de nuevo… en cámara lenta».

Pero no tolere nunca el vocabulario de su hija. Eso es una falta de respeto que debe ser cortada de raíz. La solución es simple. Le falta el respeto por la mañana cuando se dirige a la escuela y no podrá ir a donde quiere después de la escuela. No la llevará a ese lugar. Si ella pregunta por qué, dígale: «No me gustaron tus palabras ni tu actitud esta mañana».

Puede que deteste el almuerzo que le dijo que le encantaba y que quería ayer. Hoy su ropa está toda mal. Es su culpa, dice ella, por no lavarle la camisa. Su cabello no está como ella quería. Eso es porque no le compró el champú de la marca correcta.

Todos tenemos momentos en los que la vida no funciona como uno quiere. Para sentirse mejor consigo misma, su hija está trabajando fuerte para que todos los que la rodean sean tan miserables como ella. Todavía no sabe que eso no la ayudará a sentirse mejor.

Cuando usted está frente a un arma cargada, puede optar por salir de la línea de fuego. Simplemente desarmándola. No es divertido actuar sin una audiencia.

Los padres son famosos por reaccionar exageradamente al vestuario de sus hijos y a los experimentos con el cabello. Pero, ¿realmente importa si el cabello de su hija es azul por un breve tiempo mientras a ella le guste de ese color? Se cansará de eso o, en cualquier momento, desaparecerá. Entonces, ¿qué pasa si usa lápiz labial y esmalte de uñas negro por un par de meses? ¿O si su hijo insiste en comprar *jeans* más grandes para que su ropa interior pueda verse por encima ya que esa es la moda actual? Simplemente sugiera: «Es posible que desees comprar ropa interior atractiva, ya que todo el planeta la va a ver».

No se trata de lo que piensen sus amigos del nuevo aspecto de su hija. Lo que importa es su corazón. Puede que le gusten las camisas de camuflaje y los pantalones militares en este momento. ¿Y qué? ¿Sigue arraigada como miembro de su familia? ¿Trata bien a sus hermanos y a sus padres con respeto?

Nadie es perfecto. Todos tenemos nuestros días malos. Permita que su hija tenga los suyos, sin juzgar. Pero nunca tolere que la desprecien.

Cuando esté harta de los cambios, recuerde que es normal que los jóvenes prueben diversos estilos en el camino para descubrir quiénes son como individuos, separados de usted. Luego respire hondo y recuerde cómo era a sus once años, la forma en que se vestía y las cosas estúpidas que hacía.

Yo imaginaba que era el cantante principal de los Beach Boys. Tocaba la guitarra mientras cantaba «Little Deuce Coupe» frente al espejo porque pensaba que tenía talento musical y que el mundo estaba esperando que lo diera a conocer. El baño era mi escenario.

Lo que usaba en público en ese momento era ridículo, ahora que lo recuerdo. Ya había fumado mi primer cigarrillo a los siete años. A los once, había dejado que un cigarrillo saliera de mi boca para imitar al genial James Dean.

Cada vez que arqueaba una ceja ante algo que uno de mis cinco amigos estaba haciendo, les daba una mirada sin que nadie más me observará y hacía un truco. Nada de lo que mis hijos hayan hecho podría superar las travesuras que mis padres soportaron mientras yo crecía.

Una pequeña reflexión pondrá en perspectiva el drama en su hogar, en aquellos tiempos.

Ella teme estar sola

P: Mi esposo y yo adoptamos a Jana cuando tenía dos años. Después de que nos aceptó como su familia, parecía «reclamarnos». Mientras uno de nosotros estuviera con ella, se sentía bien. Pero lloraba incluso si un buen amigo se acercaba a verla por la noche. Le tomó mucho tiempo acostumbrarse a que alguien entrara y saliera de su vida.

Ni mi esposo ni yo tenemos hermanos ni padres vivos. Hace un mes, cuando Jana cumplió nueve años de edad, mi esposo tuvo que someterse a una cirugía de emergencia y murió inesperadamente. Jana y yo nos quedamos en estado de shock. Desde entonces, nos hemos convertido en una pareja que va a todas partes juntas. Jana casi siempre se mete a la cama conmigo. Supongo que dormimos mejor una al lado de la otra.

Desde que murió su papá, ella no ha querido ir a la escuela. He considerado la educación en casa porque su miedo a dejarme (¿o de que yo la deje?) es muy fuerte. ¿Cómo puedo ayudar a mi hija a superar ese obstáculo? También extraño a su papá.

R: La razón del comportamiento de su hija es clara. Ella teme que usted también muera y se aferra a usted con todo lo que tiene. Es su única fuente de conexión y tranquilidad.

Cuando usted adopta una niña que tiene dos años, el miedo al abandono puede ser un problema real. Para ese momento, el cuarenta por ciento de la personalidad de su hija ya estaba formado. En esos primeros dos años, cuando aún no los había conocido a usted y a su esposo, sobrevivió en su pequeño mundo adaptándose a sus circunstancias.

Entonces, de repente, tuvo un nuevo ambiente; una mamá y un papá que la amaron y la aceptaron con los brazos abiertos. Ella aprendió a confiar en usted. Contaba con que estuviera allí. Desarrolló un vínculo profundo con usted que le trajo seguridad a su mundo.

A los dieciocho meses de edad, los niños han descubierto su capacidad y su poder para cambiar o controlar sus circunstancias. Pueden llorar para dominar y hacer berrinches para salirse con la suya. Eso significa que ella aprendió desde el principio, en su casa, que aferrarse a usted significaba que podía controlarla y hacer que permaneciera con ella.

El apego es un acto muy común por parte de los niños que temen el abandono. Supongo que cuando era pequeña, cada vez que alguien venía a su casa, estaba detrás de usted, colgando de su pierna. Miraba a cualquier otra persona que entrará en su entorno como un invasor. *¿Quién es esa persona, de todas maneras? No* *pertenece a nuestro hogar. Este espacio nos pertenece a mamá, papá y a mí. No necesitamos a nadie más aquí.*

Los hijos únicos, incluso aquellos que no son adoptados, también tienen este miedo: *¿Qué pasaría si mamá y papá mueren y solo quedo yo?* Los sentimientos de abandono de su hija son exagerados porque ha perdido a su padre inesperadamente.

A los cuatro años, se formó el ochenta por ciento de su personalidad. Eso los incluyó a usted y a su esposo en el estrecho círculo de intimidad que ella permitió. Por no tener hermanos o padres, usted se convirtió en su todo. Su única familia. Pero la autosuficiencia que desarrolló a una edad temprana la hizo resistente a aceptar a otras personas en su corazón. En el fondo, temía perder a cualquier persona con la que tuviera cercanía.

Por tanto, a los nueve años, de repente, una de las dos personas en las que confiaba fue arrancada de ella. Sus temores de ser abandonada desde los dos años y antes, surgieron en su subconsciente debido a que perdió a su papá.

Pero pegarse a su hija no es la respuesta. Las dos son individuos y usted necesita tiempo aparte. Contar solo la una con la otra en este intenso momento de dolor no es una buena idea. Cada una de ustedes necesita tiempo para sanar. Usted ha pasado por muchas cosas y también su hija. Pero que ella duerma con usted en aras de la comodidad mutua no es saludable para ninguna de las dos.

Con los niños todo tiene que ver con rituales y patrones. Una vez establecidos, son difíciles de romper. Nunca debe comenzar un ritual que no pueda continuar a través de la educación primaria de su hija. ¿Seguirá su hija durmiendo con usted cuando tenga trece, quince, diecisiete, diecinueve años? Entonces no la lisie emocionalmente para que piense: *Sin mamá, no puedo hacer nada. No soy nada.*

Algún día usted también morirá. Es un hecho de la vida. ¿Qué hará su hija si ha aprendido a confiar solo en usted?

Así que esta noche, para la salud duradera de su hija, póngala en su propia cama. Dele el abrazo de buenas noches. Dígale cuánto la ama. Luego dígale que cada una de ustedes necesita dormir en su propia cama. «Mami siempre estará aquí contigo, pero necesitamos nuestras propias habitaciones y algo de tiempo a solas. Por eso voy a decirte buenas noches ahora. Te veo en la mañana. Es sábado, así que podemos decidir juntas a ver qué cosa divertida queremos hacer».

Sí, va a ser fuerte. Puede quejarse, llorar o hasta hacer un berrinche. Lucirá lamentable y tendrá que prepararse. Usted es el adulto aquí. Una fuga lenta en esta situación es desastrosa. Es mejor forzar una explosión y sacarla del camino. Debe desacostumbrar a su hija a depender solo de usted, por su bien y por el de usted. Los tiempos de separación son normales, necesarios y saludables.

También les ayudaría, a cada una de ustedes, hablar con un profesional de confianza para que superen las críticas etapas iniciales del duelo.

Él solo sale con chicas

P: Mi hijo siempre ha tenido problemas para encontrar amigos. No ayuda el hecho que mi esposo dejó a nuestra familia cuando Sam tenía solo siete años. Desde entonces, parece sospechar de cualquier hombre, incluso de mi bien intencionado hermano, que intentó intervenir para llevarlo a actividades de padres e hijos. Sam optó por salir con chicas. Una vez me dijo que son «más seguras».

Eso estaba bien cuando era más joven, pero ahora que está ingresando a la escuela secundaria, lo molestan solo por tener chicas como amigas. ¿Cómo puedo hacer que mi hijo vea que ese equilibrio —tener ambos tipos de amigos— podría ser algo bueno? ¿O debería dejar que sus amistades se desarrollen como son?

R: Mi mejor conjetura es que su hijo está batallando con lo que muchos jóvenes luchan: la identidad de género. Puede identificarse y sentirse más cómodo con las mujeres que con los hombres. Eso podría ser por innumerables razones, incluido el hecho de que perdió a su padre cuando era joven y pasó la mayor parte de su tiempo con mujeres.

Lo curioso es que, por lo general, es el padre del sexo opuesto quien deja una huella indeleble en el hijo. Aunque fui criado por una madre y un padre, fue mi madre quien estuvo presente continuamente en mi vida. Ella soportó mis numerosas travesuras cuando era niño, mantuvo la calma y tomó las riendas, creyendo en mí a pesar de toda la oposición (y había mucha).

Por ejemplo, cuando estaba en mi adolescencia tardía, anuncié en la mesa que me estaba comprometiendo. Era pobre, trabajaba como conserje ganando ciento noventa y cinco dólares al mes. Sin embargo, iba a entregar un depósito de doscientos dólares por un anillo. Digamos que Jim Carrey no tiene el derecho exclusivo de ser el tonto más tonto [como la película que protagoniza, *Tonto y retonto*].

Mi mamá, que probablemente estaba agotada por mis travesuras, solo dijo con calma: «Eso es muy lindo, querido. ¿Me pasarías los guisantes?». Ella tenía la sensatez de tomar con calma todo lo que decía o hacía. Esa cualidad extraordinaria es una de las razones por las que permanecí tan cerca de mi madre toda mi vida, incluso las veces que estuve en mi punto más bajo y pensé que nunca llegaría a nada.

Intenté por años hasta que Dios finalmente me encontró e hizo un cambio total en mi vida. Hasta el hoy me siento mucho más cómodo hablando en una fiesta con un grupo de mujeres que con unos pocos hombres. ¿Por qué? Muy probablemente porque mi madre estaba muy involucrada en mi vida cuando era joven.

Respetaba profundamente a mi padre, que solo se había graduado del octavo grado. Tenía su propio negocio, una lavandería, y nunca ganó más de doce mil dólares en un año determinado. Siempre estaba ocupado y no se involucraba mucho en la vida familiar mientras yo crecía. Después de la cena encontraría una excusa para ir a tomar una cerveza con los amigos.

No fue sino hasta los cincuenta y seis años que mi padre se convirtió en cristiano e hizo su propio giro de ciento ochenta grados en su personalidad y su comportamiento. Luego tuve la extraordinaria oportunidad de tener una excelente relación con él, incluida mucha diversión, hasta su muerte a los setenta y cuatro años de edad. Aunque no éramos cercanos en mi niñez, estaba agradecido por no tener ningún asunto pendiente con él. Cuando pienso en mi padre, sé que estaba lejos de ser el hombre perfecto. Sin embargo, para ser un joven con poca escolaridad, lo hizo bien. Se las arregló para cuidar a su familia lo mejor que pudo.

Sin embargo, a su hijo le ha faltado la influencia de su papá desde los siete años, por lo que se siente comprensiblemente más cómodo con las chicas. Fomentar más amistades masculinas a estas alturas solo puede frustrarlo y hacerlo sentir incompetente. De todas las personas en su vida, usted necesita entenderlo y apoyarlo. Necesita su amor constante.

Lo mejor que puede hacer usted es dejar que sus amistades se desarrollen como son. Parece feliz y saludable, y —a su edad— debería elegir a sus amigos. Nadie quiere que sus amigos sean elegidos por otra persona. Y ningún joven de secundaria quiere que le impongan actividades de padre e hijo, particularmente por alguien que no es su padre.

En este caso, es mejor mantenerse al margen. Sin embargo, un comentario oportuno, si menciona que lo molestaron, sería: «Lamento que te haya pasado. Los amigos que eliges son asunto tuyo. Pero mantén las opciones abiertas, hijo. Creo en ti y siempre te apoyaré en lo que decidas hacer».

Si la presión de grupo sobre sus amistades realmente le molesta, puede buscar algunos amigos varones… o puede que no. Lo que haga en ese campo no es importante a largo plazo. Lo crítico es mantener la conversación fluyendo entre ustedes dos para que su corazón esté receptivo a usted. Entonces él podrá hablar con usted sobre cualquier cosa. Tendrá una buena relación con ese hijo suyo, tanto ahora como en el futuro.

¿Ansiedad por la separación o algo más?

P: Tengo una hija de tres años. Como soy madre soltera y trabajadora, Katarina pasa mucho tiempo con mi vecina, que la cuida durante el día por mí. Por lo general, a ella le encanta porque mi vecina es una madre que permanece en casa y tiene una hija un poco mayor que ella. Es una feliz compañera de juegos para mi hija, así que no me siento tan culpable al dejarla.

Sin embargo, hace una semana cuando fui a recogerla, mi vecina no estaba ahí. Su hermano menor era el que estaba. Katarina corrió hacia mí, llorando, tan pronto como me vio. Todos los días, desde entonces, ha llorado y se ha aferrado a mí cuando la llevo a casa de mi vecina.

Mi vecina es madre de cuatro hijos. Ella dice que mi hija probablemente esté atravesando la típica fase de ansiedad por separación y que la superará. Pero mi culpa y mi radar de mamá están en su punto más alto. ¿Es realmente una fase o está sucediendo algo más? Ese comportamiento surgió de la nada y es tan diferente a Katarina. ¿Cómo puedo abordar esto razonablemente con mi vecina y mi hija?

R: Las madres tienen un sistema de radar cuando se trata de sus hijos. Si su radar está emitiendo una señal de peligro, es prudente prestarle atención de inmediato. Obviamente está entre la espada y la pared. Depende de su vecina para cuidar a su hija. Como madre soltera, no solo lleva la comida a casa, sino que también la cocina. Necesita ingresos para mantenerse a flote.

Katarina ha sido feliz con su vecina anteriormente, pero de repente las cosas han cambiado. Con ese comportamiento por parte de una niña de tres años, sospecho que algo podría haber sucedido ese día que es perjudicial para la salud de su hija. Sin embargo, antes de responder, piense detenidamente. ¿Qué ha cambiado? En este caso, la alarma de la preocupación suena violentamente. Su vecina no estaba ahí cuando usted fue a buscarla, pero su hermano menor sí. Sospecho que él es el detonante del llanto de su hija.

No se arriesgue nunca en una situación en la que exista un potencial pedófilo o abuso de cualquier tipo. Sé que es una decisión difícil de tomar. Su trabajo también puede estar en juego. Hacer este tipo de cambio es muy conveniente. Sin embargo, como madre soltera, usted sabe que su primera respuesta a casi todo en la vida debería ser: «¿Cómo incide esto con mi hija y sus necesidades?».

Eso significa que no volverá a esa casa con su hija. Ahora podría ser un buen momento para unas cortas vacaciones con el fin de pasar un día o dos con su hija y encontrar a alguien más que la cuide. Si la abuela y el abuelo están cerca y tienen una buena relación con ella, ¡maravilloso! Es hora de que contribuyan y ayuden. O si viven en otro estado, podrían considerar visitar su hogar durante una semana o dos para ayudar con la transición.

¿Qué va a hacer con su vecina? Como ha tenido una buena relación con ella, sería aconsejable tener una breve conversación. Pero asegúrese de hacerlo cuando pueda estar tranquila y ser cariñosa con ella. En esta situación, es posible que no tenga idea de que algo sucedió en su casa para despertar los temores de su hija.

Dígale: «Me está costando entender por qué Katarina se siente tan molesta ahora. Siempre le encantó venir a jugar con tu hija. Pero cuando la recogí después de que tu hermano estuvo aquí, ella corrió hacia mí, llorando. Ahora no quiere venir aquí. Dado que este acuerdo ya no funciona, he hecho otros planes».

Usted no puede entrar por la puerta y acusar a alguien de abuso, pero al menos puede generar una conversación que ponga a pensar a su vecina. Quizás cuando salga por la puerta, ella pueda meditar en algunas situaciones del pasado con ese hermano suyo. Ella puede sacar conclusiones obvias. Ninguna mujer quiere creer que su hermano podría ser un pedófilo.

Esto no ayudará a su hija, ya que no volverá a ese hogar independientemente de que sea verdad o no. Sin embargo, sus palabras amorosas pueden ayudar a otro niño que su vecina termine cuidando. Sin decir que, si su hermano es pedófilo, entonces su propia hija está en peligro de abuso. La mayoría de los perpetradores de abusos son, por desdicha, miembros de la familia.

Así que preste atención a ese radar de mamá. Por lo general, da en el clavo. Recuerde, ser padre no siempre es fácil ni conveniente. De hecho, la palabra padre proviene del vocablo latín *parentis*, que significa «protector». Ese es su rol, y es hora de jugarlo sin miramientos.

¿Riesgo de suicidio o simplemente desanimado?

P: Noah, mi hijo de dieciséis años de edad, siente que no es bueno en nada. No es un atleta, no es un buen estudiante, no es un joven que le guste a las chicas… La letanía negativa es interminable. Pero ayer me dejo fría cuando dijo:

—Mejor me mato, ya que no sirvo para nada.

—¿A qué te refieres? —le pregunté.

Él se encogió de hombros.

—Lo que dije —luego se dirigió a su habitación y cerró la puerta.

No pude dormir en toda la noche y, con frecuencia, iba a escuchar en la puerta de su habitación. Lo vigilé durante dos días (afortunadamente fue un fin de semana y no tengo que trabajar).

¿Podría mi hijo estar en riesgo de suicidio? ¿Es esto algo emocional para un adolescente o es un verdadero grito de ayuda? ¿Debo involucrar a un consejero?

R: Calmémonos y tomemos las cosas una por una. Antes que nada, aprendí hace mucho tiempo que los jóvenes a veces lanzan cosas para llamar la atención o la simpatía porque están desanimados y no saben qué más hacer. Cuando era decano de los estudiantes en la Universidad de Arizona, a menudo recibía llamadas de padres que no dormían porque su hijo o su hija los habían llamado para decirles lo infelices que estaban en la universidad. Mostraban una imagen sombría de lo que estaba sucediendo en la universidad y cómo se sentían sus hijos. En aquellos días, cuando la universidad actuaba en lugar de los padres, yo llamaba al joven en cuestión.

«Hola, Adam, quería hablar contigo. Recibí una llamada de tu mamá y tu papá. Están muy preocupados por ti. Dijeron que estás enfrentando una experiencia negativa en la universidad y que te sientes deprimido. Que las cosas no están funcionando».

El joven agachaba la cabeza y saludaba con desdén. «Ah, eso. Me desahogué con ellos anoche. Obtuve una C en un proyecto que pensé que había hecho mejor, por lo que estaba realmente molesto».

La imagen sombría que los jóvenes a veces pintan no suele durar mucho. Es una forma barata de darles un golpe o preocupar a sus padres.

«No puede ser tan malo», dicen los padres, dando a su hijo la oportunidad de desahogarse más.

Es como un niño de cuatro años que dice acerca de su dibujo: «No me quedó bien» y llora frente a su madre. Esa acción es una disposición manipuladora para que ella diga: «Ahora, ¿por qué dices eso? ¡Es un hermoso dibujo!». El comportamiento solo continúa si se le alienta.

Yo les decía a los padres preocupados que simplemente escucharan lo que dijeron sus alumnos y no aumentaran su presión arterial. «No caiga en estado de conmiseración propia. Al contrario, diga: "Oh, a veces parece que las cosas son difíciles. Pero ¿sabes qué? eres un buen joven y un joven capaz. Creo en ti. Sé que puedes superar esto"».

Fue sorprendente cómo cambió la naturaleza de las llamadas telefónicas de los estudiantes cuando los padres siguieron mi consejo. Supongo que en este momento su hijo siente pena por sí mismo. Él está trabajando duro para recibir un golpe o un abrazo. Sus palabras son un grito para llamar la atención. Por ahora, permita que su hijo tenga sus sentimientos, pero no se una a la fiesta de sus quejas. Si su comportamiento continúa, si sigue siendo un recluso, si no se aventura a salir de su habitación, ni se pone en contacto con sus amigos o no escucha de ellos, entonces está en aguas más peligrosas. Llevar a su hijo a ver a un profesional de confianza es una buena idea.

Usted conoce a su hijo mejor que nadie. ¿La está manipulando para que se conduela con él? ¿Está momentáneamente desanimado y le llevará unos días sentirse mejor? ¿O es algo más grande, más serio?

Si continúa retrayéndose o si ve alguna señal de que quiere quitarse la vida, actúe de inmediato. Haga una cita enseguida con un profesional e insístale en que vaya con usted. No lo deje solo por ningún momento. Como progenitor, usted es su tutor. Su seguridad física es lo primero.

En esta situación, su instinto parental entrará en escena. Ha visto a su hijo en todo tipo de situaciones. ¿Normalmente actúa así cuando se desanima? ¿Ha visto desarrollar un patrón repetido en él? ¿O fue su respuesta provocada por un hecho que, con el tiempo, explotó en su intensidad emocional?

Usted, de todas las personas en el mundo, es quien lo conoce mejor.

¿Abusada por su novio?

P: Nunca hemos estado muy contentos con el novio de mi hija, Jason. Han estado saliendo durante más de un año y siempre ha parecido ser demasiado controlador. Aunque por lo general están juntos, él vigila a Kara cuando no está con él. Incluso le pegó a un joven que la saludó. Kara insiste en que solo es protector, que la ama tanto que quiere asegurarse de que esté a salvo. Ella piensa que es romántico, pero ese tipo de intensidad nos asusta. Hemos intentado separarlos, pero no pudimos cambiar su opinión de él.

Hace un mes, en su decimoséptimo cumpleaños, llegó a casa con una rasgadura en la falda. Nos dijo que tropezó con algo. Pero una amiga escuchó a Jason gritar que su falda estaba demasiado corta, lo que hacía que otros jóvenes la miraran. Él dijo que ella era suya y que era mejor que ella no pensara lo contrario.

Cuando la confronté con lo que había sabido, ella asumió lo que sucedió como culpa de ella por usar algo que sabía que él no aprobaría. Me dijo que él a veces pierde los estribos, como todos. Kara siempre ha sido el tipo de persona que quiere complacer a los demás y hacerlos felices, aunque le duela.

Ayer, cuando llegué a casa del trabajo, había pedazos de la lámpara de su habitación sobre la alfombra. Ella rápidamente dijo que había sido una torpeza suya y que la dejó caer, pero sus manos temblaban. Mi esposo y yo sospechamos que fue Jason el que la rompió y se fue.

Nos preocupamos, pero ¿qué podemos hacer? No podemos obligarla a romper con él. Amamos a nuestra hija y nuestro instinto paterno dice que algo está profundamente mal con este «amor». Queremos que Kara esté a salvo.

R: La intuición de un padre con respecto a su hijo suele ser correcta, por lo que debe confiar en ella. Kara tiene una personalidad complaciente y se ha enamorado de un controlador que está fuera de control. Es un escenario muy típico que se desarrolla en muchas relaciones.

El abusador a menudo tiene el tipo de personalidad encantador que atrae espontáneamente. Su comportamiento celoso con otros hombres y su control sobre ella al principio le parecen halagadores y románticos. Él la atrae con todo tipo de atenciones y la colma de regalos. Luego, una vez que ella está bajo su control y él le quita la libertad sin que ella se dé cuenta, su «personalidad» cambia poco a poco. Su mal humor se muestra con más frecuencia. La crítica, le grita, la amenaza, esencialmente intimidándola y jugando con su mente. Cuando ella está con otros, él comienza a humillarla y avergonzarla. Todos esos pasos la aislarán aún más de cualquiera que pueda ayudarla. Sus argumentos aumentan, pero como él es un «gran tipo», ella piensa que es culpa de ella. Ella no es lo suficientemente buena, por lo que debería hacer las cosas mejor.

¿Algo de esto se le parece a su hija y su situación? Para mí, lo que usted está describiendo es el patrón clásico de abuso de la primera etapa.

Para que el abuso continúe, hay un elemento muy importante que debe mantenerse: la negación. En este momento Kara niega que haya un problema con su novio. Ella afirma que la responsabilidad es toda de ella. Es lo que *ella* hizo lo que lo obligó a rasgarle la falda, romper la lámpara y tratarla como él lo hace. Sin duda, ella siente la tensión en su relación. Debido al poder que él tiene sobre ella, ella tiene que andar siempre con mucho cuidado. Probablemente cuando él se enoja, ella trata de calmarlo y razonar con él. Ella sacrifica tiempo con otras personas, incluso con su familia, para apaciguarlo.

Déjeme asegurarle que este tipo de relación no tiene que ver con amor. Se trata de poder y control. Si usted no interviene, él tendrá rienda suelta para pasar a la siguiente etapa, en la que podría lesionarla físicamente.

La segunda etapa consiste en el aumento del abuso verbal y también el maltrato físico. Pasa de rasgarle la falda y romper la lámpara a golpearla. Después que eso ocurra y vea los moretones, los cortes y otros daños que él le haya hecho, él va a llorar. Le dirá a ella que lo siente. Le promete: «Nunca volveré a hacerlo». Socavará la gravedad de su abuso al agregar: «Afortunadamente, no estás mal herida». Entonces le acreditará la culpa a ella. «Es que tuve un día terrible y, realmente, te necesitaba. Pero estabas en otro lugar y eso me hizo enojar mucho».

Nadie se enoja sin su propio permiso. Y golpear a alguien por cualquier motivo no es correcto, a menos que usted sea un luchador de artes marciales mixtas, por supuesto.

Ella se mantendrá alejada de él por una noche o unos días hasta que él calme. Entonces él se sentirá culpable y podría darle un regalo: flores o un collar. Él reiterará: «Eso nunca volverá a suceder». Él promete hacer lo que ella quiera.

Creyendo que su comportamiento es algo de una sola vez, ella lo perdonará y hará las paces con él. Ella estará feliz, pensando que han terminado con ese obstáculo difícil.

Pero no es así. Cuando se salga con la suya, él puede pasar fácilmente a la tercera etapa, en la que aumenta el abuso. Él podría «fingir» que la estrangula, golpearla más severamente o forzarla a tener sexo. Ella nuevamente intenta razonar con él y contraataca. Ella, incluso podría amenazarlo con llamar a la policía.

Sin embargo, cuando él dice que lo siente, ella lo perdona y vuelve con él, creyendo que todavía la «ama».

Lo lamentable es que ese ciclo se repite varias veces. Los abusadores no detienen sus patrones. Son infinitamente manipuladores y les aseguran a sus víctimas que «esta es la última vez», que realmente cambiarán su comportamiento. Pero esas promesas no se cumplirán. Los controladores abusivos usan continuamente una combinación enfermiza de tácticas psicológicas que inducen al miedo, la vergüenza y al aislamiento.

Su hija aún no lo sabe, pero necesita una intervención amorosa de las personas que más la aman: ustedes dos. Háganlo pronto. Hoy mismo, si es posible. Díganle con franqueza lo que ven en la relación y qué significa desde la perspectiva de ustedes. Cuéntenle acerca de las etapas del abuso. Insístanle en que no vea a su novio o que no tenga contacto con él hasta que se vea en una cita con un consejero. Debido a que usted sabe que ella negará lo que está sucediendo, como ya lo ha hecho, la mejor opción sería recogerla para hacer una «salida» con ella y que esa salida sea a la oficina del consejero con la cita ya reservada.

Su hija se enojará. Es probable que se sienta traicionada. Inicialmente podría detestar que usted tome el control de la situación. Pero en el futuro la aliviará que usted haya detenido las cosas antes de que empeoraran.

En estos casos, es mejor que un tercero —un consejero profesional— se encargue de analizar lo que está sucediendo y por qué. Usted está demasiado involucrada emocionalmente con su hija para ver el cuadro con claridad. Ella ya sabe que no le agrada mucho su novio. Podría pensar o decir: «Solo estás haciendo esto porque él no te agrada».

Cuando un tercero le dice la verdad, es más probable que ella crea el escenario. Además, el consejero puede ayudarla a descubrir por qué tolera y excusa el comportamiento abusivo y controlador de él. Comprender el por qué es vital para su futuro bienestar y para tener relaciones saludables.

Esta es una de esas colinas no negociables en las que usted puede plantar su bandera como progenitor. El joven que ella cree que la ama está usando medios intimidantes para obligarla a someterse a sus deseos. Usted debe ser inamovible en el camino a garantizar su seguridad. Esa es su primera y más importante asignación como progenitor.

Pero lo próximo es igual de crítico para su futuro. Usted debe apoyarla mientras explora con el consejero por qué se enamoró de ese tipo de persona y aceptó tal comportamiento. Si no descubre las razones subyacentes, saldrá de esta relación y pasará a otra igual de controladora.

Las mujeres tienden a conformarse con lo que creen que se merecen. Pero el abuso de cualquier tipo es algo que nadie se merece *nunca*. Hay que detenerlo, ahora mismo.

Su hija tiene derecho a ser amada de la manera correcta y a serlo de ahora en adelante.

Amigos cambiantes

P: Mi hija adolescente descubrió, de mala manera, lo cambiantes que pueden ser los amigos. El secreto que pensó que compartía solo con sus tres amigas más cercanas —el joven que le gustaba— se convirtió en el chisme central en una conversación grupal.

Ella está muy avergonzada y se siente realmente traicionada. Dice que nunca más podrá confiar en nadie... nunca.

¿Qué puedo hacer para ayudarla a superar este dolor?

R: Las cosas podrían ser mucho, mucho peor, créame. Los chismes acerca de los chicos abundan. Espere un día o dos, y las grupos de chat pasarán a la siguiente noticia caliente sobre «pareja potencial de novios». Hoy, ella puede sentir que muere de humillación, pero se sentirá mejor en un par de días. Para entonces, ya habrá hecho las paces con esas amigas o las habrá abandonado. Si hay algo predecible en la adolescencia es que los chismes y la amistad son tan rápidos y fugaces como un destello de luz. Sin embargo, todavía no tiene la experiencia para saber eso.

La mayoría de los padres dirían: «Eso no puede ser tan malo como piensas». Todo lo que hace es aumentar el volumen de sus lamentos. Para ella, es el fin del mundo como ella lo conoce.

Otras cosas inútiles que decir serían:

«No te preocupes. Estoy seguro de que solo unas pocas personas lo saben». Mal, ya que cualquier noticia de ese calibre se propaga instantáneamente por todas partes.

«No hay nada malo en que te guste alguien». Pero algo está terriblemente mal al hacérselo saber. Su vergüenza la ha hecho agacharse y buscar refugio cada vez que él está en un radio de un kilómetro.

Por ahora, está sufriendo dramáticamente. Las jóvenes, casi siempre, lo son; porque son criaturas verbales, que usan diez veces más palabras que los hombres. Ella hablará en extremos, usando las palabras *siempre* y *nunca* abundantemente.

Cuando ella dice: «Nunca volveré a confiar en nadie», la respuesta típica de los padres es: «No quieres decir eso».

No se dirija hacia allá, padre. En realidad, en este momento ella quiere decir eso. Ha sido herida, violentada y traicionada. Las amigas que pensaba que eran confiables terminaron compartiendo uno de sus secretos. Así que no intente pintar una imagen rosada ni agitar su varita mágica. Ninguna táctica funciona con los jóvenes heridos.

Primero, afirme la manera en que ella se siente. Sus sentimientos no son correctos o incorrectos. Son sentimientos y son reales. «Lamento mucho que estés sufriendo. Realmente duele cuando alguien en quien crees que podías confiar se vuelve contra ti». También puede contar una o dos experiencias propias en las que usted confió en otra persona con información privada y volvió a traicionarla.

Como la situación ya sucedió, también podría sacar algo positivo de ella: un momento aleccionador. Continúe diciendo: «No siempre puedes confiar en tus amigos, pero puedes confiar en tu familia. Siempre estaremos presentes. Puedes confiar en tu hermana, tu hermano, tu papá y en mí».

Es posible que usted piense que ella no la escuchó, pero lo hizo. Reflexionará sobre sus palabras en otras situaciones futuras. La próxima vez, ella podría guardar sus pequeños secretos en la familia.

Los adolescentes son cambiantes. Cambian de amigos tan rápido como de ropa interior. El problema central del chisme se hace peor porque la mayoría de los adolescentes de hoy no tienen ningún filtro para lo que es o no es correcto publicar. Una vez que las noticias se difunden en formato electrónico, se publican y no se pueden recuperar.

Ahora que sabe lo que sabe, ¿cómo responderá la próxima vez que su hija aparezca en la cocina y le diga: «¡No puedo volver ahí, nunca! Quiero cambiar de escuela?».

El viejo usted hubiera dicho en un tono conmocionado: «¿Qué quieres decir con cambiar de escuela? ¿Por qué quieres cambiar? ¿Qué pasa?».

El nuevo usted dirá: «Oh, algo debe estar pasándote en la escuela para que digas eso. Si quieres hablar al respecto, me encantaría escucharte. Si no estás lista, está bien también. Respeto eso».

¿Ve usted la diferencia?

Haga de su hogar un puerto tranquilo y seguro, y ella querrá regresar, no importa qué clase de día tuvo tipo de día haya tenido.

Lo hemos intentado todo

P: Hemos intentado todo con nuestro hijo, que ha estado en problemas desde que tenía once años. Es desafiante y grosero con cualquier figura de autoridad, a pesar de que no lo criamos de esa manera. Lo expulsaron de una escuela privada en la que trabajamos duro para que ingresara. Solo duró un mes en la escuela pública antes de ser expulsado por comenzar una pelea.

El año pasado fue arrestado por usar drogas. Vaciamos nuestra cuenta de ahorros y lo enviamos a una costosa rehabilitación. Pero nada funciona. Él solo se enoja más y se hunde en el uso de las drogas. Dice que no podemos aceptarlo por lo que es.

Con eso quiere decir que cree que es gay. Pero no puede ser. Somos una familia cristiana y él no ha crecido de esa manera. Es solo otra forma en que se está revelando, porque sabe que nos molesta. Por alguna razón está tratando de vengarse de nosotros. No le hicimos nada, todo lo que intentamos hacer es ayudarlo. ¿Qué más podemos hacer?

R: El comportamiento de su hijo está gritando la respuesta a esa pregunta en voz alta. Lo apoyaron financieramente y lo rescataron de las consecuencias de sus acciones durante años. Pero no le han dado lo que más anhela: aceptación.

Él está enojado con ustedes porque no tratan… ni tratarán de entenderlo. Debido a eso, está tratando de llamar la atención de ustedes en todas las maneras que pueda. No sabe cómo hacer que eso ocurra de una manera positiva, por lo que actúa en forma negativa peleando, haciéndose expulsar de la escuela y usando drogas.

En esencia, cada ser humano anhela pertenencia y aceptación. Su hijo quiere que lo acepte tal como es. Si no lo hace, buscará la aceptación en otro lugar. Eso incluye a sus amigos drogadictos. Y si no puede encontrar pertenencia en su hogar y verlo como un puerto seguro en vez de un lugar con tumultuosas tormentas de desacuerdos cada vez que ingresa, buscará su pertenencia en sitio.

Por tanto, ¿qué puede hacer usted? Ponga a un lado cualquier sentimiento que tenga acerca del tema de su orientación sexual. En vez de eso, acéptelo como es. Sin condiciones. Sin juicios. Simplemente permítale ser lo que es: su hijo.

Aunque eso no significa que usted deba continuar soportando su mal comportamiento o rescatarlo de las circunstancias que él mismo causó. El amor no significa permitir que se le atropelle adrede.

Usted necesita limpiar el aire. Ser el adulto. Pedir disculpas por la forma en que lo ha tratado en el pasado. Usted no tiene idea de la manera en que las palabras «lo siento por no aceptarte. ¿Me perdonarías?» pueden ser el punto de inflexión para cambiar su relación. Comience con eso, luego trabaje en el resto. A partir de este momento, necesita saber que lo acepta pero que ya no lo rescatará de sus problemas.

Si lo arrestan nuevamente por consumir drogas, usted hará lo más difícil de la vida. Esperar unas horas antes de ir a la estación de policía. Cuando llegue allí, no lo rescate de inmediato. Permita que se quede en la celda de detención por una noche.

En los tribunales, debe ser él quien se pare frente al juez solo. Usted puedes estar ahí, pero al fondo de la habitación; en vez de estar a su lado. Deje que la realidad, la atmósfera de la celda, los oficiales de policía y el severo e inflexible juez, hablen por usted.

No se necesitará ningún sermón por parte suya. ¿No es mucho mejor para él aprender una lección difícil ahora, cuando tiene menos de dieciocho años y todavía lo tratan como un juvenil y no como adulto?

Deje de gastar su dinero. Deje de rescatarlo. En vez de eso, acéptelo por lo que es y simultáneamente permítale aceptar las consecuencias de sus acciones. Ese es un amor fuerte y la única forma de triunfar en esta situación.

Se burlan por su peso

P: Aaron, de 11 años de edad, siempre ha sido un poco gordito y se ha enfrentado a las burlas. Sin embargo, parece resistirlas bien, ya que ha tenido un buen amigo que es popular y que siempre lo defendió.

El verano pasado, sin embargo, su amigo se mudó. Ahora es la temporada de caza de mi hijo de séptimo grado. Todos los días puedo ver su cabeza cabizbaja cuando desciende del autobús. Nadie, en verdad, lo ha intimidado físicamente, así que no hay mucho que pueda hacer al respecto. Pero detesto verlo tan golpeado emocionalmente. ¿Cómo puedo ayudar mejor a mi hijo?

R: Cualquiera que sea diferente, de alguna manera, será golpeado en el grupo de compañeros. Su hijo podría ser inteligente, obtener todos los reconocimientos, ser la estrella del clarinete… No importa. Nadie escapa a la atención de los estudiantes de secundaria, que son inseguros y pueden convertirse en bestias salvajes en su intento por ser el mejor.

Es bastante difícil no poder hacer algo para no vivir esa experiencia, por así decirlo. Si Aaron es más grueso que el promedio, es fácil de identificar y de molestar. Peor aún, el único amigo que lo defendió ya no está. A su hijo le cortaron sus aspiraciones.

Usted no puede cambiar la forma en que sus pares lo tratan. Pero puede modificar la otra parte de la ecuación. Hablando en términos prácticos, su gordito de séptimo grado no se volvió de esa manera por comer judías verdes y espárragos. Si él es como yo, cuando voy a un restaurant voy al grano. Pido un tazón de carbohidratos y otro de cereal. Casi no consumo verduras.

Déjeme preguntarle: ¿quién trae la comida chatarra a la casa? No es el alumno de séptimo grado. Por lo general, es mamá, que compra en el supermercado y tiene a mano muchos helados, galletas y papas fritas.

Entonces haga lo que sea práctico. Dele a su hijo la oportunidad de comer alimentos más saludables. Saque la basura de su refrigerador, de su congelador y de su despensa. Dirija a toda la familia a una dieta más saludable. Les hará un favor a todos.

Además, ¿es su hijo físicamente activo? ¿Hay algún deporte que le interese? ¿Podrían ustedes dos caminar en un parque después de la escuela o nadar los fines de semana? ¿Podría invertir en una pera de boxeo para el garaje o inscribirlo en tae kwon do?

Con una dieta más saludable y una mayor actividad física, su hijo debería adelgazar de forma natural. Sin embargo, usted no puede controlar todo lo que él come. Cuando está en la escuela o fuera de su casa, siempre puede encontrar comida chatarra. Entonces, ¿cómo le inculca el deseo de comer el tipo de comida correcto?

Ahí es donde cabe una visita a la pediatra. Llame a la doctora con anticipación. Dígale que está preocupada por el peso de su hijo y que lo están molestando en la escuela. Ella puede ser el tercero que le diga que tiene un peso poco saludable y que necesita cambiar sus hábitos alimenticios y de ejercicio. De modo que ella insistirá en una cita para hacerle el seguimiento.

«Cuando te vea en abril, Aaron, te pondré en la balanza de nuevo. Quiero que tengas tanto de peso», dirá ella. «Realmente no tiene nada que ver con tu aspecto, sino con tu salud. Tienes demasiado peso para tu estatura. Sé que puedes hacerlo. Espero verte en seis meses». Y ella le entregará una lista de instrucciones a seguir para ser más saludable.

Si hay involucrado un tercero que sea una autoridad respetada, no es necesario que usted se convierta en el progenitor que regaña y da sermones.

La doctora le informará los hechos. Le dará a su hijo el anuncio comercial que necesita escuchar.

Llevar a su hijo en dirección a la salud física no sucederá instantáneamente. Esos kilos se asentaron con el correr de los años y no se desprenderán fácilmente. Además, perder peso y ponerse en forma no resolverá todos los problemas sociales de Aaron. Sin embargo, estar más sano mejorará su condición mental y emocional. Se sentirá mejor consigo mismo, lo que lo ayudará a navegar por su mundo mucho más fácilmente. También le dará una ventaja más competitiva para sus futuros proyectos.

Vale la pena algunos inconvenientes ahora, ¿le parece?

Él es antitodo y nada le importa

P: Sean es antitodo. Sus acciones gritan: «Te odio, así que ni siquiera intentes acercarte a mí». El chico que solía andar en patineta con sus amigos se ha convertido en el solitario que se retira a su habitación después de la escuela y escucha lo que mi esposa y yo llamamos música «screamo» [un subgénero agresivo de emo].

Cuando trato de preguntarle algo, no responde. Lo máximo que puedo sacar de él es un encogimiento de hombros, y un «no sé» o un «lo que sea». Actúa como si no le importara nada ni nadie. Se aísla de todos. Sus viejos amigos no lo contactan. Sus calificaciones han caído tanto que nos preguntamos si deberíamos sacarlo de la escuela secundaria y ponerlo en una escuela de comercio. Es como si hubiera perdido toda motivación. No podemos lograr que haga nada. Simplemente esta aletargado.

No sabemos qué más hacer. ¡Ayuda!

R: Bueno. Gracias por esa pregunta tan fácil. Cada vez que usted ve cambios tan dramáticos —como convertirse en un solitario, despreocuparse, no contactar a los amigos y bajar las calificaciones— existe una alta probabilidad de que haya encontrado una forma poco saludable de lidiar con su estrés. Su frase «es como si hubiera toda motivación» es una señal para mí de que está fumando hierba.

Claro, puede arrastrarlo a un psiquiatra para ver por qué está en aletargado, pero supongo que tendrá un éxito mínimo. Se ha rendido. No le interesa nada. La escuela, en general, no funciona para él. Cambiarlo a otra escuela no mejorará su actitud.

Sin embargo, en lo que puede insistir es en un chequeo físico. Informe al médico con anticipación, sin que lo sepa su hijo, que desea que le haga una prueba de drogas. Cuéntele a su doctora lo que está viendo. De esa manera, estará bien informada antes de la visita y puede ser la tercera mediadora. Los resultados de esa prueba le ayudarán a dar los próximos pasos.

Elegir no hacer nada sigue siendo una opción. Él está jugando a ser un muerto en vida. Cualquier suceso podría haberlo puesto en picada y llevado a darse por vencido. ¿Ha sucedido algo intenso en su familia? ¿La muerte o enfermedad de un hermano? ¿Un divorcio y un segundo matrimonio? Si es así, un poco de consejería profesional podría ser útil. O, como sospecho, está usando drogas y necesita una intervención médica.

Sin embargo, un pequeño tratamiento de choque por su cuenta sería justo. Claramente, necesita un llamado de atención. «La escuela evidentemente no está funcionando para ti. No parece que te importe, no haces algún esfuerzo. Entonces es hora de hacer algo diferente. Es tiempo de que consigas un trabajo. Todos en esta familia trabajamos para contribuir. Yo trabajo en el centro. Tu madre trabaja a tiempo parcial y lava toda la ropa, cocina y limpia en la casa. En este momento, no estás haciendo nada. Para permanecer en esta casa, debes contribuir. Te daremos dos semanas para buscar, pero queremos que tengas un trabajo de tiempo completo para fin de mes. Se necesita dinero para vivir. Mientras estudiabas a tiempo completo, te apoyábamos totalmente. Pero ahora es tu responsabilidad retribuir a esta familia».

Es probable que lo mire conmocionado y luego, posiblemente, se enoje. Si es así, bien. Ha logrado su primer objetivo, que es al menos provocar una respuesta de algún tipo por parte del señor Muerto en vida. Parte de la razón de su retiro es manipularlo a usted y a sus sentimientos. Se retrae para poder obtener lo que quiere: atención, aunque sea negativa.

Usted encoge los hombros. «Lo que hagas después es tu elección. Puedes volver a la escuela, estudiar mucho, ponerte al día y hacer que eso cuente. O puedes obtener un trabajo a tiempo completo. No puedes vivir con nosotros para siempre. Sin educación, será más difícil para ti conseguir un trabajo. Y, por cierto, ahora que ya no eres estudiante, tu mesada se suspende. Puedes ganar tu propio dinero para gastarlo».

Eso suena muy cruel, está usted pensando. *Claramente, el chico está en mal estado y herido.* Sí, lo está. Sin embargo, si está consumiendo drogas, ¿dónde cree que obtuvo el dinero para comprarlas, en primer lugar? Si no tiene trabajo, lo obtuvo de ustedes, sus padres. Inconscientemente apoyaron su hábito.

Cuando se le corta su fuente de ingreso, puede intentar pedir prestado a sus nuevos «amigos». Pero cuando no puede pagarles, esas amistades seguirán el camino de la vieja escuela. Buen viaje, en mi opinión, ya que no son relaciones saludables para empezar.

Si usted quiere cambiar el rumbo, debe ser firme. No puede retroceder. Esta situación podría ser más grave de lo que piensa. Cuanto más tiempo permanezca adormecido su hijo, más posibilidades hay de que permanezca deprimido.

En el entorno social de hoy, usted no puede encomendar a nadie a una institución para mejorar su salud mental a menos que haya dañado a otro o a sí mismo. Créame, usted no quiere llegar a ese punto. No quiere que su hijo sea alguien que aparezca en los titulares de las noticias.

El viejo adagio es cierto: puedes llevar a un caballo al agua, pero no puedes obligarlo a beber. Sin embargo, usted puede darle una patada en una dirección que sea buena para él.

Eso es exactamente lo que se necesita en esta situación.

Mi ex se vuelve a casar

P: Mi ex y yo nos separamos hace un año. Peleábamos constantemente, así que acordamos que era mejor para los niños y para nosotros divorciarnos. Todavía nos vemos debido a la custodia compartida y ocasionalmente en reuniones familiares. A simple vista, nos llevamos bien y nos toleramos mutuamente.

Sin embargo, esa relación se afectó aun más cuando comenzó a traer una novia a las reuniones familiares. De repente, mi hijo mayor empezó a hacer comentarios y planes para tratar de obligarnos a su padre y a mí a estar juntos otra vez. Las cosas se pusieron realmente incómodas.

La semana pasada, mi ex esposo anunció que se casaría. Mi hijo se enojó tanto que golpeó con el puño la ventana de la cocina. La siguiente vez que vio a su padre, le gritó: «¡Te odio! ¡La odio!», y ahora se niega a hablar con él.

Tampoco me gusta lo que está haciendo mi ex, sobre todo tan pronto después de nuestro divorcio, pero eso es lo que sucede. Es su vida y yo tengo la mía. Ambos tenemos que tomar nuestras propias decisiones. Pero puedo decir que mi hijo está realmente dolido. ¿Qué puedo decir y hacer en una situación como esta? No es que pueda cambiar algo.

R: No, usted no puede cambiar esta situación, pero puede abrazar a ese hijo suyo mucho más a menudo. La mayoría de los hijos de padres divorciados tienen sueños —que casi siempre son poco objetivos— con que mamá y papá vuelvan a estar juntos. *Pero esta vez*, piensan, *será perfecto. Todos se llevarán bien.*

A su hijo se le desvaneció la fantasía por la noticia del matrimonio. Está comprensiblemente enojado. Sin embargo, golpear la ventana de la cocina no es la respuesta.

Como madre, debe asumir una postura franca y no defensiva. «Oye, puedo decir que realmente estás pasando por un mal momento. Quiero que sepas que lo sé. Si alguna vez quieres hablar, te escucharé. Y, para que lo sepas, a mí también me duele. Tampoco es fácil para mí». Dicha frase construye un puente de comunicación a través de la empatía.

Luego agregue la pizca de realidad y su apoyo. «A ti y a mí no nos gusta lo que está sucediendo, pero no podemos cambiarlo. Papá toma sus propias decisiones. Nosotros tomaremos las nuestras. Pero siempre estaré aquí contigo. Te amo mucho y me alegro de que seas mi hijo. Estoy muy orgullosa de lo que eres».

Es posible que ese hijo suyo no hable ahora, pero usted le ha extendido una cálida invitación para que hable cuando esté listo. También ha afirmado al niño que se siente traicionado por un padre que lleva a otra mujer a un evento familiar.

Cuando un chico necesita un poco de atención, no hay nada como el calor de una buena mamá. Eso puede confirmar su necesidad de pertenencia, aceptación, habilidad y amor. Un buen abrazo por detrás cuando mira por la ventana de la cocina es un gran toque. Su hijo necesita saber que su familia, destrozada como está, sigue siendo un lugar seguro para él.

Su ex debería haber tenido la suficiente sensatez como para no hacer lo que hizo: llevar a una novia a un evento familiar y decidir casarse. Pero usted no puede ser dueño de lo que no es suyo. Ya él no está casado con usted.

Haga lo que pueda. Por ejemplo, si esa novia vive con su ex, puede desconectar a sus hijos de las visitas. Si su ex dice: «Oye, espera un minuto. El tribunal ordena que los niños vengan conmigo», usted le dice: «Bueno, a pesar de eso, tu hijo no quiere venir».

Eso es simple y veraz; además, afirma el derecho de su hijo a elegir dónde vive y a quién visita. Lo que su ex hace después es su clamor. En este momento, su hijo necesita una mamá osa que proteja a su cachorro lo más que pueda.

Violada

P: Nuestra hija, Amy, tiene dieciséis años. Hace un par de meses fue a una fiesta con un grupo de amigas. Alguien puso droga en su bebida. Lo que sucedió después es confuso para ella, pero a la mañana siguiente se despertó adolorida en una habitación de hotel a la que no recordaba haber ido. Los destellos de la noche anterior la golpearon y recordaba vagamente haber tenido sexo con varios chicos. Ella comenzó a temblar y a vomitar, luego se desmayó. Un miembro del personal del hotel la encontró y llamó a la policía, por lo que fue llevada en ambulancia al hospital.

Mi esposo y yo pasamos toda la noche desesperados, tratando de localizar a un par de jóvenes amigas que conocíamos. Glen finalmente recibió una llamada del hospital a media mañana, cuando Amy estuvo lo suficientemente coherente como para decir nuestro número de teléfono.

Cuando vimos a nuestra hija, estaba temblando y temerosa, muy diferente a nuestra Amy. Mi esposo estaba furioso. Insistió en ir tras los muchachos con la policía. El resultado de la investigación que se dio en las próximas semanas reveló a los culpables. Nos enojamos mucho más cuando descubrimos que no era la primera ofensa de dos de esos jóvenes. Continuamos la batalla legal hasta este día.

Si pudiera retroceder el tiempo, me aseguraría de que este suceso nunca ocurriera. Amy solía ser alegre e inquieta. Ahora es solitaria y se queda en casa en lugar de salir con las amigas. La encontré garabateando la frase «es mi culpa... todo es culpa mía». Ella salta ante los ruidos, se niega a usar cualquier cosa excepto sudaderas gruesas y pantalones de ejercicio, llora fácilmente y duerme envuelta en una gruesa manta incluso al calor del verano. Se niega a ver a ninguno de sus amigos y no quiere que sepan lo que le sucedió. Preferiría dejar de existir para ellos que hacerles saber que fue tan estúpida, dice.

Mi esposo y yo estamos muy preocupados por ella y el impacto que este hecho traumático tendrá en su vida. ¿Qué más podemos hacer?

R: Están haciendo todo lo correcto en esta terrible situación. *Deben* perseguir legalmente a esos jóvenes con todo lo que tienen. Eso no cambiará lo que le sucedió a su hija, pero puede salvar a alguna otra chica de convertirse en su víctima. También le mostrará a su hija que ustedes le creen lo que le sucedió y que la respaldan por completo.

Lo que sucedió no fue consensuado, ya que Amy fue drogada y el sexo fue forzado, pero la víctima de violación siempre se siente culpable. Ella se pregunta: *¿Qué podría haber hecho diferente? ¿La forma en que me visto hizo que me hicieran eso?* La víctima piensa que la violación fue su culpa, que ella «la pidió».

La violación no tiene que ver con sexo. Tiene que ver con fuerza, poder sobre alguien más débil que usted. No es un error. Es un crimen. Por eso tiene que ir tras esos jóvenes. Tristemente, esos crímenes no son inusuales en la actualidad. Con el impulso masculino de competir como el mejor perro, la falta de control, el aumento de testosterona en la adolescencia y el alcohol y las drogas mezclados, cualquier cosa puede suceder. Y sucedió, con su hija.

Amy necesita un chequeo físico completo. Sé que tuvo uno en el hospital, pero algunos efectos secundarios pueden aparecer más tarde, en su análisis de sangre, por ejemplo. La respuesta de su hija es normal para las víctimas de trauma. Como los soldados que regresan después de la batalla, ella se estremece ante los ruidos. También se viste de una manera que camufla su cuerpo para que nadie vea que es una chica con una figura. Eso se debe a que todavía piensa que tiene cierta responsabilidad por lo que sucedió.

Su hija necesita la ayuda de un centro de crisis para personas violadas o de un consejero que haya tratado con sobrevivientes de violación. Ella necesita un tercero que pueda ayudarla a superar sus sentimientos y las secuelas de esa experiencia.

También necesita una instrucción amorosa que la ayude a sentirse más segura en el futuro. Todos podemos ordenarles a nuestros pies dónde ir. Podemos entrar en situaciones que podrían ser peligrosas y poco saludables, como fiestas donde el alcohol y las drogas están claramente presentes, o podemos dar un giro y elegir hacer otra actividad que no implique tantos peligros inherentes.

Esta experiencia permanecerá con Amy. Ella necesita su amor, su apoyo, su comprensión y su oído atento mientras sana. Presionarla para que salga y pase tiempo con amigos no es la respuesta. Conseguirle ayuda profesional lo es.

Lo que ella más necesita saber es que:

- La violación no fue culpa de ella. Fue un crimen que le sucedió a ella, en contra de su voluntad.
- Están haciendo lo posible para garantizar que los perpetradores paguen por sus crímenes.
- Es normal sentirse impotente, culpable, enojada, asustada, avergonzada… y mucho más.
- Siempre estarán a disposición de ella si necesita y quiere hablar.

Ustedes ya hicieron una de las mejores cosas que pudieron: fueron de inmediato al hospital, tan pronto como se enteraron. Ese acto significa más de lo que nunca sabrán puesto que consolida firmemente la preocupación y el amor de ustedes por ella en su mente.

Un chico abusado que ahora golpea a otros

P: Estoy esforzándome por amar a mi hijastro Mark, que ahora tiene catorce años de edad. El matrimonio anterior de mi esposa fue difícil con un marido abusador. Después de terminar en el hospital un par de veces, decidió que tenía que salir de la situación —si no por su propio bien— por el de su hijo.

Para entonces, Mark tenía nueve años. Su recuerdo más vívido, le dijo a su madre una vez, fue cuando su padre la arrojó al otro lado de la habitación y Mark escuchó que su espalda golpeó el aparato de aire acondicionado y lo encendió. Horrible, ¿eh?

Nos casamos el año pasado, después de varios años de noviazgo. Era comprensiblemente cautelosa. Por fin me alegró proporcionarle un hogar estable a Mark. Pero ha empeorado. Ahora se ha convertido en el joven que lastima a los que son más pequeños y débiles e incluso se enfrenta a tipos mayores que lo sobrepasan en una pelea. El patrón de golpear a otros y recibir golpizas sigue repitiéndose.

Mi esposa y yo estamos preocupados por él, pero nos sentimos impotentes. Me siento muy mal por la forma en que tuvo que crecer, pero no quiero que termine como su padre. ¿Ideas?

R: Cuando uno crece viendo y experimentando violencia física en su hogar, piensa que eso le repelerá. Sin embargo, la terrible realidad es que, si el abuso es común, los niños pueden casi anestesiarse con él. Sucede tan a menudo que en realidad se acostumbran. Eso se convierte en una situación común, «cómoda».

Considérelo de la siguiente manera. Digamos que usted tiene una camiseta vieja que está desgastada y casi se deshace cuando se la pone. No se ve bien para nadie más, pero usted está acostumbrado a ella y le parece cómoda. Así que continúa usándola porque es parte de su normalidad. Se identifica con ella. La vida no sería igual si no se pusiera esa camisa.

Los comportamientos abusivos son horribles, pero el ciclo puede continuar porque las víctimas y los perpetradores se acostumbran a ellos. Es por eso que las personas que sufren maltrato pueden convertirse fácilmente en abusadores en el futuro.

Mark creció en un hogar donde su madre fue tratada peor que un animal. Cada vez que eso sucedía cuando era joven, reforzaba su creciente perspectiva de que ella, como mujer, estaba simplemente en la tierra para absorber la ira, el ridículo y el maltrato de su esposo. Debido a que su madre había sido menospreciada y golpeada, aceptó el trato como normal durante un período de años. Al ella permitirlo, le transmitió a su hijo algo como: «No valgo la pena. Él puede decirme y hacerme cualquier cosa y lo aceptaré. No hay diferencia».

A menudo, las mujeres maltratadas mantienen sus relaciones por razones financieras o porque piensan que será mejor para los niños. Pero al negarse a objetar y quedarse con su abusador hasta que Mark tuvo los nueve años le mostró al chico un patrón de comportamiento negativo hacia las mujeres en general. Además, desarrolló su lema acerca de cómo trataría a los demás: *solo cuento si soy rudo y fuerte, y si puedo dominar a los demás... como mi padre. De lo contrario, me comerán vivo.*

Aunque Mark aborrecía lo que su padre le hacía a su mamá y cómo lo trataba a él, le era familiar. Se acostumbró a eso. Cuando creció, probablemente decía las mismas cosas que su padre. También hizo algunas de las mismas cosas que él, como golpear a otras personas.

Sin embargo, ahora también se siente inconscientemente culpable por su comportamiento, puesto que recuerda el dolor de su madre, sobre todo el de su espalda golpeando el aparato de aire acondicionado. Entonces se deja golpear ya que al lidiar con el dolor físico trata de evadir el recuerdo doloroso. ¿Qué puede hacer usted? Puede revelarle psicológicamente a Mark lo que usted cree que está sucediendo. Llámelo aparte, hombre a hombre. Dígale:

«Sé que la vida te ha lastimado mucho. Como resultado, te enojas y quieres lastimar a otros. También te sientes culpable por no poder proteger a tu madre, por lo que quieres salir lastimado. Ninguno de esos comportamientos son maneras saludables de vivir y destruirán tu existencia en el futuro. Me interesas demasiado como para permitir que eso suceda. Por tanto, esto es lo que vamos a hacer».

Usted describe el plan, el cual incluye consejería sobre lo que le sucedió en el pasado. Y si continúa molestando a otros niños y peleando, las repercusiones serán reales e inmediatas. Lo sacará de las actividades que le encanta hacer, como el equipo de atletismo. No podrá jugar videojuegos con sus amigos los viernes por la noche.

Mark lo pondrá a prueba para ver si va a hacer lo que usted le dijo. Apéguese al plan y no vacile nunca. Luego concluya diciendo: «Ahora es el momento de hacer un cambio. Sé que puedes hacerlo, que eres lo suficientemente poderoso como para cambiar tu comportamiento. La próxima vez que tengas ganas de golpear a alguien, quiero que pienses: *¿Qué hago usualmente? ¿Qué haré diferente esta vez?*».

Sé que es una tarea difícil para cualquiera. Debido a que los patrones de comportamiento de Mark están arraigados, es como decirle a un alcohólico que no beba o a un drogadicto que no se inyecte.

Golpear a alguien más verbalmente o con sus puños ha sido la reacción inmediata de Mark. Por eso necesita algo más que reemplace esa falaz descarga de adrenalina.

Existe una clara diferencia entre el hombre y la mujer promedio cuando se sienten enojados, molestos o tristes. Los hombres tienden a defenderse físicamente.

Se golpean entre sí o golpearán las paredes. Las mujeres tenderán a llorar o a arremeter verbalmente. Batirán las puertas. Sin embargo, a medida que la sociedad está cambiando, ahora es cada vez más común que las muchachas se hieran físicamente.

Ayudar a Mark a aprender cómo lidiar con su enojo ahora, a los catorce años, es de vital importancia para la seguridad de todos en su hogar. Eso incluye a su esposa y cualquier hijo menor que puedan tener. A medida que vaya convirtiéndose en un hombre joven, su creciente tamaño lo hará aún más poderoso… y una amenaza potencial con sus tendencias abusivas. Él carece de antecedentes en referencia a ser amable con las mujeres. No vio ese modelo valioso en su propio padre.

Lo que más necesita es un estímulo firme, deliberado y amoroso que crea en él lo suficiente como para alentarlo a asumir un cambio de comportamiento y responsabilizarlo de ello. Usted puede ser eso para él, ya que es la nueva persona que hay en la ecuación.

¿Será fácil? No, a veces él lo va a detestar a usted. Sin embargo, usted ya sabía que entrar en ese matrimonio con paternidad instantánea no sería fácil. Ha sido una transición más difícil de lo que imaginaba. Pero hay mucho en juego, y cada esfuerzo que realice ahora es extremadamente importante no solo para Mark sino también para el bienestar de toda su familia.

Una dieta de moda… ¿o anorexia?

P: Mi hija tiene trece años de edad y está constantemente en su teléfono, viendo programas de YouTube sobre la vida de sus estrellas favoritas. Casi se está fanatizando con eso. En el último año, me di cuenta de que está comiendo cada vez menos en las comidas y parece comentar mucho sobre cuán «gorda» está (¡mide un metro cincuenta y pesa alrededor de cincuenta kilogramos!) en comparación con las demás jóvenes. Ha empezado muchas dietas insensatas últimamente, insistiendo en comer solo lechuga sin aderezo. Cuando le digo que debería consumir más proteínas en su dieta, se enoja conmigo por «controlar» demasiado su vida. Terminamos en un callejón sin salida, enojadas.

Me estoy preocupando seriamente porque su ropa talla tres ahora le cuelga. Pero no puedo obligarla a comer. ¿Ahora qué?

R: No, no puede obligarla a comer y sí, usted tiene motivos para preocuparse. Si esto hubiera sucedido solo una o dos veces, cuando ella sentía que estaba gorda y tenía que ponerse a dieta, diría que es una típica fase de adolescentes. Sin embargo, este comportamiento ha sucedido durante un año, y las dietas que hace parecen ser cada vez más extremas. Ninguna niña en crecimiento puede existir solo con lechuga.

Además, tenga en cuenta la palabra *control*. Las chicas que sufren de anorexia (comer muy poco o nada) y bulimia (comer en demasía para luego vomitar con el fin de purgar su exceso) se sienten controladas por otros. Sienten que no tienen control sobre nada en su vida, excepto por su alimentación, y por eso se centran en ello. A menudo tienen mamás o papás perfeccionistas que planean su vida por ellos y esperan que sigan esa ruta. Sienten que no pueden tomar ninguna decisión por cuenta propia.

Las personas con trastornos alimentarios tienen una visión miope. No se ven como nosotros los vemos. Usted nota que su hija se pone más delgada cada día. Ella puede mirarse en el espejo y verse a sí misma como que está gorda.

Aunque su hija esté haciendo comentarios sobre su exceso de gordura, apenas lo está para su estatura y su peso. Sin embargo, la anorexia y la bulimia no son realmente problemas alimentarios. Son problemas de control. A menudo, los chicos que desarrollan estas enfermedades son perfeccionistas. Están orientados a los detalles, probablemente ya han investigado la altura, el peso y el índice de masa corporal de sus estrellas favoritas y están tratando de igualarlos. Si una actriz dice que solo come dos manzanas al día para mantener su mejor aspecto físico frente a la cámara, su hija lo intentará también. Es probable que mantenga registros, en su teléfono o en su cabeza, de cada caloría que come.

A su edad, el cuerpo de su hija está cambiando de manera significativa. Es probable que recientemente haya llegado su período menstrual. Si come muy pocas calorías, no solo se pone delgada, sino que también puede deshacerse de los ritmos naturales y los ciclos hormonales de su cuerpo. Cuando el cuerpo no obtiene suficiente comida, uno almacena calorías como grasa, lo que lleva más tiempo para digerir. Irónicamente, al morirse de hambre ahora, aumenta el riesgo de que pueda aumentar de peso más fácilmente una vez que sea adulta.

La anorexia y la bulimia (así como cortarse) son enfermedades que tienen que ver con el control y el perfeccionismo. Son graves y pueden llevar a todo tipo de ramificaciones físicas. Si no se reduce, la anorexia puede provocar la muerte.

El fallecimiento de la cantante Karen Carpenter fue la primera muerte por anorexia más publicitada que puedo recordar. Fue un trágico llamado de atención para muchos padres cuyas hijas luchaban con ese problema.

Usted sola no puede lidiar con el comportamiento de su hija. Debe acudir pronto a un especialista médico que se ocupe de trastornos alimentarios. Dependiendo del grado de la enfermedad de su hija, es posible que pueda superarla con consejería o que necesite rehabilitación. Los centros de atención como Remuda Ranch tienen ese propósito. Investigue un poco y tome medidas para que su hija sea ayudada de inmediato.

Karen Carpenter era una mujer hermosa y talentosa. La lucha con el perfeccionismo y el control la condujo a su trastorno alimentario y no lo observó como un problema grave hasta que sus patrones destructivos ya se habían establecido. Entonces ya fue demasiado tarde para que alguien la ayudara a cambiar su mentalidad.

No es demasiado tarde para su hija. Pero ella necesita su intervención amorosa para estar física, mental y emocionalmente saludable.

LOS DIEZ PRINCIPIOS MÁS IMPORTANTES PARA LIDIAR BIEN CON LAS HERIDAS DE LA VIDA

1. Percátese de que los sentimientos no son buenos o malos. Son simplemente lo que su hijo siente.
2. Reconozca el dolor y la razón del sufrimiento: el conflicto.
3. Diga la verdad de una manera directa y amorosa en lugar de proporcionar una experiencia fantasiosa.
4. Recuerde que los chicos sufren de manera diferente que los adultos.
5. No promueva una mentalidad de víctima que moldee la perspectiva de su hijo. Al contrario, aborde el dolor y la injusticia como una experiencia de aprendizaje.
6. Enséñe a sus hijos cuándo soportar, quedarse y luchar, y cuándo huir por su propia seguridad.
7. Bríndeles un oído que los escuche siempre y un corazón sin prejuicios.
8. Dele a su hijo la titularidad apropiada a su edad para crear soluciones.
9. Sea un defensor objetivo y un alentador. Dígale a su hijo: «En la vida ocurren cosas difíciles, pero creo en ti. Puedes superar esta situación».
10. Concéntrese en desarrollar una relación amorosa y de apoyo entre padres e hijos. Si sus hijos están seguros en su hogar, pueden superar casi cualquier cosa que se les presente.

NOTAS

Capítulo 1 Situaciones «externas»

1. Trace William Cowen, «14-Year-Old Girl Dies in Crash after Sister Livestreams While Driving Drunk,» Complex Life, July 25, 2017, http://www.complex.com/life/2017/07/woman-livestreams-car-crash-killed-sister-instagram.

2. «Teens Filmed, Laughed While Man Slowly Drowned, Authorities Say,» Fox News, July 20, 2017, http://www.foxnews.com/us/2017/07/20/teens-filmed-mocked-and-laughed-while-man-slowly-drowned.html.

3. Glen Kwon, «Why Aren't We Talking about the Latest School Shooting?» HuffPost, April 12, 2017, http://www.huffingtonpost.com/entry/why-arent-we-talking-about-the-latest-mass-shooting_us_58eef70be4b0156697224c71.

4. Kory Grow, «Sixteen People Die Falling through Grate at South Korea Concert,» RollingStone, October 17, 2014, http://www.rollingstone.com/music/news/sixteen-people-die-falling-through-grate-at-south-korea-concert-20141017.

5. «Sexual Assault and Rape,» Joyful Heart Foundation, accessed July 25, 2017, http://www.joyfulheartfoundation.org/learn/sexual-assault-and-rape?gclid=EAIaIQobChMI68u4rfin1QIVSWt-Ch1zFg1hEAMYASAAEgJM_PD_BwE.

6. «Segregation and Integration in America,» accessed July 25, 2017, http://www2.dickinson.edu/departments/amos/mosaic01steel/Marie/sia.html.

7. Josh Eloge, in discussion with the author, July 25, 2017, Ashville, New York.

8. «Are You Prejudiced? Take the Implicit Association Test,» The Guardian, March 6, 2009, https://www.theguardian.com/lifeandstyle/2009/mar/07/implicit-association-test.

9. «Family Abduction,» National Center for Missing & Exploited Children, accessed July 21, 2017, http://www.missingkids.org/theissues/familyabduction.

10. Jessica Klimczak, «Author Spotlight: Hannah and Josh Eloge,» Blurb, March 2016, http://www.blurb.com/blog/author-spotlight-hannah-and-josh-eloge/.

Capítulo 2 Cuando el dolor llega a casa

1. Richard Pérez-Peña, «1 in 4 Women Experience Sex Assault on Campus,» New York Times, September 21, 2015, https://www.nytimes.com/2015/09/22/us/a-third-of-college-women-experience-unwanted-sexual-contact-study-finds.html.
2. Louise Saunders, «When Two TV Greats Meet: Oprah Winfrey Opens Up on Her Traumatic Childhood during David Letterman Lecture Se-ries,» Daily Mail, November 27, 2012, http://www.dailymail.co.uk/tvshowbiz/article-2239102/Oprah-Winfrey-opens-traumatic-childhood-David-Letterman-lecture-series.html.
3. Oprah Winfrey, citado en Saunders, «When Two TV Greats Meet.»
4. «Males and Eating Disorders,» NIH Medline Plus, accessed July 27, 2017, https://medlineplus.gov/magazine/issues/spring08/articles/spring08pg18.html.
5. Edwin Arlington Robinson, «Richard Cory,» Poetry Foundation, accessed July 27, 2017, https://www.poetryfoundation.org/poems/44982/richard-cory.
6. Los cuatro objetivos del mal comportamiento son tomados de Rudolf Dreikurs y Margaret Goldman, «Adlerian Child Guidance Principles,» Alfred Adler Institutes of San Francisco & Northwestern Washington, accessed July 21, 2017, http://www.adlerian.us/guid.htm.
7. Monica C. Worline, citado en Skip Prichard, «Awakening Compassion at Work,» Skip Prichard Leadership Insights, May 8, 2017, https://www.skipprichard.com//tag/awakening-compassion.
8. Trudy M. Johnson, citado en «Feelings after Abortion: Post-Abortion Syndrome,» LifeFacts, accessed July 27, 2017, https://www.lifesitenews.com/resources/abortion/abortion-risks/feelings-after-abortion-post-abortion-syndrome.

Capítulo 3 Los tres miedos básicos y sus antídotos

1. Kevin Leman, Have a New Kid by Friday (Grand Rapids: Revell, 2012), 70.

Capítulo 4 ¿Por qué tiene el dolor un propósito?

1. Dreikurs and Goldman, «Adlerian Child Guidance Principles».

ACERCA DEL DOCTOR
KEVIN LEMAN

El doctor Kevin Leman, internacionalmente reconocido psicólogo, celebridad radial y televisiva, orador, educador y humorista, ha enseñado y entretenido al público de todo el mundo con su ingenio y psicología de sentido común.

El autor superventas y galardonado por el *New York Times* de más de cincuenta títulos, incluidos *Cría hijos sensatos sin perder la cabeza*, *Tenga un nuevo hijo para el viernes*, *Música entre las sábanas* y *The Bird Order Book*, ha realizado miles de llamadas a domicilios a través de programas de radio y televisión, incluidos FOX & Friends, Hallmark Channel's Home & Family, The View, FOX's The Morning Show, Today, Morning in America, The 700 Club, CBS's The Early Show, Janet Parshall, CNN y Focus on the Family. El doctor Leman se ha desempeñado como psicólogo familiar colaborador de Good Morning America y con frecuencia realiza intervenciones en escuelas, grupos de ejecutivos corporativos y empresas, incluidas las compañías Fortune 500 y otras como YPO, Million Dollar Round Table y Top of the Table.

Las afiliaciones profesionales del doctor Leman incluyen la Asociación Americana de Psicología, SAG-AFTRA y la Sociedad Norteamericana de Psicología Adleriana. Recibió el Premio al Alumno Distinguido (1993) y un título honorario de Doctor en Letras Humanas (2010) de la Universidad de North Park; además una licenciatura en psicología, y luego su maestría y doctorado, así como el Logro Sobresaliente de los Antiguos Alumnos (2003), de la Universidad de Arizona. El doctor Leman es el fundador de Leman Academy of Excellence (www.lemanacademy.com) y presidente de la junta directiva.

Originario de Williamsville, Nueva York, el doctor Leman y su esposa, Sande, viven en Tucson, Arizona; tienen cinco hijos y cuatro nietos.

Si está buscando un orador entretenido para su evento o para recaudar fondos u obtener información sobre consultas de negocios, seminarios web o el crucero anual «Ingenio y sabiduría», por favor, comuníquese a:

Dr. Kevin Leman
P.O. Box 35370
Tucson, Arizona 85740
Teléfono: (520) 797-3830
Fax: (520) 797-3809
www.birthorderguy.com
www.drleman.com

Siga al doctor Kevin Leman en Facebook (www.facebook.com/DrKevinLeman) y en Twitter (@DrKevinLeman).

Eche un vistazo a los podcasts (transmisión multimedia) gratuitos en birthorderguy.com/podcast.